中国卷·2016

2016年第1期 总第10期

文化发展论丛

CULTURE DEVELOPMENT REVIEW:
CHINA (2016)

湖北大学高等人文研究院 中华文化发展湖北省协同创新中心 / 编

主 编／江 畅

执行主编／周海春

副主编／徐 瑾

社会科学文献出版社
SOCIAL SCIENCES ACADEMIC PRESS (CHINA)

《文化发展论丛》编辑委员会

卷首语

文化问题对于当代中国社会有重要的意义。从观念文化的角度来看，文化反映生活，并引领生活；从广义文化的角度来看，经济、政治、社会诸领域都涉及文化。可以说，凡是有人活动的地方就有文化。把一切都说成文化是不科学的，但是离开了文化来思考经济问题和社会问题，也往往不得要领。依唐君毅的说法，人的世界是一个人文的世界，为道德意识的光辉所弥纶，人们从事经济活动有各种各样的动机和目的，人们从事体育活动也有各种各样的动机和目的，人们所从事的各种活动都有道德意识在内，都有心灵活动在内。这些活动和人的追求之间会发生矛盾和"颠倒"，但人们依然有能力进行"再颠倒"。

人的一切活动，都是为了生存得更美好，都有最初发动的一念之本心。回到生命的初心，"万物并作，吾以观复"。"一阳来复"，才有再生的动能。让嘈杂的生活归于宁静，让躁动的社会脉动回到一个合理的节奏上来，让生命的泡沫散去，民族的生命才能绵延不绝。

中国传统文化有民族的根脉和基因。其中很重要的一点即内求，以虚静以待的观察视野和虚怀若谷的胸怀，把握生生灭灭的本根，从而让中华民族可以处逆不惊，处顺不骄，并以内求圣贤的自我超拔力求实现社会的进步。

西方文化已经成为中国文化的一个有机组成部分。不管是在学理上的西学，抑或在生活上的现代工商业文明或者带有后现代特征的快餐式的文化上，中国人都可以做出自己的贡献。

在中西古今的"纠结"中生活了一两百年的中国人，到了结束这种"纠结"的时候了，到了"破茧"的时候了。自信可能是盲目的，但文化的脉动是真实有力的。中国传统文化要破掉自己身上厚重的壳，不管这个坚硬的壳是自己加给自己的，还是别人加的。在中国这片土地上生根发芽的西方文化的"寄生"时代正在成为过去时，即便我们可能还没有准备好孕育自己的种子，结出自己的硕果。马克思主义中国化的过程已完成，不过真正意义上的大众化还任重道远。

文化的多样，可能也是和谐的，不过不能不说，中国人生活本身的多种文化色调之间还不够协调，以至于人格上有点"阴阳""两面"。"问题""错误"要从历史的节点上看，从历史长河中来看，有的时候"问题"越严重，成果才越大。

研究中国文化就是要活出中国人的骨气，活出中国人的气节。富而好礼，贫而乐道，没有那个"礼"，没有那个"道"，就没有不与时易的气节和骨气。那个"礼"、那个"道"就是文化研究的使命。

本卷本着展示中华文化"多样和谐"的原则，立足当代中国文化，回顾传统，展望未来，以问题为核心，以讲理为诉求，以服务文化强国战略为宗旨，欢迎学理研究和现实把握等不同层次的文章，共同为中华文化的大繁荣做出自己的贡献。

目录
CONTENTS

中华文化"走出去"战略

论中华文化"走出去"与当代
中国价值观构建[*]

江　畅　李文龙[**]

【摘　要】　实施中华文化"走出去"战略，存在着让什么样的中华文化"走出去"，"走出去"的主要目的又是什么的问题。本文认为，应当"走出去"的文化并不是所有的中华文化，而主要是当代中国主流文化，这种文化"走出去"的主要目的是让别国感到它是先进的文化，而愿意与之交流、融合、互鉴，从而实现中外文化的共同进步和繁荣。当代中国主流文化是以当代中国主流价值观为核心内容的，建设当代人类先进中华文化的前提是要构建当代人类先进的中国价值观。有了这种价值观，以之为核心内容的中华文化"走出去"，就会从自己想要"走出去"转变为别国想要"拿回去"。

【关键词】　中华文化　中国价值观　"走出去"　拿回去

　　早在 2000 年 10 月，党的十五届五中全会就从经济的角度第一次明

　*　本文系 2011 年国家社科基金重大招标项目"构建我国主流价值文化研究（11&ZD021）"的阶段性成果；2015 年中宣部马克思主义理论研究和建设工程重大研究课题、国家社科基金重大委托项目"弘扬核心价值观与继承传统文化研究"的阶段性成果。
　**　江畅，男，湖北省中华文化发展协同创新中心主任，湖北省中国特色社会主义研究中心研究员，湖北大学高等人文研究院院长，哲学学院教授、博士生导师；李文龙，男，湖北大学哲学学院硕士研究生。

确提出要实施"走出去"战略；2004 年 9 月召开的党的十六届四中全会通过的《中共中央关于加强党的执政能力建设的决定》第一次明确提出"推动中华文化更好地走向世界"；2011 年 10 月，党的十七届六中全会通过的《中共中央关于深化文化体制改革推动社会主义文化大发展大繁荣若干重大问题的决定》再次提出"推动中华文化走向世界"，并对中华文化如何走向世界做了全面部署。这一系列决定标志着中华文化"走出去"已经上升为国家战略。近几年理论界和学术界对中华文化"走出去"问题进行了深入探究和热烈讨论，为实施这一战略提供了理论论证和智力支持。笔者认为，在研究和讨论这一问题的时候，还需要特别重视让什么样的中华文化"走出去"、什么样的中华文化才能真正"走出去"、什么样的中华文化"走出去"后能够对世界产生广泛深刻持久的积极影响这样一些问题；而这些问题又涉及一个更值得重视的问题，即怎样实现中华文化由自己想"走出去"向别国想"拿回去"转变的问题。本文试就这些问题进行初步的阐述。

一 "中华文化"与"走出去"的含义辨析

对于推动中华文化"走出去"这一国家战略，我们必须进行认真周密的设计，而进行这种设计的一个重要前提，就是要弄清"中华文化"以及"走出去"这两个概念本身意味着什么。只有明确了这两个概念的本身含义和意义，我们才能进一步确定我们应该让什么样的中华文化"走出去"，为什么让这样的文化"走出去"或者说让这样的文化"走出去"干什么。

中华文化延绵五千多年，源远流长，其内容博大精深，丰富多彩，纷纭复杂。从内在构成看，有物态文化、制度文化、行为文化和观念文化等；从文化层次看，有主文化、亚文化以及以民俗为主要内容的区域文化等；从民族构成看，有汉族文化和不同的少数民族文化；从历史演进看，有漫长的古代文化、短暂的近代文化和现代文化，以及当代正在构建的文化；从价值评判看，中华文化中有优秀的、合理的成分（精华)，亦有腐朽的、陈旧的成分（糟粕）；等等。那么，中华文化"走出去"战略所说的"中华文化"是指所有这些文化，还是指其中的某些部分？显然，我们不会，也不应该不加区别地让所有中华文化"走出去"，而必须有选择地推出中华文化中那些传播出去对别国有利并对我国有益的真正有价值的内容。

那么，中华文化中的哪些内容是对别国有利并对我国有益的呢？这里所说的"对别国有利并对我国有益"，作为判断中华文化"走出去"的标准有以下四层次含义。其一，"走出去"的不能是对别国有利而对中国有害的中国文化，如历史遗留下来的某些极其珍贵的文物、国家的核心机密等。这样的文化"走出去"会损害中国的利益。其二，"走出去"的不能是对中国无益而对别国有害的文化，如传统文化中的一些糟粕。这样的文化"走出去"不仅别国不会接受，可能还会损害中国的形象。其三，"走出去"的不能是对中国有益而对别国有害的文化，目前中国的某些消费文化（如过度包装）存在一些问题，虽然这样的文化为别国所接受，可能会为中国的某些厂商在当地牟利开辟市场，但对接受这种文化的国家有害。其四，"走出去"的只能是对别国有利并对中国有益的文化，如中国优秀的传统文化、当代中国的先进文化，这样的文化别国会接受，并有助于树立中国的良好形象，提升中国文化软实力，促进中外文化的共同发展和繁荣。[①] 由此看来，让中华文化中的哪些内容"走出去"需要我国做出合理的选择，不能只是笼统地让中华文化"走出去"。

此外，中华文化并不只是既成的文化，而且是与时俱进、发展变化的文化。别国的需求也不是一成不变的。因此，中华文化在持续"走出去"的过程中，需要考虑如何适应别国的文化需求变化。如果我们把别国的文化需求看作一种世界文化市场需求而中华文化是需求的供给侧的话，那么作为文化供给侧的中华文化要依据世界文化市场的需要建设和

① 刘学蔚、郭熙煌：《我国对外文化传播的现状与困境——以海外孔子学院为视角》，《湖北大学学报》（哲学社会科学版）2016 年第 3 期。

发展。在这种情况下，我们更不能只是有什么样的文化就推销什么样的文化，而要着眼于别国的文化需求来建设自己的文化，使自己的文化适销对路。适销对路的文化并不只是对别国有益的文化，还应该是别国急需的文化，是能够解决别国面临的社会问题和发展问题的文化。虽然在全球化背景下，别国面临的问题与中国面临的问题具有许多相似性，但绝不可能完全一样，这就要求中国文化建设不仅要考虑自己的特殊问题，而且要考虑与别国共同面临的问题、世界各国共同面临的问题。中国文化建设如果只考虑本国的问题，而不考虑与其他国家共同面临的和世界各国共同面临的问题，则其所建设的文化就不可能满足别国的需求，就不可能在世界文化市场上占有份额。因此，中华文化中对别国有益的内容，绝不能局限于已有的文化，还必须包括现在和未来建设的文化，而且后者是重点。我们只有不断建设对别国有益同时又能满足别国现实需求的文化，中华文化才能在世界文化市场上永远立于不败之地。

实施中华文化"走出去"战略，不仅要慎重考虑让哪些中华文化"走出去"，而且还要考虑"走出去"意味着什么。这里所说的"走出去"，当然是为了让中华文化"到达"其他国家，让其他国家知晓，但不仅仅如此，它还有更深层的含义。通过实施中华文化"走出去"战略让别国了解中华文化肯定是必要的，而且是达到更深层目的的前提，因为如果别国不了解中华文化，便谈不上实现进一步的目的。那么，这种更深层的目的是什么呢？一般来说，一个国家推动自己的文化"走出去"有两种深层的目的。一是让本国文化对其所到达的国家在文化上进行渗透甚至取代所到达国家的文化，以达到本国的某种经济、政治或军事的目的。这样做的好处是文化输出国可以从被输出国获得现实的利益并扩大自己的文化影响，但是这种不可告人的自私的目的和动机终究会被别国觉察，所输出的文化会遭到文化输入国的抵制和反对。二是使本国文化在进入他国之后接受别国的审视和检验，让别国通过把本国的文化与进入本国的其他国家的文化进行比较来评价本国文化是不是真正优秀的、先进的，而本国借此来反思自己的文化，重新审视自己文化的优劣、先进与否，并借此来完善自己的文化。这样做，输出的文化就会在文化相互交流、相互借鉴中不断走向完善，成为更优秀、更先进的文化，因而更有可能"走出去"。

第一种目的是今天世界各国，特别是那些发达国家让自己的文化"走出去"的真实目的。今天中国实施中华文化"走出去"战略的目的显然不在于此，而是第二种目的。在今天世界文化多元化、政治多极化的格局之下，第二种目的才应成为当代中华文化"走出去"的根本目的。虽然世界上许多国家包括西方发达国家没有意识到要以这种目的作为自己的文化"走出去"的真正目的，更没有自觉地这样去确立目的，但我们应该确立这样的目的，因为只有这样，中华文化才会在"走出去"的过程中真正走向强大，才会对世界产生更大的影响力和正能量。当然，中华文化今天尚处于努力推销自己的"走出去"阶段，还没有达到让别国都想要"拿回去"的程度，但假如我们确定了这样的目标并努力追求，将其实现，中华文化就有可能成为世界各国争相引进、学习和借鉴的先进文化。到那个时候，不是我们运用政治的力量推动中华文化"走出去"，而是别国想方设法要将中华文化"拿回去"。从"走出去"到"拿回去"的转变，对于中华文化来说是一个历史性的转变，今天实施推动中华文化"走出去"战略归根到底就是要促使这种转变尽快实现。

实现中华文化从自己想要"走出去"到别国想要"拿回去"的转变，前提是要着眼于别国想要"拿回去"，以此来实施中华文化"走出去"战略，实现"走出去"与"拿回去"的有机统一。实现了这种统一，中华文化"走出去"就不会让别国误以为中国想将自己的文化强加于别国，取代别国的文化，搞文化霸权主义。相反，中华文化"走出去"的过程就会成为别国自觉自愿地学习中华文化，吸收和借鉴中华文化，并将其融入自己文化的过程，同时也是中华文化从别国那里学习、吸收和借鉴的过程。通过这种互相的学习、吸收和借鉴，中外不同文化就会形成良性互动，实现共同发展和繁荣。当然，在别国对中华文化尚不十分了解的情况下，着力向世界推介中华文化是必要的，但要使越来越多的国家接受中华文化，最终还是取决于中华文化自身对于别国的价值和吸引力。

二 别国最想"拿回去"的中华文化

实施推动中华文化"走出去"战略最终目的是要使中华文化成为别国想要"拿回去"的文化，那么我们就必须努力让"走出去"的中华文化成为别国想要的文化。在当今世界，什么样的文化是大多数国家想要的文化呢？或者说，别的国家会对"走出去"的中华文化有什么样的期待呢？

在近代以来的人类历史上，世界各地人群或国家的文化基本上是封闭的。当然也有一些时期的一些人群或国家为了经济上的目的进行侵略扩张，并将自己的文化强加于别的人群或国家的情形，但其直接目的通常并不是为了推行自己的文化。西方列强为了殖民掠夺而开始自觉地将自己的文化向别的国家和地区推销，并使自己的文化逐渐对世界许多地区和国家产生重要影响。进入 20 世纪以后，伴随着世界各地的非西方民族觉醒和国家独立，它们鉴于西方文化的优越性开始从对西方文化的被动接受转向主动学习西方文化。整个 20 世纪，西方文化成为许多国家想"拿回去"的文化。

然而，西方文化虽然是 20 世纪以来的一种强势文化，具有优越性和强大竞争力，但也存在着两大问题。一是这种文化试图渗透甚至取代受影响国家的文化，而且伴随着文化渗透而来的是经济上的掠夺、政治上的干预和军事上的侵略。这些文化输入国都是欠发达国家，其竞争力无法与西方国家相抗衡，因而在西方的文化渗透面前常常无力抵御。二是伴随着这种文化的繁荣其本身的问题日益凸显，如贫富两极分化、周期性经济危机、社会生活过度市场化等，这使许多非西方国家不愿意将这种文化完全"拿回去"。这两个方面的问题，使许多非西方国家越来越不愿意"西化"，它们采取各种措施抵御西方的文化渗透。此外，在全球化背景下，西方文化以及与之伴随的经济、政治、军事的渗透是现实存在的，如果没有实力与之抗衡，这种渗透就不可避免。在这种情况下，许多无力构建足以与西方文化抗衡的文化的欠发达国家，就寄希望于有一种比西方文化更优秀、更先进的可以"拿回去"的文化，这种文化不仅要能使自己的国家繁荣富强，而且要不存在西方文化的两大问题，还要可以提升和完善本国文化而不被取而代之。应该承认，"西方话语权的削弱为新兴文化体系的确立提供了空间"①。

当代中国实行改革开放，特别是社会主义市场经济体制的确立与发展，使中国快速走向强大，综合国力得到了巨大的提升，已经成为世界第二大经济体，国际影响力与日俱增。中国三十多年的发展速度远远快于近代以来的西方各国，而且这种发展不是通过经济、政治、文化等方面的渗透实现的，而是通过自己的体制改革，学习、借鉴别国的先进经验和文化和利用别人的资金、技术实现的。中国的发展道路和成功经验，使许多欠发达国家希望能从中国"拿回去"比西方更先进、更有利于自己发展的文化。在这种情况下，中国政府主动适应这种需要，实施推动中华文化"走出去"战略，可谓抢抓机遇，顺势而为。不可否认，实施这种战略有着中国自己国家利益的考虑，但更重要的是，中国是出于一个大国特别是正在迅速走向强大的国家所肩负的世界责任考虑。因此，中国的这一战略决策具有重要的世界意义，它将有助于推动世界各国文化的共同发展和繁荣。但是，中国在实施这一战略的过程中，必须考虑什么样的中国文化才是世界大多数国家最需要的、最想要的。

文化的核心内容是它的价值观。在价值观多元化而且处于强势地位的西方价值观面临严峻挑战的当今世界，大多数国家最需要、最想要的应是最先进的价值观。那么，什么样的价值观是当今人类最先进的价值观？笔者在谈到社会主义价值文化的先进性时曾经谈到当代最先进的价值文化，一般来说，这种看法也适合用于价值观。当代最先进的价值文化是集人类优秀价值文化之大成的最具竞争力的优势文化。它从根本上克服了其他价值文化的局限、缺陷和问题，尤其克服了其他价值文化的专制性、资本化、异化等问题；同时，它又吸收了这些价值文化中的合

---

① 李建华、姚文佳：《社会全面转型与道德引领》，《湖北大学学报》（哲学社会科学版）2016年第3期。

理内容和精华。当代先进价值文化是全体社会成员共建共享的民主文化，它的主体是人民，人民是价值文化的创制者、建设者、享有者。当代先进的价值文化是以社会成员幸福的普遍实现为终极价值追求并被法制化的完整价值体系，是谋求社会成员普遍幸福的幸福文化。它能充分体现社会成员根本的和总体的利益，能最好地满足人的生存发展需要。它是顺应人性的，是人情化、人道化的，具有感召力、凝聚力和亲和力。同时，先进的价值文化还能在引导和控制其他价值文化的同时与之共存共荣，它具有宏大的气魄和博大的胸怀，具有开放性、包容性和自我完善性，是具有竞争力、影响力和控制力的主流文化。① 当代最先进的价值观就是能够转化为这样的先进价值文化的价值观，构建当代中国价值观就是要构建这样的先进价值观。这样先进的价值观也是别的国家想要"拿回去"的。

同时，在全球化的背景下，当代中国文化要成为别的国家想要"拿回去"的文化，还必须能有效地回答当代中国和世界的问题。当代中国面临的问题有三类：一是发展中国家面临的问题，二是中国面临的独特问题，三是当代世界各国面临的共同问题。这三类问题在今天不是分离的，而是紧密关联的，而且其中大多是世界各国特别是发展中国家面临的共同问题。当代中国文化只有从理论和实践的结合上正确地回答这些问题，才能站在世界文化的制高点，才会有强势的话语权。如果我们将这种正确的答案看作解决当代中国和世界问题的"药方"，那么这种"药方"无疑是世界各国最需要的。这种"药方"不是中国文化能够完全提供的，从根本上说要由当代中国价值观提供。然而，中国价值观中并没有现成的答案。中国价值观要提供这种答案，必须增强问题意识，着眼于中国和世界面临的时代问题，加强自身的构建，使自己成为当代最具解释力和指导力的先进价值观。

应当充分肯定的是，当代中国价值观正在沿着这种方向构建。正因为如此，当代中国价值观在构建的过程中显示出了巨大的威力和极大的

---

① 参见江畅《论社会主义价值文化的先进性》，《伦理学研究》2013年第2期。

魅力。但是，我们也应该看到，当代中国价值观要真正成为当代世界最先进的，被别的国家所重视的，从而想要"拿回去"的文化，还有许多工作要做，面临着不少的难题，其中最大的难题是市场经济这种经济形态与原有的社会制度或体制之间的冲突。这个问题不仅是当代中国面临的难题，也是世界欠发达国家面临的共同难题。欠发达国家大多是在原有制度框架内引入市场经济的，而不是像西方那样——社会制度是在市场经济基础上生长的。这些国家要富强繁荣就不得不采用市场经济这种经济形态，而一旦采用市场经济制度，原有的社会制度就会与之相冲突。中国当前正在全力解决这一难题，所采取的最主要措施就是全面深化体制改革，同时全面推进依法治国，建立法治国家。如果中国能通过价值观构建有效地解决这一难题，真正成功地走出一条中国特色社会主义道路，也就是说，如果能够克服西方价值观的两大问题，当代中国价值观的先进性就会充分显示出来。如此，中国价值观"走出去"就将不再只是我们自己推动的结果，而主要是别国自愿从中国"拿回去"的结果。

三 着眼于别国"拿回去"构建当代中国价值观

在全球一体化和市场化的新时代，实施中华文化"走出去"战略，必须有世界文化市场的意识，了解别国的文化关注焦点，不能搞那些盲目的、无效的文化输出。因为那样的文化即使"走出去"，也不会产生什么实质性影响，甚至还会引起别国反感。只有着眼于世界文化市场的需求，输出中国已有文化和建设与之相适应的文化，也就是说，只有着眼于别国想要"拿回去"的文化，推出和建设中华文化，中华文化才会成为在世界上有影响力、有更大市场份额的文化。

从世界文化市场需求来看，世界各国特别是欠发达国家最需要的（可能也是最想要的）中华文化是什么样的文化呢？我们认为，这样的文化是当代中国文化，而不是中国传统文化；是当代中国主流文化，而不是非主流文化；是当代中国的主文化，而不是亚文化。这是因为，改革开放以来构建的当代中国主流文化使中国迅速发展和走向强大，于是，这种文化为世界各国所瞩目以至想引进、吸收和消化。无论是中国传统文化，还是非主流文化，抑或是各种亚文化，它们大多在中国改革开放之前就已存在。非主流文化（主要是西方文化以及各种宗教文化等）要么是在过去的中国就已存在的文化，要么是从域外进入中国的文化。任何一种亚文化都是从属于主文化的，而且其大多在改革开放以前就已存在，它们更不可能使中国迅速强大。在当代，使中国迅速强大的文化主要是当代中国的主流文化，因而这种文化成为别的国家最需要的中国文化，当然也是中国最值得"走出去"的文化。正因为如此，别国希望从当代中国主流文化中找到解决促进本国快速发展的问题的秘诀，而我国则可以从别国是否真正接受当代中国主流文化来验证它，从别国接受它中增强自己的文化自信，从与别国文化的交流、互鉴中丰富完善它，使它成为可被普遍接受的更优秀、更先进的文化。于是，中外文化就找到了需求和满足的结合点，也为中华文化"走出去"奠定了坚实的基础。

我们这样说，并不是否认中国优秀传统文化"走出去"的必要性和重要性。因为当代中国主流文化是中国传统文化的创造性转换和创新性发展，不了解中国传统文化就不可能真正了解当代中国文化，而且中国优秀传统文化本身也具有重要价值，传播出去有利于别的国家发展，也有助于提高我国文化的国际声望和影响力。但是，我们必须明确，中国优秀传统文化"走出去"主要还是为了当代中国主流文化"走出去"。我们这样说，也不是否认中国的非主流文化"走出去"的必要性和重要性，但当代中国存在的非主流文化，实际上要么是中国传统文化，要么是外来文化，要么是宗教文化。中国传统文化（包括传统的儒教、道教和佛教文化）"走出去"的意义前已叙述，而其他宗教和外来文化本身就是外来的，我们不必再用力推动它们"走出去"。至于各种亚文化，我们也有必要推动它们"走出去"，它们都可以成为主流文化"走出去"的载体和桥梁，但是，各种亚文化主要是民间文化交流的内容，国家只需要提供开放的环境和优越的条件，它们就可能"走出去"。总之，我们这里所说的文化是中国最需要"走出去"也是别国最想"拿回去"的文化。这种文化只能是当代中国主流文化，而不是中国的其他文化，尽管这些文化"走出去"也是必要的，而且对主流文化"走出去"也是有益的。

一种文化是一种价值观的现实化，当代中国（主流）文化就是当代中国（主流）价值观的体现。当代中国文化之所以日渐在世人面前显示出其魅力，是因为作为这种文化核心内容的当代中国价值观正在成为一种人类先进的价值观，正在显示出它相对于一直在世界上有强势影响力的西方价值观的优越性。然而，我们必须清醒地意识到，当代中国价值观是改革开放后才开始自觉构建的一种价值观，是一种正在处于构建之中的尚未成为当今世界强势价值观的价值观。正因为如此，作为这种价值观体现的当代中国文化还需要通过实施"走出去"战略走向世界，其尚未达到其他国家力图将其"拿回去"的程度。这就是说，当代中国文化要从自己想要"走出去"转向别国想要"拿回去"，还需要加强自身的建设，而这种建设的核心内容是当代中国价值观。

改革开放以来，特别是党的十六届六中全会以来，我国高度重视价值观建设，致力于建设社会主义核心价值体系，培育和践行社会主义核心价值观。在党中央的坚强领导和强有力推动下，以社会主义核心价值观为核心内容的当代中国价值观，其理论构建和实践构建相互促进，当代中国价值观在全社会得到了日益广泛的认同，并显示出强大的实践力量。事实证明，我国构建的价值观是与我国大力发展市场经济、全面深化改革和建设中国特色社会主义的需要相适应的，并且为中华民族伟大复兴和实现社会主义现代化提供了可靠保障。当代中国价值观的构建促使中国开始走向强大，而中国开始走向强大又对当代中国价值观的构建提出了新的要求，这就促使当代中国价值观和以之为核心内容的文化走向世界。正是为了适应这种需要，党中央提出了"推动中华文化走向世界"的战略。在这种新的情况下，当代中国价值观的构建不仅要着眼于中国特色社会主义建设事业的需要，而且还必须考虑中华文化"走出去"的需要。中华文化要真正"走出去"，需要实现从自己想要"走出去"到别国想要"拿回去"的转变。从这种意义上看，当代中国价值观构建需要考虑中华文化"走出去"的需要，从根本上说，也就是要考虑怎样让别国想要将中华文化"拿回去"，要考虑别国对中华文化的需要，特别是要考虑别国的文化需求，并据此建设自己的文化。唯有如此，中华文化才能真正"走出去"。

当代中国价值观构建对别国对中华文化的需要的考虑，关键是怎样将中国价值观构建成能回答和解决当代中国和世界面临的难题的当代人类最先进的价值观。因为只有这样的价值观以及以之为核心内容的文化，才是别国想要"拿回去"，并使之与本国的国情和实际相结合，形成适合自己国家的先进价值观和文化。如果一种价值观只适合中国的情况，不具有人类的先进性，因而也不具有普遍适用性，那么这种价值观即使走进别的国家，别的国家充其量只会表示赞叹，而不能将其融入自己的社会生活。因此，在我国实施中华文化"走出去"的今天，我们要在使当代中国价值观适合于中国社会发展和具有中国特色的同时，使它适应当代人类的发展，成为能得到世界各国普遍认同、愿意引进和融入自己文化的人类先进价值观。当代中国价值观建设和文化建设就是要"立足于改革开放和现代化建设的实践，着眼于世界文化发展的前沿，发扬民族文化的优秀传统，汲取世界各民族的长处，在内容和形式上积极创新，不断增强中国特色社会主义文化的吸收力和感召力"[1]。

---

① 辛鸣主编《十七届六中全会后党政干部关注的重大理论与现实问题解读》，中共中央党校出版社，2011，第212页。

全球化背景下中国文化
"走出去"略议

戴茂堂[*]

【摘　要】 全球化为中国文化"走出去"提供了绝好的契机与背景，中国文化"走出去"是对全球化的自觉对接与积极回应：一方面，全球化凸显了中国文化软实力的核心价值，另一方面，全球化也给中国文化软实力的构建提供了难得的机遇。构建中国文化不能局限于自我实践和自说自话，而应在世界文化、文明的大视野、大格局中，理智地进行自我定位，寻找自己的角色，展开不同文化间的广泛对话，提振中国文化的辐射力。面对全球化可能带来的西方文化侵略或文化霸权主义倾向，特别是西方化和美国化的压倒性冲击，我们绝对不可以消极地反对中国文化"走出去"，而应该积极扩大中国文化的国际影响力和竞争力。在当今全球化背景下，只有不断实现自我完善，并将自己的文化放到世界文化平台上，通过有效竞争，通过优胜劣汰，才能拥有最大的主导性和范导力。

【关键词】 全球化　中国文化　"走出去"

---

* 戴茂堂，湖北大学哲学学院教授，博士生导师。湖北省道德与文明研究中心、湖北大学高等人文研究院研究员。

一

进入 21 世纪，伴随新媒体的广泛应用，全球交往空前加强，联系日益紧密，整个世界最大限度地趋同，世界各地所发生的事情全部失去了地域的局限，局部利益被不断地整合为共同利益，"全球市场"正在形成。全球化正以前所未有的速度波及世界上任何一个国家。"全球化"（globalization）一词，是 20 世纪 80 年代在西方报纸上首次出现的。20世纪 90 年代，联合国秘书长加利宣布："世界进入了全球化时代。"从此，"全球化"一词被广泛地应用到各个领域，渐渐成了关键词、主题词。尽管难以对"全球化"下一个权威的定义，但可以肯定的是，全球化描述的是一种全球范围的深刻变化和行动力量。美国学者罗兰·罗伯森（Roland Robertson）认为："作为一个概念，全球化既指世界的压缩，又指认为世界是一个整体的意识的增强。"① 今天的全球正在被压缩成"小村庄"，各价值主体的交往空间不断扩大，交往深度不断拓展，正在具有越来越多的共同经验；各价值主体的相互依存性、相互渗透性日益加深，许多从前的主体性问题越来越具有了社会性、主体间性、国际性。孙伟平先生指出："生存环境、生存状况特别是相互交往的这种社会化、全球化，极大地突破了人们的狭隘视野、地方意识和封闭情结，突出了人类文化精神中的'类意识'、整体精神，要求不同民族、文化的不同群体、个人，摆脱既有的各种限制，真正作为'社会人'、'世界公民'、'普遍价值的主体'思考问题。在这种情况下，人们之间的封闭、对抗意味着代价、落后，而开放、合作则可能意味着双赢、共赢。这一切要求人们在相互交往过程中，必须超越种族、国别、地区、宗教、文化等等的不同，超越具体主体的个性化需要和多样性诉求，在诸多共同的、统一的目的和需要导引下，从整体、全局的视角来看待问题，特别注意

---

① 〔美〕罗兰·罗伯森：《全球化：社会理论和全球文化》，梁光严译，上海人民出版社，2000，第 11 页。

相互之间的关系、利益的协调一致。因此，在开放性、多样化的具体主体的价值取向之间，也必然存在着社会的、历史的统一性或一致趋势。"① 事实上，近代资本主义自产生以来，就一直在进行努力推进民族历史向世界历史转变的伟大实践。全球化就是这种伟大实践的重要成果。

全球化在经济领域率先开始，但很快就辐射到文化领域。事实上，当今时代，与经济相同，文化自身也有着全球共同利益，有着对全球化的内在渴求。从逻辑上看，全球化首先是把各个国家纳入世界经济发展的市场体系之中，然后向各个国家提出文化方面的普遍要求。这是因为经济生活的同质化要求和期待不同文化特质的国家也必须遵循共同的游戏规则和制度安排，这就有力地推动着文化的全球化，推动着经济与文化，以及不同文化之间的交流与融合。人类不仅需要世界银行，而且需要全球伦理。经济全球化有待文化全球化的价值支持。其实，经济全球化的背后是不同文化的冲撞与交融，是不同思想的激荡与扬弃，是不同文明的竞争和共存。全球化的核心、归宿和根本只能是文化的全球化。"经济发展是一个文化过程"②，如果不去理会文化层面的全球化，经济全球化根本就不可能实现。文化全球化要求文化不断超越民族的局限，并在人类的总体评判和取舍中获得普遍认同，不断将民族的文化资源转变为人类共享、共有的资源，使精神财富在全球范围自由流动。由于全球作为一个整体首先是一个社会文化系统，因此，全球化只能在既定的多元社会文化系统中进行整合。所以，英国学者汤姆林森说："全球化处于现代文化的中心地位，文化实践处于全球化的中心地位。"他还说："文化对全球化是至关重要的，因为它是复杂地联结整个进程的一个内在的方面。"③ 全球化的最高境界就是走向对文化共度性的诉求，就是在

---

① 孙伟平：《价值差异与社会和谐——全球化与东亚价值观》，湖南师范大学出版社，2008，第34页。

② 〔美〕塞缪尔·亨廷顿、〔美〕劳伦斯·哈里森主编《文化的重要作用——价值观如何影响人类进步》，程克雄译，新华出版社，2012，第89页。

③ 〔英〕约翰·汤姆林森：《全球化与文化》，郭剑英译，南京大学出版社，2002，第1页、第30页。

文化上达成或完成价值共识或价值趋同。从文化层面看，全球化可以被视为不同民族的价值观念、思想意识、风俗习惯、伦理道德在全球范围内交流、碰撞、理解和融合，超越本土文化的狭隘性而主动建构公共文化和走向价值共识的历史过程。孙伟平指出："世界上各个民族、国家、地区，各种不同的宗教，各种不同的文明体系，在全球一体化、统一化的力量面前，正在主动或被动地、自觉或不自觉地'趋同'。例如，对自由、平等等基本价值的向往，对民主政治体制的追求，对市场经济秩序的尊重，对'以人为本'或基本人权的强调，对法治或依法治国的认同……似乎都正在成为全球普遍的'共识'。"① 全球化凸显了不同文化的依存关系，强化了不同文化的公共本性。全球化使得今天全人类的共同文化财产和共同价值观念比以往任何一个时代都多，积极推动着世界性文化的生成。正如亨廷顿所说的："人类在文化上正在趋同，全世界各民族正在日益接受共同的价值、信仰、方向、实践和体制。"②

文化全球化规定并强化了世界的相互依存性，也给人们提出了立足整体和全局的高度，在世界不同文化相互碰撞、相互交融、相互竞争的背景下去思考与确认文化的民族性和世界性，去定位本国、本民族文化的核心竞争力和文化软实力的要求。在这种新的要求之下，任何国家和民族如果还局限于自身内部来筹划文化构建问题，既不可能，也不可行，还不明智，当然也不会有好的效果。全球化使得离开世界文化发展大势而一味谈论文化的特殊性失去了原有的意义，有时甚至是不可能的。显然，在这种新的世界格局中，如何深层次思考全球化背景下中国文化走向，对内凝聚全国人民的意志，对外打造中国文化的国际形象，是摆在我们面前的一个重大而紧迫的现实课题。如果全球化不可阻挡，那么我们唯一可以做的就是，自觉地将中国文化发展纳入全球化背景来筹划，勇敢地让中国文化"走出去"，而不是逃避全球化。全球化是全球人的

---

① 孙伟平：《价值差异与社会和谐——全球化与东亚价值观》，湖南师范大学出版社，2008，第18页。

② 〔美〕塞缪尔·亨廷顿：《文明的冲突与世界秩序的重建》，周琪、刘绯、张立平、王圆译，新华出版社，1998，第43页。

全球化、全世界的全球化，没有谁是局外人或旁观者。在全球化时代，中国作为世界大家庭中的一员，其发展离不开世界，思考中国文化走向，不仅要立足于国情，也要立足于世界。无论愿意还是不愿意，全球化作为当今世界不可阻挡的大潮流，必然把中国文化发展问题"包裹""携带"进去，并构成中国文化建设的国际语境。一方面，全球化为中国文化"走出去"提供了绝好的契机与背景，另一方面，中国文化"走出去"也是对全球化的自觉对接与积极回应；一方面，全球化凸显了中国文化软实力的核心价值，另一方面，全球化也给中国文化软实力的构建提供了难得的机遇。作为背景，中国文化"走出去"必须充分考虑全球化带来的世界经济、政治、文化一体化趋势，必须充分考虑文化软实力在世界经济和政治中的核心作用；作为机遇，中国文化"走出去"恰好可以借助全球资源和世界平台来推进。中国文化如果不能"走出去"，无异于让中国文化孤立于世界，也无益于中国文化从容地应对各种其他文化的冲击与挑战。

二

伴随全球化浪潮席卷世界各地与一系列全球问题的凸显，打造具有全球品质和开放色彩的中国文化，自然就被提上了议事日程。对于全球化大潮，中国文化虽然无须迎合与迁就，但也无须逃离与回避，更不能一味抵制和抗拒。面对全球化，中国文化如果表现出一种无动于衷、无所作为的态度，结果只能是"被全球化"，其"最好的"结果或许也只是等待西方提出文化建设方案，我们再来被动地发表意见，做出非常有限、无关大局的修改和补充。既然全球化是大势所趋，那么，中国文化的正确选择只能是主动融入、自觉对接，只能是从世界文化发展大势中来定位和把握中国文化的发展前景，主动地与包括西方文化在内的世界各种文化进行平等的对话。中国文化"走出去"就是一种勇于对话、乐于对话的积极姿态。

唯有"走出去"，中国文化才能真正让世界了解。在文化交流方面，应该说中国对别国文化的了解要多于别国对中国文化的了解，中国文化的国际影响力与中国的发展中大国地位和世界渴望了解中国文化的愿望还不相适应，存在着一种极大的不平衡。文化影响力是衡量一个国家文化软实力的重要标志。中国文化富有独特魅力，是世界文化百花园中的奇葩。如果不能让世界了解中国文化，一方面就不能展现出中国文化的特色与魅力，另一方面也不能化解这种交流中的不平衡性。今天，中国已经走到世界舞台的中心，中国发生的事情必然影响世界，就像世界发生的事情必然影响中国一样。当有人别有用心地妖魔化中国文化的时候，当西方思想文化对我国的渗透和影响在不断加剧的时候，就更有必要向世界说明中国文化的真实情况，就更有必要实事求是地就自己的文化形象向世界做出解读。

也唯有"走出去"，才能真正推动中国文化走向世界。改革开放以来，中国作为一个经济大国的地位已经获得举世公认，但中国文化的国际影响力、竞争力还有很大的提升空间。世界的变化发展为中国文化的繁荣兴盛提供了历史性机遇和广阔舞台。在全球化的国际语境下，让中国文化走向世界，从具体方法来看，大力推进对外文化交流、对外文化传播和对外文化贸易，就是让中国文化"融出去"；从深层次来看，就是尽一个发展中大国的责任，让中国文化影响世界，打造良好的国家文化形象和世界级文化品牌。让中国文化走向世界，目的不是把自己的价值观强加于别国，更不是用中国主流价值文化取代别国主流价值文化，而是让不同的价值文化从相互交流、相互碰撞推进到相互融通、相互欣赏。

在历史上，中华民族曾经表现出自我中心情结。这种自我中心情结，一言以蔽之，就是自认为中华民族是世界的中心，以"天朝上国"自命，而视域外的一切民族为"夷狄"，视域外的一切文化为雕虫小技，视域外的一切人等为"穴居土人"。从这种自我中心情结出发，中国文化"走出去"既无可能也无必要。鲁迅曾经为具有这种自我中心情结的人画过像。在《随感录三十八》中，他把这种中国人称为"爱国的自大"者，并把"爱国自大"者的意见概括为五种："中国地大物博，开化最早；道德天下第一"；"外国的东西，中国都已有过"；"外国的物质文明虽高，中国精神文明更好"；"外国也有叫化子，——（或云）也有草舍，——娼妓，——臭虫"；"中国便是野蛮的好"。这种自我中心情结，从地理上看，就是断言中国处于天下之中，占据着世界的中心位置，而"四夷"居天地之偏；从文化上看，就是断言中国之所以位于天之正中而得天独厚，是因为在九州之内，人们享有君臣、父子、夫妻、兄弟、宾客之三纲五常的伦理，享有礼乐、教化、衣冠、祭祀之文明，而"四夷"之所以居天地之偏，恰好是因为它们缺乏这样的文明。《唐律名例疏议释义》中记载："中华者，中国也。亲被王教，自属中国，衣冠威仪，习俗孝悌，居身礼仪，故谓之中华。"《战国策·赵策二》中言："中国者，聪明睿知之所居也，万物财用之所聚也，贤圣之所教也，仁义之所施也，诗书礼乐之所用也，异敏技艺之所试也，远方之所观赴也，蛮夷之所义行也。"林语堂也指出："在中国的古人眼里，中国的文明不是一种文明，而是唯一的文明；而中国的生活方式也不是一种生活方式，而是唯一的生活方式，是人类心力所及的唯一的文明和生活方式。'中国'一词，在古代课本里意为世界的文明部分，余者皆为蛮族。"① 这种自我中心情结，在近代中国社会运演出阻止中国文化"走出去"的"中体西用"论。"中体"就是坚持形而上的中国孔孟之道，坚守孔儒之学的文化正宗地位，"西用"就是采纳形而下的西方科技之器。"中体西用"论强调中国孔孟之道作为主流价值文化的绝对优越性，即所谓"中国学术精微，纲常名教以及经世大法无不具备"，器用技术只是"卫吾尧舜禹汤文武周孔之道"之工具。这种自我中心情结，还在近代中国社会运演出与"中体西用"论相配套的阻止中国文化"走出去"的"西学中源"论。在"西学中源"论者看来，不仅西方政教出于中国，而且西方文化也俱出自中国。如西学的"格物"就是《中庸》所讲的尽物之性，西方的上议院就是《洪范》所讲之卿士、《孟子》所讲之诸大夫，西方的下议院就是《洪范》所讲之庶人、《孟子》所讲之国人，等等。

---

① 林语堂：《中国人》（全译本），郝志东、沈益洪译，上海学林出版社，1994，第337页。

这种自我中心情结构筑了一道坚固的屏障，阻碍了中国文化与世界文化的自觉对接，延缓了中国文化"走出去"的步伐。

今天，构建中国文化不能局限于自我实践和自说自话，而应在世界文化、文明的大视野、大格局中，理智地进行自我定位，定位自己的角色，展开不同文化间的广泛对话，增强中国文化的辐射力。全球语境下，构建中国文化不需要徒劳地去复兴一个古老的文明，而应该自觉地选择与"国际接轨"，拥抱一个全球化的现代文明。在全球化背景下，全球利益、国际标准、国际惯例、国际公约将让任何国家都无法抗拒。与世界同步、与国际接轨，必然成为每个要求进步的国家发展其文化的行动口号。一个国家，如果过于强调文化的个性特征，与世隔绝，自我封闭，否定人类文化的共性，只能使其文化建设远离人类政治文明而停滞不前。人类文化的共性实际上体现了人类和人类社会对政治法则、政治规范、公共价值的认同和遵从。全球化背景下中国文化的构建，不能满足于一厢情愿地自恋自爱，不能否定现代文明业已取得的理论与实践成果，只能在与世界的充分联系、交往互动中，积极回应与吸取全球基本价值理想（如科学、民主、人权、法治等），按照人类文化发展的普遍规律推进和拓展，只能在全球化与中国化、全球基本价值与中国文化之间保持必要的张力。

三

全球化是一把双刃剑，既会促进不同文化的积极交流，也会加剧不同文化的摩擦、对抗和冲突。当全球化意味着世界的普遍联系加强的时候，全球化可以拉近国家与国家之间的文化距离，也可以扩大人的生活空间，使得人作为类存在物变得更为真切和更加自由。这就是马克思所指出的："只有在共同体中，个人才能获得全面发展其才能的手段，也就是说，只有在共同体中才可能有个人自由。"[1]

---

[1] 《马克思恩格斯选集》（第1卷），人民出版社，1995，第119页。

然而，当全球化走向由发达国家主导游戏规则的时候，全球化就可能异化为国家经济实力和军事实力的博弈并助长文化霸权主义。这种情况表现为：只有发达国家才更有可能拓展自己的文化市场，更有可能输出自己的文化产品。发达国家借助强大的经济实力和军事力量，在全球范围内推广其价值理念和文化信仰，给欠发达国家带来巨大的文化冲击，实现文化殖民，导致欠发达国家产生文化流失或被挤压、被同化的问题，甚至丧失文化主权。尤其是伴随着西方国家的商品、货币、技术、知识和思想等在全世界范围的大面积扩散和加速流动，文化从强势的西方国家向发展中国家传播，诱导发展中国家及非西方发达国家的民众接受其文化并淡忘甚至放弃自己的传统文化，从而形成了事实上的文化殖民主义或文化帝国主义格局。在政治多极化的国际关系新格局中，文化"走出去"能使国家在激烈的国际竞争中赢得主动。在政治入侵、经济渗透越来越行不通的情况下，一些国家大打文化牌，今天的国际竞争空前地表现为文化软实力的竞争，文化争锋和文明冲突已经越来越危及一些国家的国家安全。随着全球化进程的加快，文化安全的重要性日益突出，成为深层次的国家安全。"文化渗透""价值观外交""文明冲突""为价值观而战""文化边界""文化版图""文化主权"等用语被越来越广泛地使用，表明文化正在越来越深地影响着全球政治与经济。这是中国文化"走出去"面临的巨大压力。

毋庸讳言，一百多年来，西方文化在世界文化中一直占据着强势地位。当前，世界范围内各种思想文化交流、交融、交锋更加频繁，"西强我弱"的国际舆论格局没有根本改变。结果是西方发达国家的文化产业、文化产品以前所未有的规模和速度进入中国市场，导致我国的文化贸易逆差非常严重。今天，西方文化特别是美国文化在全球处于霸主地位，西方发达国家依然掌控着今日世界文化的主导权，拥有最大影响力的文化品牌（如以好莱坞为代表的影视文化、以圣诞节为代表的节庆文化）占据了世界文化市场的绝大部分。这些文化品牌和市场正是西方发达国家输出它们价值观、文化观的绝好工具。西方国家四处推销自己的意识形态、社会制度、发展模式，总想在全球化的名义下，把非西方国家的文化发展导入符合西方利益的轨道。当下世界文化的全球发展，在看似差异化、多元化的表象下，实际上面临着趋同乃至死亡的"灰质化"结局，而这和强势的西方文化、资本逻辑是分不开的。以中东、北非国家为例来看，自从石油成为工业革命的血液，盛产石油的中东、北非地区在全球分工中就注定成为国际资本与本国资本控制的对象和战场，这些国家主要依赖从石油出口中赚取外汇，形成了以石油加工为主体的畸形产业结构。然而，伊斯兰文明与西方基督教文明有巨大差异，因而其融入全球化的进程本身也是一个文明冲突的过程。表面上看是西方依赖中东、北非的石油，实质上则是中东、北非依赖西方的资本；表面上看是中东、北非输出石油，获取了外汇，实质上则是西方输出价值，推销了文化。

作为双刃剑的全球化不断暗示出，中国文化"走出去"是一个全球战略。也正是在这样的语境下，可以说，一方面，中国文化"走出去"可以展示中国改革开放的巨大成绩，呈现中华民族伟大复兴的光辉前景，但另一方面，也必须意识到中国文化"走出去"面临着暗流险滩。无论是光辉前景还是暗流险滩，有一点是明确的，那就是，面对全球化可能带来的西方文化侵略或文化霸权主义倾向，特别是西方化和美国化的压倒性冲击，我们决不可以消极地走向反对中国文化"走出去"，而应该积极扩大中国文化的国际影响力和竞争力。否则，中国文化就很难在全球化进程中趋利避害，就面临着被融化、被改变的危险。

四

中国文化"走出去"是一项宏大的课题。只有不忘过去、吸收外来、着眼将来，对世界文明发展大势审时度势，才能拓展中国文化"走出去"的空间。要做好这个课题，尤其要注意以下几点。

其一，保持民族特色。从本质上讲，捍卫民族文化之特色，是维护民族文化的心理认同的首要前提，是一种历史责任，因为它关系到一个民族和国家的生存根据。一种文化形态生生不息、向前发展的最持久动力来源于该文化的内在精神及个性。同时，也正是这种内在精神及个性使该文化区别于其他文化形态并在世界文化之林中展示出独特的魅力。郭齐勇指出："文化启蒙与资源认同、现代性与民族归属感、个体发展与国家富强、世界大势与民族文化个性，并不是对立的两极。"① 没有哪一个国家的现代化可以脱离本国文化的陶养。优秀的文化往往扎根于民族的独特土壤，但又能够超越狭隘的民族利益，具有高度的开放性和绝对的普遍性。越是具有民族性和个性的文化，往往越具有生命力，因而也越能"走出去"，越能增强自身的国际竞争的软实力。在全球化背景下中国文化"走出去"不仅不能抛弃文化的个性和民族性，反而要提升文化的个性和民族特色，并通过弘扬个性和特色来提升其国际影响力和竞争力。当今中国文化的民族特色就是中国特色社会主义性质，它的核心是社会主义核心价值观和核心价值体系。马克思主义指导思想、中国特色社会主义共同理想、以爱国主义为核心的民族精神和以改革创新为核心的时代精神、社会主义荣辱观构成了社会主义核心价值体系的基本内容。

其二，秉持自信意识。文化价值观上的独立与自信，是一个民族或国家自立、自强的根本。在各种思想文化相互交织、相互激荡的复杂背景下，中国文化"走出去"必须坚持文化自信。所谓文化自信是指一个国家、一个民族、一个政党对自身文化在价值上的充分肯定，对自身文化生命力的坚定信念。一个人要有自己的精神，一个国家也应该有自己的精神。人无精神不立，国无精神不强。一个国家如果政治、经济、军事实力不强，一打就垮；一个国家如果没有自己的精神，不打就垮。一个民族在政治、经济、军事上被打败不是最可怕的，最可怕的是在精神上被打败，从而放弃了自己文化的价值自信。中华民族要实现伟大复兴必须展现中国特色、中国风格、中国气派，必须高扬自己的文化理想，高举自己的文化旗帜，树立自己的文化形象。对于中国文化，我们应该有充分的肯定和欣赏，有足够的自信心和自豪感。中国曾经以自己独特

---

① 郭齐勇：《守先待后：文化与人生随笔》，北京师范大学出版社，2011，第4页。

的文明和文化贡献给世界以经验和智慧，包括以四大发明为代表的科学技术成果，包括用文明的包容性和同化力所保障的文化持续延续，包括以和为贵的价值观对世界和平的贡献，等等。我们要相信自己文化的实力和魅力，要充满自信地将自己的文化展示给世界，并将能否展示给世界作为考察自己文化是否有实力和魅力的试金石。真正有实力和魅力的民族文化，一定能成为世界的文化，并赢得最大的普遍性。一种文化越是具有价值自信，就越能够以积极的态度对待外来文化，越能够在同外来文化的互动交流中谋求共识，并得到丰富、发展。

与这种文化自信意识相反的是民族虚无主义，自卑自鄙、自暴自弃。晚清以降，在西方列强的侵略之下，很多中国知识分子出于一种强烈的屈辱感和自卑感，无限地颠覆、解构和丑化中国文化，丧失了文化自强意识。这是中国文化"走出去"的绊脚石。与民族虚无主义相配套，有人把西方文化看作唯一真正的文明，看作世界文明的救世主，制造了一个又一个的西方文化神话。这实际上是把中国文化"走出去"变成了对西方文化的顶礼膜拜。这是我们必须警惕的。在中国文化"走出去"问题上，必须坚决地拒绝任何形式的全盘西化，反对任何形式的西方文化中心主义和霸权主义。

其三，坚持开放意识。当然，中国文化"走出去"必须保持民族特色，这并不是要实行文化专制主义，并不是拒绝人类已经达成普遍共识的世界文化理念。相反，必须反对民族自大心理，大力塑造中国文化的全球品质和世界品格。民族自大心理即妄自尊大，自我中心，拒绝接受一切新东西，只看到不同文化之间的冲突，而看不到文化碰撞带来互补的可能，无端排斥人类文化中富有价值的共同准则。今天的时代是文化多元化的时代，不同文化之间应该多元并存、相互吸收、共同发展，要尊重文化个性，包容文化差异。中国文化"走出去"，要避免封闭和自恋，保持宽容和包容，要坚持开放意识，以"有容乃大"的包容心态和宽容精神去对待异质文化的理念、习俗、生活方式，用平等对话、理智沟通去最大限度地化解不同文化之间的张力和冲突。不同民族的价值文化互有差异，但都各有所长，都以各自的方式为人类的文明做出了自己的贡献，都是人类宝贵的精神财富，应该加以尊重。储昭华认为："现代性本身的形成和发展历程就是各种价值层垒积淀、逐渐融合的过程，并为新的价值的融入提供了可能。"①

只有以开放的胸怀、兼容的态度，尊重其他民族文化的丰富个性以及多样性，海纳百川、博采众长、兼收并蓄、积极对话，文化才能突破自己偏狭的私人立场，从而拥有不竭的发展活力。"只有坚持'百花齐放、百家争鸣'，才能避免思想停滞、观念僵化、声音单调，增强社会主义学术和文化的生命力、吸引力和影响力。"② 如果中国文化能与时俱进、开拓创新，更多地吸纳人类业已达成普遍共识的价值文化，那么中国文化"走出去"将更有国际影响力和竞争力。

中国文化不能在封闭的环境中生存，而要在交往实践中批判地吸收外来文化，以丰富自己，既要注重从祖国文化宝库中汲取营养，也要善于借鉴其他国家和民族文化的长处，充分汲取世界优秀文明成果的精华，积极开拓国际市场，推动中华文化更好地走向世界。中华文化本来就是在不断吸纳内外各种文化精华，容摄各大文明要素的过程中形成的。中华文化对外来文化自古就很宽容、顺达，就有很强的包容力、包容性和同化力，并且正是依赖这种包容力和同化力，文化才得以持续延续。虽然占据主导地位的儒学不乏排他之举，但其仍然援法入儒、援道入儒、援释入儒，表现出强大的兼容力。如董仲舒包容了法家、阴阳家的思想，宋明理学吸纳了佛道的思想。近现代以来，在中西古今文化冲突的大背景下，中国文化就面临着开放与创新的问题。先是魏源等人在物质层面的"师夷长技以制夷"，再是康有为等人在制度层面的戊戌变法，后有文化层面的"科学与民主"，一步步拓展着全球化背景下的中国文化反思与重建之路。在这反思与重建之路上中国文化显示了自己的再生能力，

---

① 储昭华：《自由与价值：多元化统一如何可能——关于价值融合的方法论思考》，载武汉大学哲学学院、武汉大学中西比较哲学研究中心编《比较哲学与比较文化论丛》（第3辑），武汉大学出版社，2011，第93页。

② 中共中央宣传部理论局：《六个"为什么"——对几个重大问题的回答》，学习出版社，2009，第14页。

显示了自己与时俱进、追求开放的一面。当代新儒学更是努力与民主、法治、人权等思想相协调。郭齐勇先生指出："中华文明甚至能够将聚族而居、不易消融解体的犹太族群与极具个性特点的犹太教吸收融化，可谓文明史上的奇迹。正是因为中华文化能够容纳、消化不同的文化、族群、习俗、宗教、艺术，又坚持固有精神文明，吸收不同的人才、倾听不同的声音、接受不同的建议，中国才能形成开放的、兼收并蓄的、永不停息的民族文化。"① 在今天的全球化背景下，只有不断实现自我完善，并将自己的文化放到世界文化平台上，通过有效竞争，通过优胜劣汰，才能拥有最大的主导性和范导力。中国文化要通过"走出去"，在与外来文化的交流融合中获得发展机遇，增强向外辐射的能力和抵御外来不良文化的能力。

---

① 郭齐勇：《守先待后：文化与人生随笔》，北京师范大学出版社，2011，第69页。

汉语教学在巴西的发展
状况及应对策略

刘 念 石 锓[*]

【摘 要】 本文以巴西的汉语教学和中华文化传播情况为研究对象，从巴西教育体制入手，在调查研究的基础上针对巴西汉语教学的办学形式、经营主体、教学类型、学生构成、师资力量、教材使用及中华文化传播等方面的现状进行了论述，并就目前存在的问题提出了对策与建议。

【关键词】 巴西 汉语教学 中华文化 对策

巴西是南美洲最大的国家，国土总面积为 854.74 万平方公里，总人口 2.02 亿。它拥有丰富的自然资源和完整的工业基础，国内生产总值位居南美洲第一，为世界第七大经济体。[①] 作为一个民族大熔炉，巴西有大量来自欧洲、非洲、亚洲等地区的移民，其文化具有多重民族的特性。如今在巴西工作和生活的华侨华人有 30 余万人，主要分布在圣保罗、里约热内卢、巴西利亚等大城市。[②] 中国和巴西同为"金砖"国家，随着

---

* 刘念，湖北大学文学院博士生，讲师，巴西圣保罗州立大学孔子学院公派汉语教师。石锓，湖北大学文学院教授，博士生导师。

① 中华人民共和国驻巴西联邦共和国大使馆网站：巴西国家概况，http://www.fmprc.gov.cn/ce/cebr/chn/bxjj/t578137.htm。

② 陈雯雯：《巴西华文教育现状探析》，《华文教学与研究》2015 年第 2 期。

两国经济文化交流日益频繁，汉语在巴西的推广也受到越来越多的关注和重视。

巴西的汉语教育迄今已走过近 60 年的历史。据高伟浓在《拉丁美洲华侨华人移民史》中的描述，巴西的汉语教学"草创"于 20 世纪 50 年代，"中衰"于 20 世纪 60 年代末，"重启"于 20 世纪 70 年代，"旺盛"于今时，"辉煌"与"收获"于未来。① 圣保罗大学语言与教育专业硕士 Ligia Wey Neves Lima 的研究生毕业论文《巴西的汉语教学研究》称，虽然巴西圣保罗的汉语教学开始于 20 世纪 60 年代，但是直到 90 年代才开始兴盛。②

目前，学术界对巴西汉语教学的情况研究较少，已有的研究主要从巴西华文教育特点（零页，2006）、大陆和台湾"两大分支"在巴西的华文教育特色（高伟浓，2012）这两个方面进行论述。陈雯雯的《巴西华文教育现状探析》对巴西的华文教育进行了梳理，但其是以母语或第一语言非汉语的海外华侨华人为主要对象（也包括少数非华裔学生）开展的中国语言文化教育，未体现出巴西的汉语教学的整体状况以及汉语教学在中华文化推广中的重要作用。本文将对巴西的汉语教学现状进行重新梳理，并针对现存的问题提出应对策略。

一　巴西教育体制

要研究汉语教学在巴西的发展状况，首先需要了解这个国家大的教育背景，即教育体制。

1　巴西教育体制立法

在巴西的发展历史中，头两部宪法（1824 年和 1891 年宪法）均未

---

① 高伟浓：《拉丁美洲华侨华人移民史、社团与文化活动远眺》（上），暨南大学出版社，2012，第 63～72 页。

② Ligia Wey Neves Lima, O Ensino de Mandarim no Brasil [D], São Paulo: Universidade de São Paulo, 2012. 作者简介：Ligia Wey Neves Lima 为巴西圣保罗大学语言学硕士研究生，该文为他的硕士毕业论文。

提及教育问题。巴西学者的普遍看法是，巴西当时只存在教学，不存在教育。① 1930 年，新兴资产阶级的代表上台执政，军人独裁时期的瓦加斯政府极为关注公共教育，设立了教育部，集中管理全国教育事务。巴西社会学家 Camargo 在其著作《巴西问题研究》中曾写过：Em 1934，as questões de edulação e de cul do Brasic，foi pela primeira vel mercionà do pela Constitaição。（在巴西 1934 年的宪法中，教育和文化问题第一次被提及。）② 该宪法规定，联邦政府负责制定全国教育方针，并给予地方财力支持，以执行其方针和政策。随后的几十年，巴西逐渐颁布各项法律条文用以支持教育事业。其中 1961 年颁布《教育方针与基础法》，建立了联邦教育委员会。1968 年颁布第 5540 号法令，对高等教育进行改革，调整科系设置以利于国家经济建设，为高校确定了教学与科研并重的任务。③ 可以说，巴西教育体制的立法是跟随其社会发展而不断发展的。随着教育体制的逐渐完善，巴西全国受教育的人数大幅度增加，人民的文化水平不断提高。

2 当今巴西教育制度及教育现状

现如今，巴西实行教育分权，即联邦、州、市三级管理模式。巴西政府在 1996 年颁布的《全国教育方针和基础法》中将巴西的教育层次分为幼儿教育（1 ~ 5 岁）、基础教育 9 年（6 ~ 14 岁，其中 6 ~ 10 岁是 1 ~ 5 年级，11 ~ 14 岁是 6 ~ 9 年级）、高中教育 3 年（15 ~ 17 岁）、高等教育（18 岁及以后）。④ 在教育投入方面，巴西对教育的投入占 GNP 的 3.7%。⑤

---

① Ensorlas José de Castro Camargo. Estado de Problemas Brasileiros〔M〕. Brasilia：Lmprensa Exerci to Brasileiro，1979. 作者恩若尔拉斯·德卡斯特罗·卡马戈为巴西当代社会学家，代表作是由马西陆军出版社出版的《巴西问题研究》。
② 张宝宇：《巴西教育问题：发展经济学视角的国际比较》，《拉丁美洲研究》1998 年第 5 期。
③ 张宝宇：《巴西教育问题：发展经济学视角的国际比较》，《拉丁美洲研究》1998 年第 5 期。作者简介：Cau Pis Alexan dre（劳匹斯·亚历山大），巴西圣保罗大学教学育硕士研究生。
④ 〔巴西〕劳匹斯·亚历山大：《巴西的教育体制》，杨竹君译，《河北师范大学学报》（教育科学版）2005 年第 2 期。
⑤ 巴西文化教育部国际率务委员会：《巴西教育》，巴西利亚，1971。

目前，巴西全国共有约 304000 所公立学校，40000 所私立学校，241 所公助大学，652 所私立大学，160 万大学生，200 万教师（小学、高中、大学），联邦政府每年为大学支出经费为 50 亿美元，为基础教育支出经费为 27.5 亿美元，为技术教育及中学支出经费为 5.5 亿美元。①

3 巴西教育模式的特点

巴西学校的最大特色在于中小学无论是公立学校还是私立学校都是半日制教学，学生根据自己的情况选择学校，选择上课时间，周一至周五上午上课或者下午上课。② 中小学课程的开设由全国各个州和地区的教育部门来决定，联邦政府起着统筹规划、引导和支持作用，即使在同一个州和地区，不同学校课程安排也会有所不同，学校的校长有很大的自主权。③ 可以说，巴西的教学体制比其他国家的更为灵活，学生也较为轻松。这为巴西汉语教学和中华文化传播提供了有效的教学时间，保障了一定数量的学生。

巴西高等教育形式结构主要有两类：公立高等学校和私立高等学校。④ 其中公立高等学校分为联邦高等学校、州立高等学校等三类，私立高等学校也可以分为宗教性高等学校和进修性高等学校。⑤ 政府对高等教育的大力发展及各地中小学教育的自主性也造成了一个后果，即巴西的中等教育较为落后。

二 巴西汉语教学的办学形式

在以上教育制度的背景下，巴西汉语教育的办学形式有以下几种：公立学校、私立学校、私人家教及网络授课、孔子学院。

---

① 〔巴西〕劳匹斯·亚历山大：《巴西的教育体制》，杨竹君译，《河北师范大学学报》（教育科学版）2005 年第 2 期。
② 王凯：《论新自由主义对巴西高等教育的影响》，《高等教育管理》2011 年第 1 期。
③ 陈平：《政治、经济、社会与海外汉语教学——以澳大利亚为例》，《世界汉语教学》2013 年第 3 期。
④ Ruben Klein, *Como está a educação no Brasil*, Rio de Janeiro：Educação, 2006.
⑤ 蒋洪池：《巴西高等教育之嬗变》，《高等农业教育》2005 年第 1 期。

1　公立学校

巴西境内正规开展汉语教育的公立小学，目前仅有 1 所，是由巴西里约热内卢州政府教育厅与中国河北师范大学共同创办的巴中双语学校（见表 1）。作为第一所建立在巴西教育体制内的学校，也是巴西境内第一所以中、英双语教学及理工科为特色的普通学校，该校于 2014 年 9 月 23 日在里约州尼泰罗伊市正式举行揭牌仪式，这使我国的语言教学和文化传播进入巴西的主体教学当中，在中巴的对外交流中有非常重要的意义。① 另外，有些没有中文专业的学校也开设了中文选修课，如 Colégio Avanço，据走访发现此类学校主要以巴西人为主，也有少数华裔学生。

在巴西的公立大学里，目前只有圣保罗大学（USP）开设有汉语专业。圣保罗大学是在瓦加斯政府颁布了"巴西大学章程"法令的背景下于 1934 年建立的新型本科大学。据 Ligia Wey Neves Lima 统计，圣保罗大学的汉语专业是全巴西唯一一个大学本科层次的专业，创办于 1962 年。② 我们在巴西任教期间，结识了一名圣保罗大学汉语专业的学生 Priscilla，而且于 2014 年参加了她在圣保罗大学语言学院的毕业典礼。按照巴西的传统，在毕业典礼上每个专业的学生都会上台集体宣誓，其中语言学院英语专业、西班牙语专业、俄罗斯语专业学生人数非常多，各有四五十人，其宣誓气势磅礴；而当轮到中文专业学生宣誓时，居然只有两名学生，人数差距之大可见一斑。圣保罗大学语言学院汉语系的老师 Ho Yeh Chia 是中国台湾人，在 20 世纪移民巴西，在圣保罗大学教育学专业硕士毕业之后留圣保罗大学教授中文。据她介绍，圣保罗大学虽然开设了汉语专业，但是其规模很小，相比语言学院其他专业来说，其毕业生数量非常有限。据统计，从 1997 年至 2005 年，只有 9 名学生从该专业毕业。③

---

① 陈雯雯：《巴西华文教育现状探析》，《华文教学与研究》2015 年第 2 期。

② Ligia Wey Neves Lima, O Ensino de mandarim do Brasil［D］, São paulo：Universidade de sêo Paulo, 2012. 作者简介：Ligia Way Neves Cime 为巴西圣保罗大学语言学硕士研究生，该文为他的硕士毕业论文。

③ Ligia Wey Neves Lima, O Ensino de mandarim do Brasil［D］, São paulo：Universidade de sêo Paulo, 2012. Ligia Way Neves Cime 为巴西圣保罗大学语言学硕士研究生，该文为他的硕士毕业论文。

2　私立学校

在巴西，华人华侨的数量非常庞大，如今在巴西工作和生活的华侨华人有30余万人，2012年是华侨华人移民巴西200周年。① 华人华侨后代的汉语学习也在巴西汉语教学中占了很大比例，比如，很多华人华侨自己开办了中文培训学校，供当地华裔学生学习汉语。见表1。

表1　巴西华文学校、机构一览表

单位：人

序号	机构名称	位置	创办年	性质	办学背景	经营主体	教师数	学生数
1	华侨天主堂中文学校	圣保罗	1958	私立中文补习学校	大陆	宗教团体	30	140
2	中华会馆中文补习班	圣保罗	1972	私立中文补习班	台湾	侨团	8	60
3	华侨基督教联合浸信会中文班	圣保罗	1973	私立中文补习班	台湾	宗教团体	15	130
4	华侨基督教会中文班	圣保罗	1975	私立中文补习班	台湾	宗教团体	未知	未知
5	基督长老教会中文学校	圣保罗	1983	私立中文补习学校	台湾	宗教团体	11	110
6	苏珊诺镇中文学校	圣保罗	1987	私立中文补习学校	台湾	私人	未知	40
7	慕义基督教会中文学校	圣保罗	1987	私立中文补习学校	台湾	宗教团体	8	150
8	全真道院中文学校	圣保罗	1990	私立中文补习学校	台湾	宗教团体	7	70
9	圣约瑟中文学校	圣保罗	1992	私立中文补习学校	台湾	私人	5	50
10	幼华学园	圣保罗	1993	私立中文补习学校	台湾	私人	40	300
11	里约佛光中文学校	里约	1995	私立中文补习学校	台湾	宗教团体	6	70
12	康宾那斯中文学校	圣保罗	1995	私立中文补习学校	台湾	私人	3	30
13	乐儿学园	圣保罗	1997	私立中文补习学校	台湾	宗教团体	10	100
14	乐青中心	圣保罗	1997	私立中文补习学校	台湾	宗教团体	15	150
15	仁德国际学校	圣保罗	1998	私立正规中文学校	台湾	私人	25	400
16	华联中文学校	里约	1998	私立中文补习学校	大陆	侨团	未知	40
17	青田同乡会中文班	圣保罗	2002	私立中文补习班	大陆	侨团	3	30
18	圣儒华文学校	圣保罗	2003	私立中文补习学校	台湾	私人	35	600
19	启智华文学校	圣保罗	2004	私立中文补习学校	大陆	私人	15	260

---

① 董建红：《巴西教育及发展》，《外国教育资料》1995年第4期。

续表

序号	机构名称	位置	创办年	性质	办学背景	经营主体	教师数	学生数
20	华光语言文化中心	圣保罗	2004	私立中文补习学校	大陆	私人	25	350
21	袁爱平中巴文化研究中心	里约	2004	私立中文补习学校	大陆	私人	20	700
22	亚华中文班	圣保罗	2004	私立中文补习班	大陆	侨团	5	60
23	德馨双语学校	圣保罗	2005	私立中文补习学校	大陆	私人	30	400
24	华人文化交流协会中文学校	圣保罗	2006	私立中文补习学校	大陆	侨团	5	70
25	育才学园	圣保罗	2007	私立中文补习学校	大陆	私人	6	70
26	巴西华文语言文化中心	贝洛	2007	私立中文补习学校	大陆	私人	20	600
27	圣本笃学校中文部PSF	圣保罗	2008	私立正规中文学校	大陆	宗教团体	10	70
28	Colégio Avan 中文班	圣保罗	2008	私立正规巴西学校	巴西	合作办学	1	50
29	Agua Viva 国际学校	圣保罗	2008	私立正规巴西学校	巴西	私人	1	20
30	天天幼儿园	圣保罗	2010	私立中文补习学校	大陆	私人	5	60
31	陈老师语文中心	圣保罗	2011	私立中文补习学校	台湾	私人	3	30
32	华侨天主堂学校	圣保罗	2013	私立中文补习学校	大陆	宗教团体	4	30
33	天津中文学校	圣保罗	2013	私立中文补习学校	台湾	私人	10	50
34	伊瓜苏中文班	巴拉那	2014	私立中文补习班	大陆	合作办学	未知	未知
35	巴中双语学校	里约	2014	公立正规中文学校	巴西	合作办学	未知	未知
36	天侨基督长老教会语言学校	圣保罗	未知	私立中文补习学校	台湾	宗教团体	5	40
37	佛光缘中文班	圣保罗	未知	私立中文补习班	台湾	宗教团体	3	20
38	安琪儿中文学校	圣保罗	未知	私立中文补习学校	大陆	私人	10	200

资料来源：陈雯雯《巴西华文教育现状探析》，《华文教育与研究》2015 年第 2 期。

　　表 1 列举的这些学校中大部分是私人建立的，而且大部分都位于圣保罗。目前巴西的私立中文补习学校（班）共计 33 所，私立正规巴西学校 2 所。其中圣保罗州 28 所，里约州 3 所，贝洛州 1 所，巴拉那州 1 所。[①]

---

① 陈雯雯：《巴西华文教育现状探析》，《华文教学与研究》2015 年第 2 期。

私立学校根据办学主体的不同又分为两种：私人办学和团体办学。据了解，33 所私立中文补习学校中有 46% 是私人办学。[①] 私人办学的优势在于独立的人事管理，教学要求严格，灵活掌握中文教学市场的变化。其缺点在于大部分学校缺乏资金，由于场地所限不能更好地开展和扩大教学，缺乏专业师资。团体办学又分为教会办学和侨团办学两种。其中宗教团体办学占到 36%。由于巴西是一个多种族、多宗教的国家，以天主教为盛，许多中文补习学校借助或依附于宗教团体得以开办和发展，由教堂提供上课场地和资金支持。[②] 如在巴西最大的城市圣保罗市，有一所圣本笃学校（Colégio de São Bento），该校是一所正规的巴西教会学校，学校的中文部是单独登记的中文学校（PSF Cursos e Treinamentos Ltda-me）。这所教会学校有葡语课程，也有中文课程，全校学生人数为 400 人，学习中文的学生有 70 人左右，其中华裔学生 60 人，非华裔学生 10 人。[③] 这些华文学校对巴西的汉语教学起了很大的推动作用。

3　私人家教及网络授课

私人家教有别于私立学校，它没有团队，只是由个人发布广告，与学生进行一对一教学的私教形式。目前在巴西这种教学形式尚在起步阶段，但是其发展势头十分迅猛。以我们认识的一位汉语私教为例，她于 2011 年至 2013 年在圣保罗州立大学孔子学院任教，担任汉语教师志愿者，任期结束后自己在圣保罗创业进行汉语私教，学生从一名发展到现在的三十多名。除了到学生家中一对一教学，她目前扩大教学规模的方式还有网络私教。她将自己的教学课程视频上传至 youtube（国外视频网站），点击量非常大，反响热烈，以至于 youtube 公司为其成立了汉语教学专区网页。然后她在其巴西籍男友的帮助下，建立了"思思汉语"网站（www. professorachinesa. com. br），吸引学生注册，并在网上支付学费，进行网上视频一对一教学。目前其学生不只限于圣保罗市，已经遍

---

① 吴刚：《巴西高等教育国际化政策概述》，《教育理论与实践》2013 年第 36 期。
② 陈雯雯：《巴西华文教育现状探析》，《华文教学与研究》2015 年第 2 期。
③ 陈雯雯：《巴西华文教育现状探析》，《华文教学与研究》2015 年第 2 期。

布巴西，甚至有伊瓜苏市的学生。

采用这种形式进行汉语教学和文化推广的，还有其他的例子。这种形式目前是一种最新的汉语教学形式，采用这种形式的人群主要由21世纪移民巴西的年轻人组成，随着现代社会生活节奏的加快，以及巴西网络科技的发展，通过网络进行的汉语教学和文化推广在未来的巴西会发展得更迅速。

4 孔子学院

孔子学院（Confucius Institute），是中国国家对外汉语教学领导小组办公室在世界各地设立的推广汉语和传播中国文化与国学教育的文化交流机构。其一般是由国内的高校和国外的高校共建而成，国内高校提供师资，国外高校提供教学场所等。目前巴西有孔子学院10所，如表2所示。

表2　巴西孔子学院情况

孔子学院	成立时间	巴方合作院校	中方合作院校	所在城市
圣保罗州立大学孔子学院	2008年	圣保罗州立大学	湖北大学	圣保罗
巴西利亚大学孔子学院	2008年	巴西利亚大学	大连外国语大学	巴西利亚
里约热内卢天主教大学孔子学院	2010年	里约热内卢天主教大学	河北师范大学	里约
南大河州联邦大学孔子学院	2011年	南大河州联邦大学	中国传媒大学	愉港
FAAP商务孔子学院	2012年	FAAP高等教育中心	对外经济贸易大学	圣保罗
米纳斯·吉拉斯联邦大学孔子学院	2013年	米纳斯·吉拉斯联邦大学	华中科技大学	贝洛奥里藏特
伯南布哥大学孔子学院	2013年	伯南布哥大学	中央财经大学	累西腓
坎皮纳斯大学孔子学院	2014年	坎皮纳斯大学	北京交通大学	坎皮纳斯
帕拉州立大学孔子学院	2014年	帕拉州立大学	山东师范大学	贝伦
塞阿拉联邦大学孔子学院	2014年	塞阿拉联邦大学	尚无	福塔莱萨

资料来源：国家汉办网站。

巴西这十所孔子学院里最年轻的是塞阿拉联邦大学孔子学院，成立于2014年，目前尚未正式运行，中方院校也尚未确定。而其中规模最大、成立时间最久的是圣保罗州立大学孔子学院，由湖北大学与圣保罗州立大学合作共建于 2008 年。除此之外，办学规模排名前三的巴西孔子学院分别为：里约热内卢天主教大学孔子学院、伯南布哥大学孔子学院和南大河州联邦大学孔子学院。下文将主要以规模最大的圣保罗州立大学孔子学院为例进行探析。

4.1　圣保罗州立大学孔子学院基本情况

圣保罗州立大学孔子学院成立于 2008 年，从成立至今共有师资 66 人次，教学点 13 个，分布在圣保罗州的 12 个城市，包括省会城市圣保罗市，以及圣保罗州最远的小岛单岛（距离圣保罗市 661.7 公里），辐射范围非常广。

4.2　圣保罗州立大学孔子学院学生规模

圣保罗州立大学孔子学院从 2009 年 8 月开始招生，到目前共有学生约 12000 人次，其中高中生约 1280 人次，小学生约 100 人次，其余为成人班学生。

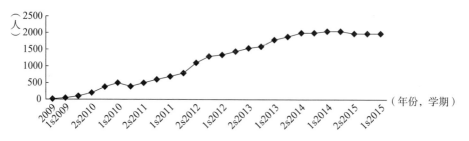

图 1　圣保罗州立大学孔子学院学生人数

资料来源：圣保罗州立大学孔子学院 2015 年年度报表。

从图 1 可以看出，2012 年之后，孔子学院每年的招生人数都在千人以上，规模很大，2014 年甚至突破了 2000 人，2015 年回落至 2000 人以下，这是因为 2015 年巴西经济遭受了巨大打击，总统涉嫌贪污，导致其国民经济一蹶不振，很多学生出于生计考虑不得不退学，所以造成了生源略微下降的局面。

圣保罗州立大学孔子学院学生的年龄分布如图 2 所示。

从图 2 可以看出，孔子学院的学生仍然以成人为主，高中生只占

11%，小学生仅占 1%，其原因后文会讨论。

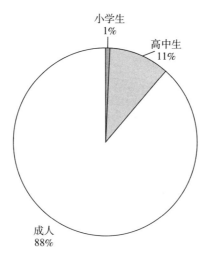

图 2　圣保罗州立大学孔子学院学生年龄分布情况
资料来源：圣保罗州立大学孔子学院 2015 年年度报表。

　　圣保罗州立大学孔子学院只面向巴西国籍的学生，包含了不同阶层的巴西人，分为成人班、高中生班、小学生班。成人班面向社会开设，年满 18 周岁的合法公民都可以报名，学费是 600 雷亚尔（汇率 1 雷约等于 2 元人民币）一学期，一学期包含 50 学时。其中，圣保罗州立大学的在校学生免费。在其他语言培训学校，一个月 20 学时的培训费大概就要高达 1000 雷亚尔，所以孔子学院的学费在整个圣保罗州都是非常低的，竞争力很强。高中生班是在孔子学院和圣保罗市教育局签署的合作协议下运行的，免费为圣保罗州 4 个城市的一千多名中学生教授汉语课程，注册报名的高中生在孔子学院上课。小学生的班级是 2015 年新开设的，分别基于孔子学院与圣保罗市属公立小学 CEU MENINO 学校和圣若泽市公立小学 Instituto Alpha Lumen 签署的合作协议，由孔子学院免费提供师资前往这两所小学为其学生授课。两所学校的小学班级从去年建立至今，一年时间内学生从 10 人次增至约 100 人次。

　　在本文的第一部分已论述过巴西教育制度，巴西的中小学是半日制教学，而且无论公立还是私立学校，学校的校长对自己学校的课程内容有很大的决定权，所以孔子学院能与圣保罗市教育局顺利签下合作协议也得益于巴西的这种教育体制。但同时，因为校长的决定权很大，当换了校长之后，新校长是否愿意跟孔子学院继续签约则很难说。2015 年 8 月，因为圣保罗市教育局换了领导，迟迟不与孔子学院续签合作协议，导致孔子学院的高中生班迟开了一个学期。

4.3　圣保罗州立大学孔子学院的师资情况

圣保罗州立大学孔子学院除一名当地教师外，几乎所有师资由其中方合作院校湖北大学提供，从成立至今共有 66 名教师任教。这 66 名教师中，有 6 名是湖北大学公派教师，有 60 名志愿者教师是由湖北大学选派的本科应届毕业生或在读研究生，有 1 名是北京第二外国语学院的毕业生。上述 6 名湖北大学公派教师中，有 3 名是中方院长，担任行政职务，另外 3 名担任教学任务。60 名志愿者教师都是从湖北大学的汉语国际教育（硕士）或相关文科专业中遴选的，他们通过了湖北大学的选拔，又通过了国家汉办的笔试面试，并在赴任前接受了国家汉办为期两个月的专业培训，才获得派出资格。在培训中他们不仅要学习汉语知识，而且要通过实践锻炼对外汉语教学技巧，同时还要学习中华传统文化，如剪纸、民族舞蹈、民族歌曲等，以便将这些文化才艺教授给外国学生，并在孔子学院举办文化活动时展示传播。除此之外，在培训中他们还要对赴任国国情有所了解，学习赴任国语言，掌握必要的外交礼仪，通过抗压心理能力测试，学习危机突发状况处理方式，等等。所以说通过国家汉办选拔培训的志愿者教师们，都是经过专业培训的较为专业的对外汉语教师。

4.4　圣保罗州立大学孔子学院的教材使用情况

圣保罗州立大学孔子学院所使用的教材由国家汉办提供，从成立孔院至今，教材更改过几次，情况如表 3 所示。

表 3　圣保罗州立大学孔子学院教材使用情况表

教材名称	出版社	册数	使用对象	使用年份	语言
《当代中文》（葡语版）	华语教学出版社	4	成人班初级 1～3 成人班中级 1～3	2012 年至今	中葡

续表

教材名称	出版社	册数	使用对象	使用年份	语言
《新实用汉语课本》（3～4 册）	北京语言学院出版社	4	成人班高级 1～3	2012 年至今	中英
《跟我学汉语》（1～2 册，葡语版）	人民教育出版社	2	高中生初级 1～2 高中生中级 1～2	2012 年至今	中葡（孔院秘书非专业翻译）

资料来源：圣保罗州立大学孔子学院 2015 年年度报表。

从表 3 可以看出，圣保罗州立大学孔子学院初级和中级的成人班使用的都是《当代中文》的葡语版本，而到了高级成人班，则改为使用《新实用汉语课本》（3～4 册）。我们曾在硕士毕业论文中对比研究了这两套教材，得出的结论是《新实用汉语课本》比《当代中文》编写得更细致、详细，无论是语音部分、词汇部分、语法部分还是练习部分，都更适合初学者。比如"把字句"这一语法点，《当代中文》只在一课的篇幅中给出简单的解释，而《新实用汉语课本》则用了三课的篇幅来讲解这一语法点。而圣保罗州立大学孔子学院的高中生班级使用的是《跟我学汉语》（1～2 册），这套教材编写得生动有趣、简单易懂，图片很多，非常适合中学生学习。而上文所述的小学班级，目前还没有统一教材，所教内容由教师自己编写。我们在回国之前也给小学班级代过课，自己编写带有关于颜色、数字、家庭等方面的简单词汇和歌曲的教材教给学生。

4.5　圣保罗州立大学孔子学院的发展危机

随着国内各高校纷纷在巴西开办孔子学院，湖北大学孔子学院（圣保罗州立大学孔子学院）一枝独秀的局面即将结束。其他高校因具备显赫的地位、强大的师资团队、先进的管理模式、雄厚的教学资源，将对湖北大学孔子学院的发展构成极大的威胁。今后，谁会是巴西汉语教育的王者，将取决于巴西民众的选择。改进和提高我们的汉语教学及管理水平，将是我们最艰巨的任务。对此，我们必须保持清醒的认识。从现在开始，我们必须下大力气进行孔子学院的教师、教材和教法建设，从根本上解决"三教"现存的问题。

三　巴西汉语教学的困境

巴西汉语教育相较于其他国家而言起步较晚，在发展的过程中，存在以下几个问题。

1　汉语课程尚未进驻巴西教育体系，未形成必修课气候

基础教育方面，巴西教育部从 1998 年开始推行的中等教育全国考试，即 ENEM，在其外语考试科目中，考生可以在英语和西班牙语中二选一。[①] 政府未把汉语作为外语考试科目，使中小学生们在升学、就业等的压力下也纷纷放弃汉语学习，转向西班牙语、英语，汉语学到中高级阶段的已经寥寥无几。上文所述的圣保罗州立大学孔子学院的高中生班的学生大多是出于兴趣才来学习汉语的，而即将升学的时候放弃的人数也很多，这是因为汉语学习对其升学并没有作用。而上文所述的圣保罗州立大学孔子学院的小学生班的学生，大多是因为家里没有人管，家长宁愿把学生送到中文课程班学习，托管两个下午。

高等教育方面，如上文所述，目前巴西境内只有一所大学开设了汉语专业，即圣保罗大学，而该专业毕业人数也屈指可数，近 10 年只毕业了 9 人。有的学生入学学习了一年汉语后因为觉得太难而选择转专业，有的则干脆退学。而少数真正对汉语和中国文化感兴趣的学生，仅通过大学四年的学习无法达到很深的层次，因为学校也没有更高层次（如研究生）的汉语教育课程供他们学习。

2　无统一教学质量评价系统及教学大纲

在巴西学习汉语的人很多，但是不同教学机构在教学上并未规定统一的教学质量评价体系。比如，有的私立学校在期末考试时由任课老师根据对学生的印象随意打分，只要让学生通过就可以让学生继续学习而收取学费，十分不规范。而我所在的圣保罗州立大学孔子学院，每学年期末考试会统一出试卷，包括笔试试卷和口试试卷。但这些由任课老师

---

① 陈雯雯：《巴西华文教育现状探析》，《华文教学与研究》2015 年第 2 期。

自己出的试卷在很大程度上带有主观性，未参考全球汉语水平测估系统，没有国际权威性。这样就造成了以下局面：我们孔院高级水平的学生，自认为已经学得很好了，到中国学习时却发现其水平连在中级班听课都吃力。

而由国家汉办推行的 HSK（汉语水平考试），也不是孔院的强制性考试，只是有兴趣或有留学需求的学生才会参加，所以孔子学院的教学质量也未与 HSK 过级率挂钩，造成没有统一标准来对巴西的汉语教学质量进行测评的现状。

不仅是孔子学院，巴西汉语教学的各种办学主体都没有形成统一的教学大纲，导致各办学机构教授的语言和文化内容存在差异，甚至出现有的私立学校有教学错误的情况。

3　师资队伍参差不齐

在巴西教授汉语的老师中除了在孔子学院任教的汉语教师及志愿者是出国前受过国家汉办专业培训的之外，其他私立学校的汉语教师都未曾受过专业训练。这主要是由于在巴西教师工资待遇处于中等以下水平，大部分私立机构都不会花重金聘请专业汉语教师，而是"拉壮丁式"地随意找老师。比如，很多机构聘请没有怎么受过教育，移民去巴西的台湾人、福建人去教汉语，而他们任教前未做过教师，专业不对口，只是采用之前在国内小学语文母语教学的方法，即多是采用传统的"抄写背诵""课文辅导书做练习"的方式进行教学，导致教学质量低下。而即便是受过专业培训的国家汉办公派教师，因为整体偏年轻、缺乏教学经验，教学技术也不是很娴熟。同时年轻教师的葡萄牙语水平也不高，有时会有学生听不懂的情况。所以巴西汉语教学的整体师资水平亟待提升。

4　教材及配套资料匮乏，且不够本土化

由上文所分析的巴西孔子学院所使用的教材可知，并不是所有教材都是中葡双语对照的。而其中高中生的《跟我学汉语》的葡语版是由孔子学院的秘书自行翻译的，缺乏专业性。

我们之前对圣保罗州立大学的教师做了一次关于教材使用情况的调

查，调查结果显示，教师普遍认为教材存在的问题有：练习数量有限，而且教材内容并不完全适合巴西人思维。比如有一课的课文讲述的是在北京的公交上，售票员跟一位乘客说："请拿好票。"巴西学生就不懂，为什么要拿好票，是因为在北京的公交上小偷很多容易被盗，还是因为北京公交车下车的时候还要检票呢？这说明我们的教材在文化处理上没有很好地做到适应本土文化，不符合当地文化特色。

5 教法传统落后，且针对性不强

目前，从教法上说，我们受中国学生学习英语的影响，在巴西孔子学院的课堂上，主要使用最古老、最落后的翻译法进行教学，虽有零星尝试，但还没有大规模地采用目前国际上较为先进的沉浸式教学法和任务型教学法。更重要的是，我们的教学没有关注巴西本土的教学方法，没有考虑巴西学生最可能接受哪些教学方法。因此，教学方法针对性不强。主要是用外语教汉语，以讲解新奇的中国现象来吸引学生。

四　建议和对策

根据以上研究内容，为使巴西的汉语教学能更进一步发展，本文从国家层面、巴西汉语教学机构层面、国内高校层面分别提出以下应对策略。

1 国家层面，努力将汉语课程纳入巴西教育体系的必修课范畴中

1.1　在巴西中小学升学考试中加入汉语作为外语科目选择之一

在中国教育体制中，英语是中小学的必修课，因为在中考、高考等重要考试中都有英语科目的考试。而如上文所述，在目前巴西的中小学教育体制中汉语并不是必修课，也不是考试可选择科目。所以，要推行汉语在巴西的发展，从制度建设上最根本的策略是尽早把汉语纳入巴西教育部门承认的外语考试中，才能让学生的学习更有动力，而不会像上文所述，很多学生因为汉语对其升学没有作用而选择中途放弃学习。

1.2　在巴西的高等教育中开设更多汉语专业

在高等教育层面，中国现在有15所大学开设了葡萄牙语专业。以湖北大学为例，因为有在巴西的孔子学院的优势，湖北大学建立了拉美研究中心，2015 年申报开设葡萄牙语本科专业获批，将于 2016 年 9 月正式招生。既然中国的这么多大学已经开设了葡萄牙语专业，那么对等地，我们应该推动巴西大学的汉语专业建设，甚至在巴西高校建立亚洲研究中心或者中国文化研究中心，这对巴西的汉语教学将产生极大的推动作用。如中国教育部门和外交部门可协助已经开设汉语本科专业的圣保罗州立大学，设立汉语言硕士研究生培养点，培养懂中文的高素质人才。而对于尚未开设汉语专业的其他高校，如与中国高校合作共建孔子学院的巴西高校，则可鼓励它们早日开设汉语本科专业，将汉语学习纳入学分课程体系中。比如有孔子学院优势的湖北大学可以尝试协助其合作院校巴西圣保罗州立大学建立汉语本科专业。

要做到这些并不是没有可能的，在中国教育部门和外交部门的努力沟通下，近年来巴西教育部正在大力推行"语言无国界"项目，其总协调人丹尼斯·利马日前对媒体表示，巴西教育部将在近期开设中文和西班牙语两门语言课程。

2 巴西汉语教学机构层面，用各种途径吸引更多生源

2.1 提高师资队伍专业水准

孔子学院/课堂和其他汉语教学机构应该加强师资水平管理，加强对自己教师的专业化培训，加快教学方法改革创新，还应加强教师的中华文化对外传播能力，比如开设以商务、中医、武术、烹饪、艺术、旅游等为主要特色的课程，举办丰富多彩的文化活动，以满足学生学习汉语的热情，进一步扩大生源。

2.2 统一教学大纲及测评系统，编写中葡双语教材

如上文所述，巴西各种汉语教学机构的教学大纲没有统一，造成了教学效果参差不齐的局面。所以各教学机构的当务之急是统一教学大纲，规范教学内容，让汉语教学有纲可循。同时，建立统一的汉语测评考试系统，比如巴西所有的汉语教学机构可以统一出题，参考 HSK 考试水平，至少保证学完同一级别的巴西学生汉语水平都相差不大。

同时，缺乏本土化教材也是汉语教学在巴西发展的一大瓶颈。所以

各教学机构应该团结合作，在调查研究的基础上编写出符合巴西特色的国别化教材，尤其是组织编写出一套面向巴西学生的文化教材、配套练习、配套读物等。

2.3 扩大服务领域

有的巴西学生只是出于兴趣开始学习汉语和中国文化，而当他们成长到需要面临就业压力、升学压力时不得不放弃汉语学习，所以我们的汉语培训学校以及孔子学院，在推广汉语教学和中华文化的同时，应该为更多的汉语学习者提供一些实习、就业的机会。比如，孔子学院可以和当地的中国企业合作，为企业推荐巴西的汉语学习者，而企业为我们的学生提供实习机会和就业机会，这样的双赢局面，也将大大激发巴西人学习汉语和中国文化的热情。

3 国内高校层面，配合巴西汉语教学发展

国内高校，以湖北大学为例，目前为推进巴西汉语教学事业，可以做到以下几点。

3.1 致力推进巴西高校开设汉语专业

湖北大学作为在巴西建立孔子学院的第一所国内高校，应大力支持其合作院校巴西圣保罗州立大学建立汉语专业。据我们了解，圣保罗州立大学正有建立汉语系的想法，只是苦于没有师资能力。而湖北大学作为其合作院校，可在校内选拔专业教师或培养优秀汉语教学志愿者前往巴西，支持圣保罗州立大学孔子学院建立汉语系。

3.2 加强对孔子学院的管理

圣保罗州立大学孔子学院作为巴西地区办学时间最长、办学规模最大的孔子学院，在巴西汉语教学发展中起着举足轻重的作用，所以加强对该孔子学院的管理对湖北大学来说是一项重要任务。湖北大学应该加快高素质管理队伍建设，完善孔子学院院长选拔办法，选拔一批素质高、能力强、爱岗敬业的专职院长；加强专业化师资队伍建设，培养适应不同层次教学需要的师资队伍，加大孔子学院所在国本土师资培养力度。力争早日建立涵盖中方院长、公派教师、专职教师、本土教师、志愿者的我校孔子学院/课堂专业人才库，做到从优选派。

3.3　配合孔子学院编写教材

湖北大学在编写符合巴西特色的汉语教材方面有得天独厚的条件。近年来，湖北大学在巴西建立了孔子学院，在本校建立了拉美研究中心，开设了对外汉语本科专业，开设了汉语国际教育硕士研究生专业，有大量从巴西孔子学院回国的教师和志愿者。在这些条件下，湖北大学应该组织相关专家学者，与巴方教学人员一起合作，积极致力于面向巴西的本土化汉语教材编写工作，特别是葡萄牙语版本的汉语教材编写工作。

3.4　改进汉语教学法

湖北大学应该组织相关专家学者关注巴西的大中小学教学状况，了解巴西学生的学习习惯，结合国际先进的第二语言教学法，创设一种适用于巴西学生学习汉语的教学模式，真正做到"用汉语教汉语""用汉语思考和表达"。

3.5　积极做好国内文化活动

湖北大学每年都会接待一批来自巴西孔子学院的学生（即巴西孔子学院暑期汉语培训班的学生）来中国进行为期一个月的游学体验。其间他们会去中国的北京、武汉、西安等代表性城市，感受中国文化。在武汉期间，还会有湖北大学的专业汉语教师为其授课，有湖北大学的志愿者们与其交流。笔者曾经参与过两届，每一次都留下深刻印象，整个过程深受暑期团学生的喜爱。这些参与了暑期班的巴西学生们回国后便会鼓励更多的亲朋好友来中国游览、学习等，无形中对中国文化进行了一次很好的宣传。所以湖北大学应该策划更多的国内文化活动以接待来自巴西的学生团，从而吸引更多的巴西学生学习汉语。

五　结论

本文从巴西教育体制入手，在调查研究的基础上针对巴西汉语教学的办学形式、经营主体、教学类型、学生构成、师资力量、教学方法、教材使用及中华文化传播等方面的现状进行了论述，并总结出现阶段汉语教学和中华文化传播在巴西所遇到的发展困境，其主要体现在汉语课程尚未进驻巴西教育体制、无统一教学质量评价系统及教学大纲、师资队伍参差不齐、教学方法落后、教材及配套资料匮乏等方面。为解决这些问题，在宏观上，中国政府与巴西政府需要共同努力，提高汉语作为巴西外语语种的地位，在微观上，各汉语教学机构以及从事汉语教学与中华文化推广的汉语教师们需要提高自身素质、提高教学质量等。只有在宏观和微观上都采取合适的策略，汉语教学和中华文化传播在巴西的发展才会更上一层楼。

中国饮食文化传播与
"走出去"的路径

姚伟钧[*]

【摘　要】　饮食文化是一个国家和民族物质文明和精神文明发展的标尺，是一个民族文化本质特征的集中体现，也是考察一个民族历史文化与心理特征的社会化石。中国饮食文化在海外的发展，在中华民族文化传承与文化认同、传播中华文化、提升中华民族影响力、增强国家文化软实力方面起到了重要作用。本文对如何加强中国饮食文化传播与中国文化"走出去"的路径做了深入的探讨。

【关键词】　中国饮食文化　传播　文化软实力　"走出去"

一个民族的觉醒，最根本的是文化的觉醒；一个民族的复兴，必然伴随着文化的繁荣。实践也使人们认识到，一个国家的崛起和发展，应该是指它的综合实力的全面提升，既要有以经济的快速发展、经济规模扩大为主要指标的硬实力的增长，更应该有以文化为核心的软实力的全面提升。两者既紧密联系，又相互区别。硬实力显而易见，它是一个国家发展的支撑，是软实力的有形载体。而软实力虽无影无形，但它超强的扩张性和传导性，使它对国家的发展产生了巨大的影响，它是硬实力

＊　姚伟钧，华中师范大学历史文化学院教授，博士生导师。

的无形延伸。

一 中国饮食文化是中国文化软实力的载体

饮食是国计民生中第一件大事，因此对食物烹饪的重视和考究，以及人们的饮食观念，是一个国家文化素养和文明的象征。技艺高超的中国烹饪，是中华民族历史文明的产物，也是中华民族对世界文化的一个杰出贡献。

早在先秦时期，中国各民族就以华夏族为中心开展了饮食文化的交流，华夏族的谷物，常常被供给北方游牧民族，燕国的鱼盐枣粟，素为东北少数民族所向往。

到了汉代，张骞出使西域，促进了内地与西域之间的饮食文化交流。西域的苜蓿、葡萄、石榴、胡葱、胡蒜、胡萝卜等特产，以及西域的葡萄酒，先后传入内地，大大丰富了内地民族的饮食生活。此外，内地民族精美的肴馔又为这些地区的人民所喜食，其烹饪技艺被他们引进，各民族在相互交流的过程中，都在择善而从，不断完善自己，共同创造出中华民族的饮食文化。

从世界范围来看，受中国饮食文化影响最大的莫过于日本。① 早在公元 4 世纪，就有一些中国人经过朝鲜移居日本，这些人称得上是中国早期的华侨，其中有不少厨师和制作食具的工匠。至唐代，鉴真大师又把中国的佛学、医学、酿造、烹饪等文化艺术带到日本。与此同时，大批日本学问僧和留学僧也来到中国，随着他们的归国，唐代宫廷与民间美味也传至日本，中国先进的饮食文化对日本宫廷与民间的饮食生活产生了广泛的影响。例如，日本宫廷的饮食制度就改效唐制，不少宫廷宴会也改用中国的烹饪方法，并时常派人来华学习和研究中国烹调。

唐代以后，中国的许多菜点就在日本流行开来，日本学者木宫泰彦

---

① 〔日〕中山时子主编《中国饮食文化》，徐建新译，中国社会科学出版社，1992，第238页。

所著的《日中文化交流史》记载：中国饮食传到日本的有胡麻豆腐、隐元豆腐、唐豆腐、馒头等种种中国风味的食品，并且日本人学会了按照中国方式，主客围桌共同饮食，这对日本的烹调法和会餐方式都产生了一些影响。[1] 在中国菜点传入日本的同时，中国的饮食节令风俗也在日本时兴起来，如正月元旦的屠苏酒、正月七日的七种菜、五月五日的菖蒲酒、九月九日的菊花酒等，在日本都十分流行。日本学者森克己在《日宋文化交流诸问题》中指出："大陆（指中国）和我国（指日本）之间，从原始时代起，就在进行文化交流。先进的大陆文化不断地流入我国。与此同时，日本把这些大陆文化在不知不觉中汲取，日本化。"木宫泰彦的《日中文化交流史》也认为，"日本中古之制度，人皆以为多系日本首创，然一检唐史，则知多模仿唐制也"，"中国乃东洋文化之母国……倭人来自中国，目睹其情形，必赍往若干新知识，而对中国文化做极热烈之钦慕"。

中国和非洲也有近千年的交往历史，近年来在索马里等东非国家出土了唐、宋、明三个朝代的瓷器和钱币。另外，今日非洲的烤全驼和唐代宫廷菜肴浑羊殁忽在形状和烹制方法上有惊人的相似之处，《食珍录》记载，此菜"最为珍贵。置鹅于羊中，内实粳、肉、五味，全熟之"。而烤全驼的做法也是将鸡蛋塞入鱼肚中，然后把鱼放进鸡肚内，再把鸡放在羊的肚子里，最后把羊放入一头骆驼的肚子里烤制而成。我国的烹饪研究专家认为，这可能是中国和非洲的历史交往在饮食文化上的一个见证。

随着丝绸之路的开通，中国同中亚、西亚以及欧洲的经济交往日趋密切，通过这条道路，中国饮食文化源源不断地被介绍到西方。《宋会要》记载，公元1070年，大食国（今伊朗）"遣使来员，赐器服，饮食"。这种互相往来的例子，在史书中是很多的。至今在希腊—地中海文化圈内，中式饮食还占有一席之地。

伟大的革命家孙中山先生在《建国方略》中指出："中国近代文明

---

① 参见〔日〕木宫泰彦《日中文化交流史》，胡锡华译，商务印书馆，1980。

进化，事事皆落人后，惟饮食一道之进步，至今尚为文明各国所不及。中国所发明之食物，固大盛于欧美。而中国烹调法之精良，又非欧美所可并驾……昔日中西未通市以前，西人只知烹调一道，法国为世界之冠。及一尝中国之味，莫不以中国为冠矣。"自清代末期以后，中国一直遭受西方列强的欺侮，尽管那时中国饮食文化已领先于世界各国，但西方各国并不承认，认为法国才是世界的烹饪之王。自孙中山的《建国方略》问世后，中国烹调技术在世界上的地位也有了很大的提高，使世人认识到中国才是当之无愧的烹饪之王，这无形之中也提升了中国文化的软实力。

另外，与饮食内容相关的筷箸饮食方式，也源于中国，并通过华人、华侨不断向海外传播。筷子早在唐以前就传到了亚洲各国，特别是东南亚、东北亚一带。对于箸在日本的最早使用，日本学者山内昶先生在《筷子刀叉匙》中指出，推古十六年（608年）日本宫中设宴招待隋朝使者裴世清等人时，"席间采用中国餐桌礼节，以两双筷子和汤匙作为正式餐具，摆放在餐盘内，这是日本最早使用筷子的正式记录"①。源自中国的箸文化，经过长期发展，现已成为日本文化的典型。

朝鲜半岛也是最早接受中国箸文化的域外地区，公元7世纪时的新罗时代，他们就开始使用箸了，今天朝鲜语中筷子的读音"zhegala"，就含有汉语"箸"的音素。② 韩国从1995年下半年起，在小学一年级开设了"筷子课"，并向教师提出了"让孩子们用筷子夹豆子"的教学方法。现在，全世界有15亿以上的人使用筷子，足见中国人发明的筷子，已成了当今世界风格独具的重要餐具，并在世界各国中产生了深远的影响。

这些史实充分说明中国饮食文化在促进中国与各国的文化交流中发挥了重要作用，成为中国文化软实力的载体。

---

① 〔日〕山内昶：《筷子刀叉匙》，丁怡、翔昕译，（台湾）蓝鲸出版有限公司，2002，第114页。
② 参见刘云主编《中国箸文化史》，中华书局，2006，第367页。

二 中国饮食文化的海外传播及其贡献

现在世界各国基本上都有中国餐馆，而且呈越来越多之势。1990 年 12 月 8 日《经济参考》报道："随着华人的足迹走遍世界，中华饮食文化的热风也吹遍了全球每一个角落。报统计，居住在世界各国的华侨、华人约有 3000 万，约有 16 万家中餐馆。其中英国 4000 多家，法国 3000 多家，澳大利亚 6000 多家，德国和比利时各 1000 多家，意大利 500 多家，瑞典 500 多家，美国多达 1.6 万多家，占全世界中餐馆的 10%。"进入 21 世纪，各国中餐馆的数量更多了。2007 年 6 月 30 日《欧华报》报道："据不完全统计，目前英国约有中餐馆 9000 家，荷兰拥有 2200 多家中餐馆，而德国中餐馆和华人速食店超过 7000 家，法国中餐馆已经超过 5000 家，西班牙中餐馆达 3000 家，仅巴塞罗那就有 600 多家，葡萄牙中餐馆 600 多家，奥地利 800 多家。中餐依然是海外华人经济中的支柱产业之一。"

对此，周南京先生在《海外华人对世界文明的贡献》一文中也做过专门阐述，他指出："美国华人餐馆业始于 1849 年，首家中餐馆出现于旧金山。后来，旧金山、纽约、洛杉矶等地的中餐馆日益增多。到 1995 年，全美国的华人餐馆约 2 万家，其中绝大部分为中餐馆，也有少量西餐馆、日本餐馆等。这些餐馆遍布美国各地，其中纽约有 700 家，投资额约 2.8 亿美元；洛杉矶有 1500 家，投资额约 2.5 亿美元；旧金山有 1400 家，投资额约 2.3 亿美元；芝加哥有 1000 家，投资额约 1.6 亿美元；夏威夷有 300 家，投资额约为 5500 万美元。"

关于西欧六国（英国、法国、荷兰、德国、比利时、奥地利）中餐业的发展，李明欢在其新著《欧洲华侨华人史》一书中，做了较详细和系统的论述。她指出："1998 年英国的中餐馆数目比 1975 年增长 2.75 倍，法国同比增长 4.33 倍，荷兰同比增长 8.5%，德国同比增长 3.4 倍，比利时同比增长 4 倍，奥地利同比增长 12.3 倍。"

在海外，中国菜使得无数老外心驰神往，中餐业使得众多的海外华人有了安身立命的依靠。在西欧饮食市场，各国菜式餐馆林立，唯中餐馆独占鳌头。美国人称，在世界各地只要有人的地方，就可见到挂大红灯笼的中餐馆。在德国这样固守传统的国家里，中餐馆也遍布全国。日本自维新以后，习尚多采自西方，而独于烹调一道仅嗜中国之味。在今天的日本，中餐、日餐、西餐三足鼎立，中餐已成为大饭店餐饮中的一个重要组成部分。最近日本又兴起了"药膳热"。现在的澳大利亚，凡是有市镇的地方必有中餐馆。这几年，尽管澳大利亚经济连年不景气，但中餐业的发展呈现一片繁荣的景象。前几年，东欧市场一经开放，中式烹饪便一拥而进，中餐馆有如雨后春笋般涌现。

与此相伴的是，欧美等地的海外华人素以餐馆业为第一谋生职业。英国华人约有 10 万，经营餐饮业的占 90%。美国华人约有 80 万，有 13% 从事餐馆业。荷兰华人人口占该国人口的 0.3%，但其经营的餐馆占荷兰餐馆总数的 2.5%。仅有 1 万多华人的中美洲小国哥斯达黎加，首都圣约瑟的市中心便开了 80 多家中餐馆。

除了餐馆之外，还有蔬菜店、鱼店、杂货店、酒店、米店、糕点馆、水果店、土特产品店等，这些店利润高，本钱少，与多数中小华商的经济实力相符合，故颇受华商的青睐。海外华商在饮食领域的活动，既有利于自身的生存和发展，也有利于所在国人民生活的需要和社会经济的发展。

中华烹饪饮食文化之所以风靡世界各国，在西方文化背景下长大的老外之所以偏爱中餐，均是因为中华烹饪饮食有着其他菜系不可比拟的优点，我们从中式烹饪饮食与世界各大菜系的比较中可以看出这一点。世界菜系有三大菜系之分：东方菜系、西方菜系和土耳其菜系。中国烹饪是东方烹饪的代表，要想反映中国烹饪的世界领先地位，只需拿中国烹饪与西式烹饪相互比较即可，而土耳其菜系烹饪技艺粗放，可以说不足与东西方烹饪媲美。从总体上说，西餐比较单调乏味。拿英国人来说，他们比较保守，尊重传统的东西，其烹饪也是如此，以原汁原味、清淡著称。美国菜式是在英国菜式的基础上发展起来的，所以其烹调方式与英国大体相同，只是美国人注重效率，其烹饪比英式烹饪更为简化。德国菜式也比较简单。俄式菜主要讲究的是数量和实惠。法国烹饪用料考究、口味浓郁、质地鲜嫩，很讲究饮食礼仪和服务方式，是西式烹饪的最高水平。然而法国人却对中国烹饪饮食文化十分推崇，中餐被法国人誉为"世界最佳饮食"。

开餐馆是很多华侨华人海外创业初期的选择。相对于其他行业而言，中餐业投资少，风险小，专业性不是很强。例如，中餐业是华侨华人在日本的传统行业，在日本各地都可以见到中餐馆，有人说日本 80% 以上的华人靠餐饮业或曾经靠餐饮业为生。日本的中餐馆早就已经成为日本餐饮业中不可缺少的部分，并在一定程度上为日本的饮食文化做出了贡献，许多经营者都认为"饮食是文化交流的使者"。

华人华侨在海外经营中餐馆的实践，也是在不断地吸取海外饮食文化的一些精华，这也就丰富了中华饮食文化的内涵，对中国饮食文化的发展与创新起到了一定的推动作用，因为一个民族文化的发展与进步离不开经济文化双向交流的健康进行。一种民族文化，无论它曾经多么丰富、多么先进，如果把自己封闭起来，完全与外部世界相隔绝，不仅难以保持自我更新的生命力，也不可能获得世界性的文化价值和意义。而现代文明所包蕴的普遍主义价值，与许多国家和民族的文化并非完全对立与冲突，其中一些成分不但不冲突，运用得益，反而可以相互提供支撑，有一些成分经过调适可以顺应，有一些成分可以兼容共存。因此，中华饮食文化在世界文化史上的显著地位，来源于它的开放性，来源于多方位的中外文化交流，来源于中华饮食文化在海外广泛而持久的传播所产生的重大影响。

三 中国饮食文化"走出去"的路径

中国传统文化在长达数千年的时间里一直走在世界前列，它所树立的一座座丰碑，至今仍然令人景仰。然而，15、16 世纪以来，随着世界形势的变化，中国文化的这种领先地位逐渐丧失，唯有中国饮食文化在不断走向世界，但这种局面也在不断受到挑战。2008 年 1 月 30 日《三联生活周刊》以"中国 1.2 万亿餐饮市场谁为老大"为题报道："在中国这个拥有几千年饮食文化的文明古国，在西方人眼中被看作东方美食之都的中国大地，蓬勃发展的餐饮业却始终摆脱不了这样一大困惑——有名冠全球的招牌菜系，有各界津津乐道的美味小吃，却难觅称霸世界的餐饮企业。"中国餐饮企业的发展速度比起麦当劳和肯德基等西式快餐连锁传入中国的速度是大为逊色的。为此，我们认为应该加强中国饮食文化的海外传播，并提出如下对策。

1. 学习日韩等国，加快中国饮食文化在世界的发展

2011 年 5 月，日本由 20 名企业家、艺术家、学者以及 9 名政府官员组成的"时尚日本官民有识之士委员会"向政府提交了一份政策提案，题为"创造新的日本：'文化与产业'和'日本与海外'之间的连接"，其目的很明确，即将日本的文化产业推向海外。这份提案共列举了六种产业：①时装；②饮食；③内容；④土特产；⑤住居；⑥观光。（2012年又增加广告、艺术与设计）"以上 9 种创意产业中，哪些是日本的优势和劣势呢？我们首先来看一下市场规模。根据野村综合研究所的测算，饮食业的规模最大，约为 13.93 万亿日元，其次是住居业，市场规模约为 12.52 亿日元，第三为内容业，11.37 万亿日元，以下依次为广告业（9.84 万亿日元）、观光业（7.83 万亿日元）、时装业（6.29 万亿日元）、设计业（2.3 万亿日元）、艺术业（1.58 万亿日元），最后是土特产业（0.62 万亿日元）。由此可知，日本创意产业的优势是饮食、住居、内容和广告等产业，观光和时装业一般，而设计、艺术和土特产则为劣势。"① 因此，日本现在着力在海外发展饮食文化产业。

1988 年汉城奥运会使韩国泡菜、烤肉的身价陡增，让四方宾朋留下了对泡菜的美好记忆。韩国釜山国立大学食品科学与营养学的教授朴君永说："1988 年，韩国政府的观光部和农协利用奥运会契机，不惜一切代价向全世界推广韩国传统食品——韩国泡菜。我们认为泡菜最能代表

---

① 徐方启：《日本创意产业之概观》，2013 澳门国际文化创意产业高峰论坛论文集，澳门，2013 年 4 月，第 11 页。

我们的饮食文化。在韩国，泡菜是最受欢迎的传统食品，它也代表了我们的历史，能够激发民族自豪感，所以在汉城奥运会期间，政府决定大力推广这个传统饮食。"现在，韩国泡菜已经被推广到110多个国家和地区，每年收入超过70亿美元。朴君永说："以前日本人最看不起韩国泡菜，韩国留学生吃了泡菜后必须刷牙才能进教室，现在98%的泡菜是出口日本的。"

台湾"观光局"的统计数据也显示："台湾美食已经正式超越了故宫的翠玉白菜，成为最能吸引国外观光客来台的标的。"台湾美食，无论是品牌出口，或是扩大观光效益，都有良好表现，在台湾经济发展中都占有一席之地，展现了中餐的吸引力。

如今，我们已经进入了一个良好的发展时期，我们应该充分利用奥运会、世博会以后中国在海外的影响，在世界各地举办中国美食展会活动，特别是要加强对中国各地风味菜的宣传，全面推介中国的美食文化，不断提升中国饮食文化的世界影响力。

2. 努力扩大中国餐饮品牌在海内外的影响，做大做强餐饮品牌

在"世界眼中的中国"这项大型主题调查报告中，北京数字一百市场咨询有限公司引入了一套综合性的"评价中国"的体系，其问卷设计包含经济、环境、政治以及国民素质等诸多方面，其中对中国经济认知现状的调查结果尤其引人注意。大部分外国人不仅对现阶段中国经济评价较高，同时在经济发展的未来预期方面，也非常看好中国，超过6成的外国人认为中国将成为未来20年世界上最大的经济体。中国的经济发展使中国的品牌认知度大幅度提升，使中国的品牌文化迅速融入世界。

在这种背景下，一些有实力的海内外餐饮企业应该放开手脚，做大做强自己的餐饮品牌。政府部门也要积极配合它们的工作，制定相关政策，支持它们的发展，帮助海内外餐饮企业加大品牌形象宣传力度，加强知识产权保护，推动品牌经营理念和连锁经营等现代流通方式在全球的普及，这样就会使海内外餐饮业获得更快、更大的发展。实施品牌战略，是海内外每个餐饮企业发展的必经之路。通过弘扬饮食文化，为餐饮业融入文化含量，可以培育一批餐饮品牌企业，促进中国旅游市场的发展和文化消费，以充分实现餐饮品牌自身的商业价值。

与此同时，海内外餐饮企业还要深入发掘和整理中国的主食、小吃、菜肴和茶饮等的独特制作工艺，积极推出餐饮新品种和新品牌，不断壮大自身的实力。

3. 加强对中国饮食文化中和谐观念的宣传，营造良好的经营环境

文化是中国最为深厚的积淀。在这方面，中国饮食文化的确是大有用武之地的。中国饮食文化丰富而又和谐，多样而又统一，带有浓郁中国文化的和谐色彩和宽容性。"和谐"在饮食文化中的含义是适中和平衡，但这是在差异和多样的前提下实现的，就像中国文化一样。"和"的思想还在一定程度上促成了中国饮食文化兼容并蓄的生成机制。在"和而不同"思想的指导下，中国饮食文化广泛地和有选择性地借鉴和摄取了域外饮食文化的精华，特别是像奥运会、世博会等国际化的盛会，世界各国最优秀的饮食文化，都能在这些盛会中找到属于自己的舞台。法国的鹅肝、意大利的空心粉、俄罗斯的鱼子酱、日本的寿司、韩国的泡菜等都已被广泛接受。[①] 鱼香肉丝、宫保鸡丁、烤鸭等中国菜也借此名扬海外。那么以此为契机，融合世界饮食文化之精华，将我们的饮食文化进一步升华，实际上是给自身注入了新的营养物质，使中国饮食文化给人们一种既传统而又清新的感觉，因而一定会使其深受世界各国人民的欢迎。

凡是吃过中式菜肴的外国人士，总是对此赞不绝口，从而激起他们对中国文化的崇敬。许多外国人认为，在食物的烹调技术方面，中国的成就是任何一个国家都比不上的。菲律宾《东方日报》1977年11月21日曾以"中国菜征服了巴黎"为题写道："在巴黎，用中国菜招徕顾客的餐厅，最保守的估计有一千多家，每家都生意兴隆，有一定的主顾，每逢星期假日，还有大摆长龙的镜头。让法国人排队等饭吃，只有中国菜才有这种魅力……中国菜能够在巴黎大行其道，使一向注重美食的法国人光顾，绝不是一阵热潮，而是一般法国人在吃了血淋淋的法国牛排

---

① 参见辛明《韩国泡菜：奥运造就的灰姑娘童话》，《中国青年报》2008年1月8日。

与沾满了芥末的蜗牛之后，再吃这色香味俱全的中国菜，发觉在'吃'的文化上，确实不如具有五千年历史文化的中国。"美国有一家杂志曾就"哪个国家的菜最好吃"的问题，做过一次民意调查，结果大多数人都认为中国菜最好吃。所以，美国有这样一句幽默的话："美国人的钱控制在犹太人手里，而犹太人的胃口则掌握在华人手里。"这充分说明中国饮食文化是深受世界各国人民欢迎的。

中华民族是一个具有无限创造精神的民族，中国的烹调技艺源远流长，熔铸了海内外中华民众的聪明才智。中国饮食不但讲求科学性，还注重艺术性；不但给人以味美的享受，还可以丰富人们的文化知识。所以中国饮食文化已成为我国物质文明和精神文明的象征，是中国民族文化的一份厚重遗产。一个国家的饮食文化，足以表现一个国家或民族的文化素养。

中华饮食文化的精华是"善在调味，重在营养，美在造型"。北京是中国的政治中心、文化中心和国际交流中心。北京有3000多年的建城史和800年的建都史，创造、积累并汇聚了体现中华传统饮食文化的品种繁多、风味各异的美食佳肴，因此我们建议在北京建立中华饮食文化传播博览馆，向中外友人展示辉煌灿烂的中华饮食文化，使广大的民众认识到华人、华侨是中国传统美食的国际"信使"，为他们在海外创造较好的经营环境。同时，这也有利于传播中华民族饮食文化的核心价值，更好地体现中国和谐文化的精神。

中华饮食文化传播博览馆应该展华人、华侨传播中国饮食文化的历史，示民族传统精华，弘扬中华民族传统的饮食文化，代表着中国人民的一种文化创造。同时，其对于挽救那些质优量少风味佳的传统特色食品也具有极为重要的意义。我们应该在实现传统食品工业化的同时，为传统土特产品保留一块自由充分发展的空间，这样做不仅仅是在保留一种产品、一种工艺或一种配方，更是在弘扬一种传统和一种文化。

4. 申请将中国烹饪列入世界非物质文化遗产

我国非物质文化遗产名录制度的确立来源于国际社会对文化遗产保护的实践经验。1972年，联合国教科文组织通过了《保护世界文化与自然遗产公约》，制定并更新了《世界遗产名录》和《濒危世界遗产名录》，世界文化遗产保护从此进入"名录"时代。1997年又通过了建立"人类口头和非物质文化遗产代表作"的决议，至此，"名录制度"开始适用于非物质文化遗产。2003年10月17日，联合国教科文组织第32届大会通过了《保护非物质文化遗产公约》，最终确定了《人类非物质文化遗产代表作名录》和《急需保护的非物质文化遗产名录》。我国随着对非物质文化遗产保护和开发力度的加强，开始积极参与申报世界非物质文化遗产。2001年5月，昆曲入选世界第一批"人类口头和非物质遗产代表作"。2003年10月，我国参与了《保护非物质文化遗产公约》的制定，并于2004年8月被正式批准加入该公约，随后还两次当选"保护非物质文化遗产政府间委员会委员国"，积极参与履约指南等规则的制定。2009年，在联合国教科文组织保护非物质文化遗产政府间委员会第四次会议上，我国申报的端午节、中国书法、中国剪纸、中国篆刻等22个项目入选"人类非物质文化遗产代表作名录"，黎族传统纺染织绣技艺、羌年、中国木拱桥传统营造技艺等3项入选"急需保护的非物质文化遗产名录"。2010年，中医针灸、京剧入选"人类非物质文化遗产代表作名录"，麦西来甫、帆船水密封舱壁制作、木版活字印刷术入选"急需保护的非物质文化遗产名录"。2011年，中国皮影戏、赫哲族伊玛堪说唱又分别入选"人类非物质文化遗产代表作名录"和"急需保护的非物质文化遗产名录"。加上之前入选的昆曲、古琴艺术、新疆维吾尔木卡姆艺术以及与蒙古国联合申报的蒙古族长调民歌等4项，我国目前共有36个项目被列入世界非物质文化遗产名录，是世界上拥有联合国教科文组织名录项目最多的国家，但这些项目当中没有中国的饮食文化。

2010年11月16日，在联合国教科文组织保护非物质文化遗产政府间委员会第五次会议上，法国的"法国美食大餐"，希腊、意大利、西班牙、摩洛哥四国联合申报的"地中海饮食"和墨西哥的"传统的墨西哥美食"三项餐饮类项目被批准进入联合国教科文组织"人类非物质文化遗产代表作名录"，这是《保护非物质文化遗产公约》生效以来，首次将餐饮类非遗项目列入世界名录。"法国美食大餐"等申遗成功，引发了韩国、日本、土耳其等多国的餐饮项目竞相申遗的热潮。2013 年 12 月 5 日，日本"和食"、韩国泡菜被批准入选联合国"人类非物质文化遗产代表作名录"。至此，该名录有法国美食大餐、传统墨西哥美食、地中海饮食文化等多个饮食文化遗产项目。从日本申报的名称"和食·日本人的传统食文化"可以看出，日本与法国、墨西哥一样，着重从饮食文化方面阐述本民族的饮食特色，这应当是日本"和食"申遗成功的一个重要原因。日本人认为"和食"不仅指料理本身，还包括这种料理所包含的文化价值。日本政府向联合国教科文组织提出申遗时，对"和食"做了如下推荐："和食"的食材新鲜多样；装盘贴合自然风物，体现了日本的四季分明、地理多样性以及日本人尊重自然的精神；营养均衡，有着令人齿颊留香的回味；与正月、插秧等传统节庆密切相关；和食文化代表日本独有的价值观、生活样式和社会传统。从这一介绍中可以看出，除了食材新鲜、丰富外，"和食"还体现了日本人尊重自然的精神，最值得关注的是，"和食"的菜品以特殊的方式被赋予了文化的寓意，从而使"和食"得以继承和发展。

日本的正式申遗报告将日本的饮食文化特征分成了 4 个部分，分别为"饮食同年中的活动仪式和人生礼仪的结合""乡土气息浓厚的多样新鲜食材的使用""以米饭为中心，优秀的营养平衡""美味多汁的发酵食品的运用"。最终日本以"和食·日本人的传统食文化"这个名称提交审议，可见日本从不同角度下了很多细致的功夫，做了许多必要的准备。

由此可见，饮食通过一日三餐的教化，把人们的物质生活和文化精神聚在了一处。中国饮食文化必须要重视申遗，使某种食物中所蕴含的中国文化因素通过申遗推广在国际范围内具备一定的影响力，这样的对中华文化的传播方式远比孔子学院有效得多。因此，我们应该加快将中国饮食文化申报为"世界非物质文化遗产"。

5. "一带一路"为中国饮食文化走出去奠定了良好的基础

丝绸之路是一条东方与西方之间经济、政治、文化进行交流的主要道路。它的最初作用是运输中国古代出产的丝绸。因此，当德国地理学家费迪南·李希霍芬在 19 世纪 70 年代将之命名为"丝绸之路"后，这一名称即被广泛接受。2014 年 6 月 22 日在卡塔尔多哈举行的第 38 届世界遗产大会宣布，中哈吉三国联合申报的"丝绸之路：长安—天山廊道的路网"成功申报世界文化遗产，成为首例跨国合作申遗的项目，成功进入《世界遗产名录》。中华民族之所以有今天的物质文明，之所以有今天如此丰富的文化，丝绸之路上的各国各民族的文化与中国文化的交流和融合发挥了重要作用。

从历史的角度来看，中国饮食文化就是通过丝绸之路"走出去"的。汉代张骞出使西域以后，内地民族农耕文明以及精美的肴馔与烹饪技艺，为西域地区的人民所喜爱和引进，而中国西北地区的少数民族在和汉族杂居中慢慢习惯并接受农业这种生存方式。农耕与畜牧在食物能量及人口供养能力方面存在着巨大差距，西北一些少数民族政权在人口逐步增多、胡汉融合程度渐深、军粮供应不足的情况下选择了农业。麦是当时西北地区少数民族广泛种植的粮食作物，我们从当时的历史记载可以看出，丝绸之路开通以后，勿吉族、室韦族、氐族、鲜卑族、羌族都已经开始种植麦。西北地区的其他民族如吐谷浑，高昌、龟兹国的民族也或多或少地从事农耕，但农业在这些民族的所在地区并未取得主体性地位，大多是和畜牧业相结合，这一方面固然是因为其自身的土地不适宜农作物的种植，另一方面也是由于其汉化的程度不够深。

粮食作物在西北少数民族中的广泛传播，使得这些一向"未知粒食"，只知尚武骑射、大口吃肉的牧民开始转为"粒食之民"或者"粮肉结合"之民。

与此同时，中原地区的烹饪方法也传入西域。1972 年在新疆吐鲁番唐墓中出土了点心等面制食品，其中一种为宝相花纹月饼，造型新颖别致，这说明月饼制作方法也传了过去。日本国立民族学博物馆原馆长石毛直道博士在《面条的传播与丝绸之路》一文中指出："维吾尔语中面条叫做'laghmen'，乌兹别克语和吉尔吉斯语叫做'laguman'；塔吉克语和土库曼语称为'lagman'或者'ugoro'。这些相似的词语当来自汉语的'拉面'一词。可以推断源自中国的面条，通过丝绸之路，抵达波斯和阿拉伯文化区，然后传入意大利。"①

唐朝与吐蕃亦有密切的饮食交流。公元641年和710年文成、金城两公主入藏，带去了大批汉族蔬菜种子和内地的烹调技术，现在藏语中的豆腐、白菜、韭菜、萝卜、酱油、醋、葱等食品和调味品的名称，均由汉语转译而来。据《旧唐书》记载，文成公主出嫁吐蕃后，曾经于唐高宗初年派人向唐朝"请蚕种及造酒、碾硙、纸墨之匠，并许焉"，促进了汉藏饮食文化的交流。

同饮食原料交流相比，饮食器具的交流主要是内地农业地区向少数民族地区输出，如炊具中的锅、甑等，饮器中的碗、杯等。就输出饮食器具的材料而言，主要是陶瓷类，其次为金属类。如1965年在新疆吐鲁番英河故城堡出土的晋代彩绘陶罐就是从内地传过去的。再如回纥汗国的都城哈剌巴剌合孙，前苏联考古学家曾经在其遗址上发现了磨盘等，这应是唐朝传过去的粮食加工工具。

汉唐时期，内地民族的粮食谷物酒的酿造技术已经十分成熟，与西域传过来的葡萄酒等果酒的酿造方法迥然相异，与游牧民族的马乳酒的酿造方法也大不相同。虽然葡萄酒很受内地的欢迎，但用葡萄酿酒始终没有发展起来，而内地民族生产的谷物酒则不断向外输出，周边民族和地区无不受其影响。有些民族还对谷物酒进行调制，以使之更适合自己的口味，晋张华《博物志》中有"胡椒酒"，当属于这种类型，他们在酒中加入胡椒，或者果汁，这在内地民族中是不常用的。

这一时期最重要、影响最为深远的是茶的传播。例如唐代饮茶之风传入吐蕃后，迅速盛行起来，他们是"无人不饮，无时不饮"，茶成为吐蕃人饮食中最重要的一部分，吐蕃宫中储有内地各种名茶。今天藏族独具民族风味的"酥油茶"，就是以其本民族喜食的酥油和汉族的茶叶合熬而成的。

由于周边地区和民族饮茶风气越来越盛，对茶叶的依赖程度越来越

---

① 〔日〕石毛直道：《面条的传播与丝绸之路》，载《第四届亚洲食学论坛论文集》，陕西师范大学出版社，2015，第13页。

高，茶叶成为历代王朝进行政治、经济、军事活动的重要物资，其意义和作用已经远远超出了饮食文化的范围。《新唐书·陆羽传》记载："时，回纥入朝，始驱马市茶。"这是历史上茶马贸易的开始，自此以后"茶马互市"成为历代王朝长期推行的边贸政策。茶叶不仅对各民族之间的饮食文化交流与经济发展有重要影响，而且对今天我们这个多民族国家的形成也有不可低估的作用。

在中国的茶叶沿丝绸之路向域外传播的过程中，波斯是一个重要的中转地。凡是从陆路传播茶的国家，尽管有些国家离中国较远，但它们的语音中，仍然保留着中国北方话"茶"的基本音质，这些国家都将"茶"读清擦音声母 s、sh 或清塞擦音声母 c、ch。如俄罗斯语读茶作 chai，阿拉伯语读茶作 shai，土耳其语读茶作 cay。这些发音依据的多是波斯语，而波斯语"茶"的发音则根据中国"茶"的发音的直接音译，这也反映了中华茶文化对世界文化的影响。

海上丝绸之路与陆上丝绸之路一样，有着悠久的历史，对我国和世界都产生了重要的影响。它远远不止是向外传布丝绸，随着海外贸易的发展，它把我国古代的发明创造如指南针、火药、造纸和活字印刷术、瓷器、医学、中草药等也像最初传布丝绸一样，传布到世界各地，同时也把外国的饮食文化及其食物品种如龙眼、占城稻、玉米、番薯、烟草、花生、土豆等传入中国。郑和下西洋以及海外移民将以茶、瓷器为代表的中华饮食文明在东南亚及印度洋、大西洋沿岸传播，加强了中国与西班牙、葡萄牙等国的交流。特别是在元代，马可波罗回到意大利以后，中国的繁荣富裕使其成为西方人向往的文明圣地，这个时候西班牙、葡萄牙就想绕过意大利、土耳其，跨过海洋来到中国，牟取更大的利润，这使中国与西班牙的文化交流在明代以后就进入了一个繁荣时期。这种文化的交流，促进了相关国家和地区饮食文化的发展。海上丝绸之路以丝绸为开端，把世界各地的文明古国联结在一起，给世界各族人民的文化带来了巨大的影响。

据史料记载，唐宋时期，外国人沿海上丝绸之路前来广州留居者，有大食、波斯、天竺、狮子国、真腊、诃陵等国的商人，据说有十余万之众，有的留居数十年而未归。于是便出现了历史上的所谓"蕃坊"。蕃商和华人相处甚洽，有的还"嫁娶相通"。当时的广州，语言、风俗各异，舶来品充塞市场，一派国际大都市的气氛。这时陶瓷从海上丝绸之路的大量输出具有划时代的意义。瓷器品种繁多，名窑辈出。1977年在珠江口外伶仃岛附近打捞到唐代的瓷器，为套在大四耳缸内的小四耳缸及碗。海南岛东部陵水县海滩出土的青瓷碗，也是十个一捆堆放着，体现当时包装运输的高超水平。宋瓷远销日本、占城、真腊、三佛齐、阇婆、天竺、大食，远达东非海岸的层拔（今坦桑尼亚）等广大亚非地区。

以饮食为切入点推动中国文化"走出去"应该非常有效，中西文化交流从饮食开始是最有生机和活力的，因为日常生活老百姓都关心、都喜欢。而且中国饮食资源多，能够为世界所接受，所以在饮食文化交流方面多做一些工作，一定能起到事半功倍的效果，而"一带一路"的建设为中国饮食文化走向世界提供了难得的机遇。中国饮食文化不再仅仅是中国的，借助于现代技术和商业手段，中国可以向全世界展示中国饮食文化的魅力。即使单单从经济增长的角度考虑，饮食文化的力量也不可低估。另外，经济全球化不但促进了世界各国的信息、文化交流，也为中国饮食文化的传播提供了高效的手段。我们有理由相信，在重视文化交流的当今社会，中国饮食文化一定会在世界各地得到进一步发展，这也必将提高中国文化的软实力。

中国传统战略文化与中华文化"走出去"战略[*]

张丽君[**]

【摘　要】　中国历史上的战略文化，主要有两种，一种是以孔子和孟子的思想为核心的战略模式，一种是备战模式。在中国历史上这两种战略文化并不是截然分开的，二者之间存在一定的张力。"走出去"本身代表了一种文化的自觉，代表了一种文化的自信和自强。实现文化"走出去"战略，前提是自身文化的繁荣。依据孔孟战略模式使得中国文化"走出去"，优先考虑的重点是文化的内修。中华文化"走出去"最终要实现在本土和全球运作的文化模式。

【关键词】　中国　战略文化　"走出去"

一　中国传统战略文化对文化实力的依赖

文化实力对于中国国家安全具有重要的意义。从中国国家安全的战

*　湖北省教育厅人文社会科学一般项目"马克思恩格斯的道德价值论与社会主义核心价值观的构建"（14Y009）。

**　张丽君，女，湖北大学马克思主义学院副教授，中华文化发展湖北省协同创新中心副研究员。

略传统来看，文化在其中扮演着重要的角色。战略是指导行动的蓝图。什么是战略？对此有不同的定义。"战略的英文，即 strategy，其实源自古希腊文，意思是'将军'，更确切地说是战场上正在打仗的将军。"①这一对于战略的理解有西方文化的内涵，但也反映了战略所涉及的主题。战略涉及一个主体和其他主体的关系，如何评估这种关系构成了战略的重要内容之一。不同主体之间的关系有不同的状态，但总体的状态有战争、冲突以及和平、和解两种。冲突状态是敌我关系，和解状态是朋友关系。战略就是要分清敌我。围绕这一主题战略有很多层次的内容。"战略文化的基本要素涉及三个广泛关联的问题，即：战争在人类事务中的作用，敌人的特性，以及军事力量与暴力手段的效用。对这三个问题的回答，构成了一种特定战略文化的核心安全范式。"②

一个主体采用什么样的战略，和主体对自身实力的评估有关。有自豪感和优越感的主体有低限度使用武力的倾向、防御的倾向。缺乏安全感的主体往往表现出对武力的迷恋，以及一种先发制人的进攻偏好。

一个主体选择什么样的战略，也涉及战略针对的对象和对客体的评估。其中包括客体可能采取什么样的行为和战略。所以战略总是和博弈有关。如果把客体看成是"恶"的，该主体就会认为外在的威胁不可避免，就会采取积极备战的战略。

战略会被主体的观念、情感反应和习惯性的行为模式反映出来。战略是观念的集合，也是习惯性的行为模式。习惯性的行为模式包括无意识或者潜藏的标准操作程序和行动计划。观念部分则包括价值观和价值取向，包括思维定式。因为对自身评估的不同，对客体认知的不同，在处理主客体的关系的时候，主体会有不同的表现，当形成一定的稳定表现的时候，则形成了战略偏好。

关于中国历史上的战略文化，人们提到的主要有两种。一种是以孔

---

① 〔美〕辛西娅·蒙哥马利：《重新定义战略：哈佛商学院核心战略课》，蒋宗强、王立鹏译，中信出版集团，2016，第7页。

② 〔加拿大〕江忆恩：《文化现实主义：中国历史上的战略文化与大战略》，朱中博、郭树勇译，人民出版社，2015，第66页。

子和孟子的思想为核心的战略模式,这一战略模式强调国家主体或者其他主体依靠仁德的吸引力来让其他主体服从和追随。在这一战略中,优先使用的战略手段是德化,其次才是刑罚和武力。自然和解是第一选择,防御是第二选择,进攻是最后的选择。这一战略模式可以在《国语·周语》以及《孟子》中清晰地看到。

这一战略模式从主体来看,有一定的优越感,即认为自身是天命的体现者,自身的文化是优秀的,自身是有道德的。这一战略的核心具有内向性,外界的敌视态度或者疏远都是促进其自我反思的因素,在解决问题的时候其不是优先选择指责或者面对客体,而是进行自我反省和道德自修。在此基础上如不能解决问题,主体才动用道德谴责的力量,进行道德谴责。在道德谴责无效的情况下,武力是最后的选择。即便进入刑罚和武力的过程,也有一些价值的排序。就像《孙子兵法》所强调的那样,不战才是最高的善,战争的准备是为了不战。因为这一价值排序导致了在战争过程中有不同的战略重点:心理战优于兵器与火力的使用;在获得胜利的过程中尽可能减少损失,而非摧毁一切阻碍;人的智慧和因素优于兵器;计谋和诈术优于直接使用武力;警戒或者教训敌人优于消灭敌人;防御优于进攻;没有无法解决的冲突,而不是认为冲突无法解决;为了长远的福祉可以忍受暂时的牺牲。

在中国历史上还存在另外一种战略模式,即所谓的备战模式。"另外一种,我称之为备战范式。它假定:冲突是人类事务的永恒特征;冲突主要是由敌人的贪婪与险恶本性造成的;在这种零和背景下,使用暴力对付敌人是非常有效的。这些假设通常也会转化为一种战略偏好排序。其中,进攻战略最受青睐,其次则是较低强制性的战略,而和解战略只是最后的选择。"①

在中国历史上这两种战略文化并不是截然分开的,实际上二者之间存在一定的张力,其中包括中国自身和外部环境关系的紧张或者相对和

---

① 〔加拿大〕江忆恩:《文化现实主义:中国历史上的战略文化与大战略》,朱中博、郭树勇译,人民出版社,2015,第240页。

平，包括中国和其他国家之间实力的对比，以及中国对自我的评估。总体上来说，文化的吸引力下降或者敌对因素增强，总是会刺激备战战略模式的运用。影响两种战略选择的关键点是文化的实力和影响力，也就是软实力。当然，两种战略文化并不构成截然对立的关系。当一个国家有自信的时候，其也会采取备战战略，当一个国家缺乏自信的时候，其也可能会倾向于文化方面的努力以求自保。这样，就有可能会出现一种过渡状态，这种状态介于备战和孔孟战略模式之间。在过渡状态中，文化的自觉和自信处在增长过程中，但是还没有太明显的证据证明文化实际的影响力有多大，文化的保护和同化作用也处在发展过程中。在这种情况下，也可能出现一种双轨的情形。一方面是努力寻求孔孟战略模式，另一方面是备战模式。备战模式具有一定的随机性和暂时性，是对孔孟战略模式过于理想化的补充和完善。

文化在多大程度上能够团结和凝聚国内的民众，文化的传播和影响力在多大程度上能够化解敌对的力量，并保护自己的安全，决定了孔孟战略模式运作的可能性和现实性，影响了孔孟战略模式的深度和层面。从这一意义上说，文化的自觉、文化的自信、文化的统一性和凝聚力、文化的导向性和传播力、文化的吸引力和同化力是国家安全和战略选择的重要组成部分。

二　中华文化"走出去"战略的要点

"走出去"本身代表了一种文化的自觉，代表了一种文化的自信和自强。实现文化"走出去"战略，前提是自身文化的繁荣。文化繁荣的核心是自身具有较高的和较为先进的文化诉求，自身的文化诉求代表了时代的方向，体现了人心所向，体现了人性的崇高的一面。

中华文化自身的文化追求是"走出去"的战略前提。现有的关于中华文化"走出去"战略的思考比较偏重于"走出去"，而不是对自身实力的思考。中华文化"走出去"可以有不同的战略选择。从中国的战略传统来看，孔孟战略模式的"走出去"其实是通过"不走出去"完成的。"走出去"是一种同化力和影响力，是一种包容力和认同力。通过文化的内修其德和内修其心，文化产生了一种德化的作用。这种德化的作用可以有媒介，比如某种思想和理论，比如语言，比如礼仪制度等，但其在根本上是不依赖这些媒介的。孔孟战略模式相信德化力量可以深入人心，并可以超越时空的限制，对客体产生影响。当然这一模式并不排除德化的力量借助某种媒介"走出去"，从而让德化有了具体的载体，并使影响更为直接和明显。

欲依据孔孟战略模式使中国文化"走出去"，优先考虑的重点是文化的内修。这一文化的内修的成果具体化为国民的品格和国家、民族的道德气象，这一道德气象产生的道德势能足以影响其他国家和民族，从而实现"走出去"。

欲依据孔孟战略模式使中国文化"走出去"，对于其他文化的认知会坚持"性善"的观念，不会把不同文化看成在根本上是互相冲突和对立的。其他文化的误解甚至敌对是自省的机会，是提高自我的机会。

从备战模式来看中国文化"走出去"战略，则要求直面西方文化与中国文化的矛盾和冲突，并把这种冲突看成是不可调和的。依据这一战略模式，需要积极应对西方文化的挑战，甚至通过具体的途径，采取一定的文化攻势，让文化走出国门，深入西方文化的腹地。

人们提出了很多渠道来实现这种类型的"走出去"：依托国际销售渠道和发行网络走出去，即"借船出海"；基于自主知识产权输出策略"走出去"，如图书出版、影视剧版权销售以及具有高科技含量的新兴文化产业领域；以国际合资、合作生产的方式"走出去"；通过直接投资、并购重组外国企业等方式实现海外运营；利用国家各类专项资金的杠杆扶持效应"走出去"；利用国际化平台进行海外推广。①

两种"走出去"的战略选择各有其优缺点，二者有机运用可以作为当代中国文化"走出去"的战略选择。

中国文化"走出去"要从广义上来理解文化。狭义的与政治、经济

---

① 齐勇锋、蒋多：《中国文化走出去战略的内涵和模式探讨》，《东岳论丛》2010年第10期。

相对应的文化当然要"走出去"。但是文化是内蕴在政治、经济之中的，内蕴在人的心理、思维方法和观念之中的，内蕴在人的言行举止之中的，内蕴在人的行为方式之中的。中国人在国外的活动本身就在传播着某种文化，会引起外国人不同的道德感和道德认知，从而被贴上不同的文化标签。国民性的改造和国民形象的塑造是文化"走出去"不可或缺的环节。当一个中国人在从事经济活动的时候，其经济行为本身也会显示某种文化。

从广义的文化的角度来看，文化"走出去"依赖于人民大众的文化自觉和文化的影响力。这是文化"走出去"的重要基础。至于狭义的文化产品本身，其不过是人民生活的不同反映，其中的文化内蕴来自于人民的生活，其生命力和活力的源泉在于人民的文化诉求。

中国文化"走出去"要处理好共同文化和文化多样性的关系。文化的多样性和层次性有利于文化"走出去"吸引不同文化需求层次的人群。当然，如果文化有中心，这种多样性就更有方向性。国家的直接的或者间接的对文化的领导和介入有助于文化"走出去"获得更大的资源支持。但鉴于文化与政治的关联，以及外国文化的反应，文化"走出去"更应以民间的方式进行。政府和国家的力量起到一定的规范、引导、支持的作用。独立的文化机构、媒体、基金会、学会、产业界都应扮演好自己的角色。

孔孟战略模式德化的影响力有一个由中心向外延扩展的序列。中国文化"走出去"也有一定的地缘因素。其首先要成为东方文化的代表和领导力量，然后对俄罗斯文化、欧洲文化、美国文化产生一定的影响力。中华文化在东亚文化圈中的地位具有较强的地缘政治意义，有助于化解邻里矛盾，并保护邻里安全。

中华文化"走出去"需要一定的包容性和开放性。要熟知对方的文化历史以及文化变化的过程、对文化的需求和爱好；要熟知对方的生活习惯、思维方法、意识形态、风俗礼仪、心理特征。

中华文化"走出去"具有天然的优势。中国传统文化和古希腊、古罗马文化等世界上重要的文化均具有较大的辐射力。大量的海外华人是中国文化"走出去"的重要力量。

　　中华文化"走出去"需要发展文化产业，提高中国传媒的影响力，改革文化体制机制，加强文化贸易和文化产品的出口，培养国际文化人才。政府支持是文化"走出去"的保障，渠道多元是文化"走出去"的必然，特别要注意利用经济活动、文化产业和大众媒介传播等渠道来实现文化"走出去"。文化"走出去"既要注意其对精英受众的影响，更要注重其在普通大众中的影响力。要注意运用新媒体的力量实现中华文化"走出去"。中华文化"走出去"最终要实现在本土和全球运作的文化模式。

推动传统民俗文化"走出去"的
对策研究

赵明辉*

【摘　要】　民俗文化是我国经济社会发展的重要资源，其具有集聚效应和品牌效应，能够提升城市和地区的文明和开放程度。实施传统文化的"走出去"战略，需要多方面的共同努力。但首先要广泛凝聚力量，充分整合文化资源，提高开放度，增强参与性，让传统经典散发出新的时代魅力。

【关键词】　民俗　文化　"走出去"　对策

实施文化"走出去"战略，对提高我国文化的软实力、实现中华民族的伟大复兴意义重大。"一带一路"战略的实施，为推动中华传统文化"走出去"提供了重要契机。民俗文化与经济开放发展是交融和互动的，经济的开放发展能带动民俗文化的发展，而传统民俗文化的发扬光大又可促进经济的繁荣。我国拥有丰富的民俗文化资源，如山东青岛拥有李村百年大集和吕剧、柳腔、豫剧、黄梅戏等地方戏曲以及发源于本地的"够级"等丰富的民俗文化资源，只要经营好这些资源，就可实现文化和经济的交融，通过实施民俗文化的"走出去"战略，中国文化在

＊　赵明辉，女，青岛市社会科学院研究员。

国际舞台上可以如"中国制造"般强势。

一 民俗文化：我国经济社会发展的重要资源

民俗文化是历经千百年传承、积淀的民间传统文化。一方面，民俗文化的发展丰富了当地群众的精神生活，推动了精神文明建设和社会风气的好转，扩大了人们的视野，丰富了人们的知识，提高了人们的文化品位；另一方面，民俗文化是人类创造的物质与精神文明的历史积累，是一种重要的经济资源，是生产力。因此，可以把民俗文化资源作为产业经济的生产要素进行经营，作为文化资本投入生产。如当今兴起的民俗文化旅游业，就是把民俗文化作为经济资源与旅游业紧密结合，其取得了十分显著的经济效益。所以，研究和保护民俗文化要与振兴经济相结合，打造自己特有的品牌，扩大影响，促进经济发展。

民俗文化的资源优势主要体现为"两个效应""三个作用"。

1. 两个效应

（1）集聚效应。中国民俗文化内容丰富、门类齐全。从生产、商业、贸易、交通的物质生产文化，到衣、食、住的物质消费文化，再到社会组织、人生礼仪、岁时节日、游艺竞技的社会文化和文学艺术、语言文字的精神文化，应有尽有。以民俗文化或节庆活动为载体，可以数十倍、数百倍地集聚起有益于我国社会、经济发展的人流、物流、信息流、资金流、技术流、项目流，为中国经济发展营造出良好的环境和不可多得的发展机遇。

（2）品牌效应。综观各地的民俗节庆活动，可知其影响力巨大。无论是促销产品、拓展企业，还是推动区域经济超常发展，都需要知名度这一有巨大价值的无形资产。而民俗节庆活动通过多渠道、全方位的强势宣传与推介，可以迅速提升一个产品、一个企业或一个地方的知名度，实现内存资源的外化。如青岛通过赏花会暨第二届青岛民俗文化节节庆期间系列性活动，可以在一定的范围内，如全省或全国甚至全世界范围内，打造出影响深刻的、价值巨大的"知名品牌"，这种"知名品牌"可以是一种产品，可以是一种特色产业，是一种特色文化，也可以是一个具有良好投资环境的区域。通过打造"知名品牌"，可以吸引来自各方面的社会关注。可以说，成功的民俗节庆活动自身就是一种有效的城市公关的手段。

2. 三个作用

（1）能够带来直接的投资效益和巨大的商机。隆重而喜庆的民俗节庆活动，为地方政府官员和各界人士结识海内外朋友提供了机会，为本地企业、商家与国内外客商的合作开发创造了巨大的机会。

（2）能够带来巨大的消费。近年来民俗节庆表现最突出的功能即拉动消费增长，推动经济的发展，它已成为经济发展的一个重要的助推器。在国外，如巴西、墨西哥的狂欢节，西班牙的斗牛节，法国的葡萄节，德国的啤酒节等，在举办期间无不吸引了世界各地大批商贾和游客的光临和参与，宾馆酒店都被挤满，餐馆人头攒动，消费市场一派兴旺景象。青岛民俗文化节的成功举办，将对当地的旅游、餐饮、购物、住宿、交通、广告、通信、娱乐等行业起到拉动性的作用，能有效地激活青岛各行各业的消费需求增长。

（3）能够提升城市的文明和开放程度。一个城市举办隆重的民俗节庆文化活动，在交通设施、公用设施、环保、绿化、卫生等方面都有相应的标准和要求。青岛民俗文化节对城区环境的美化、自然与人文景观的完善、城区改造与管理水平的提高，都有较大的促进作用，更重要的是，民俗文化节使青岛人的眼界更开阔，艺术欣赏水平更高，追求科技进步的欲望更强。在文明礼貌、待人接物、迎来送往的节庆活动中，人们的文化素质不断得到提高，创新进取、勇于奉献、团结协作的精神也得到进一步弘扬。

与其他城市相比，民俗文化是青岛的特色，是青岛的独特优势，应充分发挥其优势效应。

二 民俗文化"走出去"对策：
凝聚力量，整合资源

实施传统文化的"走出去"战略，需要多方面的共同努力。首先要广泛凝聚力量，充分整合文化资源，让传统经典散发出新的时代魅力。

1. 整合资源，突出特色

民俗文化越有特色，与其他文化之间差异越大，就越有吸引力。民俗文化要生存，要发展，要"走出去"，就必须张扬个性、追求特色，并善于把特色与个性附着于一定的客观载体。民俗文化产品和节庆活动在内容上既要满足人们精神文化生活的普遍需要，又要满足人们追求精神文化先进性的需要；既要"阳春白雪"，也要"下里巴人"；既要发扬光大传统文化，又要紧跟时代潮流；既要弘扬优秀民族文化传统，又要使之与世界先进文化结合起来。比如，现在各地民俗文化节丰富多彩，但在内容筛选时应精选其具有特色的部分、具有鲜明地方性的内容，要有亮点、热点和卖点，切实把民俗节庆活动与当地的历史文化、民俗风情、产业特征和自然风光结合起来，去粗取精，培育理性和可持续发展的文化性格，使不同地区民俗文化始终保持蓬勃的生命力。青岛民俗文化节庆活动是一个系统工程，它不仅仅是文化部门的事情，要在全市各界、各阶层形成共同关心、支持、参与、服务民俗文化节庆活动的社会环境，凝聚力量，整合资源，借活动宣传自己、展示自己、推介自己、发展自己，以进一步加快全市改革开放进程和推动经济社会全面发展。

2. 与时俱进，为民俗文化注入新元素

（1）增强现代性。民俗文化是一种传承文化，如果它不能与民众的现实生活保持血肉联系，就早被民众淘汰了。民俗文化离不开现代性，它是从古一步步走到今的，在"今"中体现的正是它的社会价值。

（2）提高创新性。在文化"走出去"的国际市场上，我们要顺应信息技术产业化的时代潮流，运用最新技术挖掘、整理、开发、利用民俗文化的丰富资源，把高新技术引入民俗文化，提高民俗文化的科技含量以求以信息化推动民俗文化的可持续发展。

（3）增强品牌意识。民俗文化实现"走出去"战略，首先要扩大知名度，这就要求加强名牌建设，以民俗文化品牌产品带动其他民俗文化产品的开发与升级。如青岛应重点做大做强"李村大集"。李村大集历史积淀厚重，是民俗文化的样板，应把具有百年历史的李村大集办成集景观、文化、休闲、购物、娱乐、餐饮为一体的民俗节会品牌。

3. 实现民俗文化的产业化

使民俗文化逐渐走上产业化道路，形成规模效应，这也是文化产业发展的必然趋势。开发民俗产品，实现民俗文化产业化，就是要在谋求社会效益的同时，谋求理想的经济效益。但是要实现民俗文化产业化，并不是一件轻而易举的事，需要多方面的协作和配合才能完成。首先，要把产品开发与民俗研究结合起来。青岛民俗文化研究历史久远，实力雄厚，民俗专家精通业务，哪种民俗有特色，哪种产品可开发，他们了如指掌，他们对民俗产品的开发最有发言权，所以民俗文化研究队伍是民俗产品开发的可靠力量和生力军。其次，要把文化研究与产品开发结合起来，使研究的科研成果尽快转化为生产力，产生经济效益。与此同时，还应当注意发挥企业家的积极作用，如果能把民俗专家学者与熟悉市场的厂长、经理集中在一起，就民俗产品的开发问题进行探讨，可以实现信息的互通，取长补短，也可以使民俗产品开发和民俗产业化迈开新的步子。

4. 提高开放度，增强参与性

实现民俗文化的"走出去"，还需要调动全民参与的积极性，要让很多民间的传统文化样式通过文化外交和交流的方式走出去，在国与国之间的民间文化交流中实现国家之间文化软实力的交流。例如，民俗文化节庆活动要实现大众化，就必须面向民众、植根民众，坚持开门办节，办大众化的节，办富裕百姓、快乐百姓的节；形式要开放，参与度要提高，使游客和市民都能在亲身参与中感受到节日的美好和快乐，这样才能集聚人气，渲染气氛，使活动有"气势"、有"声势"，从而产生节日的热烈气氛。具体到对节庆的主题、内容、形式的探讨，对节庆的广告语、会徽、吉祥物、纪念品等的制订，都需要积极发动当地群众和文化界、知识界的学者专家献计献策。只有事先经过深入的市场调研，有着广泛的群众基础并深得人心的节庆活动才能唤起群众的参与热情。所以，调动民间力量对传统文化进行重新包装，是民俗文化走出国门的重要途径。

5. 关注民俗文化的开发、保护和管理

中国文化"走出去"是一项宏伟的战略规划，需要国家层面的政策支持以及政府机构的具体谋篇和关心支持。各地需要多方位、多视角、高层次地探讨民俗文化开发、保护和管理的新思路，研究加强地区间文化合作的新途径。如民俗文化节的市场化运作机制应逐渐转变为民间组织主办、政府帮办、社会参与。通过市场化的运作，积极凝聚包括企业、行业、民间组织等在内的一切力量来"办节"。把节庆作为一种商品或品牌来经营，把整个节庆经济作为一项庞大的系统工程来实施，可以达到面向市场求生存、求自立、求发展、求壮大的目的。政府要逐步由主办者、经营者的角色转变为监督者和服务者的角色，同时企业或行业也要淡化自己的参与者、协办者的角色，勇敢担当起承办者和主办者的角色。

同时，在开发和利用民俗文化资源时，要处理好利用、保护和发展的关系问题。既要做到物尽其用，发掘潜力，让有限的物质资源发挥出最大的文化和经济效益，又要用发展的、可持续的眼光来对待民俗文化资源，要在保护的前提下利用，在利用中注意保护，不能只图眼前的短期的经济利益，对民俗文化资源进行掠夺性的破坏。同时，坚持把民俗文化的宣传推介与招商引资、对外开放相结合，将其与提高市民素质、文化品位，提升城市功能和城市形象相结合，树立城市形象，提高城市品位，为城市的国际化发展提供有效支撑。

"一带一路"与中华文化传播

"一带一路"战略中的
中华文化传播

陈之林*

【摘　要】　中华文化源远流长，在"一带一路"战略中扮演着极其重要的纽带角色。如何更好地促进其在世界范围内的传播，是更好地开展"一带一路"建设的关键因素之一。本文依次论述如何推动中华文化在中国台湾、东南亚及全世界范围内的传播，展现"一带一路"战略下中华文化在新的国际体系中传播所具有的独特优势。

【关键词】　中华文化　　"一带一路"　　战略　传播

在发展的历史长河中，海岛的区域发展及其与大陆的关系几乎有一个共同的走势：首先是在它面向大陆的一侧率先发展港口城市，而后依托海运开发周边海岸带，接着修建环岛公路和铁路，把沿海城镇串联起来，并突破山地障碍，修通"中央干线"，最终总要修建跨海大桥或海底隧道，与大陆相连通。① 两岸关系亦遵循此规律，我们面向的是一个两岸逐渐融合，最终实现中华民族伟大复兴的时代，而文化便是推动其向前发展的重要力量。积极推进中华文化在世界范围内的广泛传播，将

---

　　*　陈之林，女，福建师范大学社会历史学院硕士研究生，研究方向为中国史。
　　①　该理论架构具体参见陈述彭《以海岸线为基线的世界数据库设想》。

大力促进"一带一路"建设的蓬勃发展。

一 深化两岸文化共识，形成中华文化共同体

2003 年 10 月，"中华两岸近现代名家书画大展"在台北隆重举行，台湾中华两岸文化艺术基金会会长庄汉生先生在会上深情地说道："中国的文化历史，本无两岸边际之分。但可以有两岸三地的文化艺术发展，此为延续中华民族五千年的文化传承命脉，尤其中国书画艺术代代相传、血脉相连，是不可分割的一环，艺术无疆界，希望与广大同胞共同努力，在一个中华民族文化艺术共同体之下，推动两岸文化艺术交流发展。"习总书记亦指出，两岸"是打断骨头连着筋的同胞兄弟，是血浓于水的一家人"[1]。这里的"筋"便是两岸共有的中华民族传统文化。能否形成两岸文化共识，是两岸能否以"中国文化共同体"形式开展"一带一路"文化交流工作的关键。

第一，福建省应率先做好"闽台文化区"的建设工作。从地理角度分析，福建与台湾隔海相望，区位优势明显。从历史角度看，闽台同属一个文化区，即"闽台文化区"，这是移民与文化传播的结果，同时也是两岸密切交往的见证。[2] 因此福建省应进一步加强两岸祖地文化、族谱文化等民间文化的交流与互动，增进两岸人民共同的文化认同感。同时加快推进闽南文化生态保护实验区建设，打造"两岸文化特区"，设立两岸人才联合培养中心，使闽台"五缘"（地缘、血缘、文缘、商缘、法缘）根植于两岸青年心中，避免"天然独"等世代的出现。[3] 此外，加强闽地旅游文化建设，突出如闽南文化、客家文化、妈祖文化等两岸共同文化内

---

① 谢明：《习马握手后，他们这样说……》，人民网，2015 年 11 月 7 日，http://politics.people.com.cn/n/2015/1107/c1001 - 27789282.html。

② 杨彦杰：《闽南移民与闽台区域文化》，《福建论坛》（人文社会科学版）2003 年第 1 期，第 85 页。

③ 陈淑美：《加强海西文化建设，促进两岸文化认同》，《石家庄经济学院学报》2011 年第 3 期，第 51~52 页。

涵，增强民族感情，凝聚中华民族向心力。只有以文化为纽带，将大陆与台湾紧紧地连在一起，才能更好地"走出去"，实现共同的"中国梦"。

第二，建立完善的文化资产保护制度。早在1982年台湾就已颁布关于文化资产保存的有关规定，用以规范全台文化资产的产权所有，更好地开展文化资产的保护工作，并且在实践中不断完善其内容。对比新旧文化资产保存的有关规定，政府在尊重私有古迹所有人权利方面做了较大的努力，本着活用文化资产的精神，鼓励私人活用古迹，促进民间文化的交流，满足了民众精神生活的需要。①

第三，实现两岸文化交流制度化。2008年后，两岸交流日益密切，然而依旧存在着诸如交流不对等、信息不通畅等壁垒和障碍，如2010年3月，台中洲际棒球场演出的张艺谋版大型景观歌剧《图兰朵》，就遭遇了台湾当地"台独"组织的刻意阻挠破坏。逐步建立两岸文化交流合作机制刻不容缓。

首先，两岸要形成定期文化交流形式。目前其在个别领域已实现，如从2010年起，"海峡两岸文化创意产业展"每年轮流在两岸举行，2015年4月29日在台北松山文创园区举行的"第六届海峡两岸文化创意产业展"已成为台湾地区唯一的大型文化创意产业展会，也是亚太地区重要文创展会之一，②吸引了包括东盟各国在内的世界各国文创企业参观，充分显示了古老的中华民族的文化创意智慧。但是，受困于多方面因素，此类两岸定期交流平台并不多，需要两岸同胞共同努力，积极搭建更多的定期对话平台。

其次，两岸应扩大交流范围，提升信息交流量，实现从"提意见"到"提创见"的转变。随着两岸交流的不断深入，越来越多的见解成为两岸的文化共识。如在2011年6月27日"第二届海峡两岸新闻与传媒论坛"上，时任国台办新闻局副局长范丽青就后ECFA时代两岸新闻交

① 李东方：《我国台湾地区文化资产保护制度基本问题研究》，《经济法论坛》2008年第五卷，第539页。

② 刘深魁：《海峡两岸文化创意产业展举行》，新华网，2015年4月29日，http://news.xin-huanet.com/local/2015-04/29/c_127745710.htm。

流合作提出三点建议：一是要善尽媒体责任，维护两岸关系和平发展良好势头；二是要站在历史的高度和人民的角度唱旺两岸交流合作；三是要加大两岸媒体交流合作的力度，扩展其深度和广度。① 此三点获得了双方的一致认同，取得了良好的社会文化效应。可见，基于越来越多的文化共识，两岸需要更加务实可靠的文化发展创见，避免"你情我不愿"的情况出现。

最后，灵活运用地理区位优势，长期、稳定地保障两岸文化交流制度不断落实。选取具有广阔发展前景的两岸"中转站"，集中力量建设，使之成为两岸文化交流的定点区域。福州平潭县便是其中的典型。李克强总理强调，平潭自然条件优越、区位优势明显、发展空间广阔，是推动海西先行先试的重要抓手和突破口，是加强海峡两岸交流合作的窗口和平台。要紧紧抓住两岸关系和平发展的良好机遇，高起点开发，特色化发展，努力建设两岸人民的共同家园，探索两岸合作共赢新模式。平潭目前已建立了两岸综合合作实验区，实行两岸合作的海关特殊监管区政策，探索"共同规划、共同开发、共同经营、共同管理、共同受益"的合作新模式。2015 年 11 月 4 日，平潭还开通了"台平欧"海铁联运列车，串联起海陆两条丝绸之路，助推台湾参与"一带一路"战略。② 这些让平潭极有可能成为未来两岸文化交流的地理中心。

二　促进中华文化向世界，尤其是东南亚地区传播

中华文化源远流长，并伴随着中外交往的发展向全世界传播，在海外逐渐形成了几大文化地域板块，其中尤以与中国毗邻的东南亚地区最为典型，其在强度和广度方面均是其他地区难以比拟的。而支持中华文化在东南亚持久传播的内在动力，是长期以来中国与东南亚形成的多媒

---

① 喻丽春、刘金清：《深入研究海峡两岸文化交流机制　促进两岸长久和平发展》，《科技信息》2012 年第 7 期，第 52 页。

② 王凤山、念望舒：《平潭开行"台平欧"海铁联运列车》，《福建日报》2015 年 11 月 4 日，第 5 版。

介、多渠道的传播载体。它和中华文化互相配合，彼此呼应，结为绵延不断的纽带，构成了一条密不可分的传播链。[①] 通过巩固这条传播链，能有效提高东南亚区域的文化认同，化解文化冲突；通过"海上丝绸之路"建设，可以扩大中华文化的国际影响力。台湾应抓住这个良好契机，与大陆一起多方面地推动中华文化的传承、发扬。

首先，积极鼓励华文媒体建设，广泛传播中华文化。华文媒体是中华文化的综合性文化载体，对东南亚当地华人政治、经济、文化、社会福利、民生制度等方面均有涉猎，是唤起东南亚华族移民中华文化情结的重要平台。

其次，华文媒体的宣传内容应以传统儒家文化为主。传统儒家文化反映了中华文化核心价值观，其可用《礼运·大同篇》概括："大道之行也，天下为公。选贤与能，讲信修睦。故人不独亲其亲，不独子其子，使老有所终，壮有所用，幼有所长，鳏寡孤独废疾者皆有所养。男有分，女有归。货恶其弃补地也，不必藏补己，力恶其不出补身也，不必为己。是故谋闭而不兴，盗窃乱贼而不作，故外户而不闭，是谓大同。"1988年，75位诺贝尔奖获得者在法国巴黎开会，会议结束时做了如下宣言：如果人类要继续生存，必须回到两千五百年前去汲取孔子的智慧。而英国近代历史学家汤恩比（Toynbee）也说："将来的世界是中国人操纵的世界，因为中国人样样都行。"[②] 可见，中华文化不仅为华人所遵从，更为全世界所认可。

再次，华文媒体的宣传形式应从传统纸质媒介向互联网媒介转变。网络作为新兴的大众传播媒介，模糊了时空的界限，提供了全新的文化交往环境，实现了开放性的、无边界的传播，把传统的大众传媒、组织传媒、人际传媒融合在了一起，且具有交互影响的优势。这种便捷被概括为"以因特网为核心的当代互动类传播网络的形成则为社会网络成员

---

① 耿虎、方明：《文化载体的互动转换关系——谈中华文化东南亚传播链》，《海外华文教育》2004年第1期，第1页。

② 〔新加坡〕吴德耀：《中华文化的特色及其传播与影响》，《海南大学学报》（社会科学版）1992年第4期，第23页。

之间的互动提供了前所未有的自由"①。两岸应让处于网络时代的中国人抛弃不同的文化背景，将真实的事件或者亲身的体验，通过 QQ、微信、微博、社交论坛等进行传播、分享和交流，给在不同地域、不同政体、不同背景下的中国人一个消除误会、增进了解的平台。同时，借助华文互联网媒体的兴起，中华文化的传播模式亦要从过去单一的政府与政府之间的沟通，转变为民间的社会交流。运用新媒体宣传中国的主张，向国际社会传播中国的形象；引导社会热点，回应海外民众的关切；通达社情民意，汇聚民智民力；开展舆论监督，疏导包括海外华人华侨乃至外国民众在内的公众情绪。②

最后，华文媒体还应注重培养精通华文的人才。对于大陆而言，高等师范院校的中文教育正处于日益追求办学规模、提高经济效益的过程中，传媒学人才培养也刻意追求所谓的学术性和综合性，使得很多院校失去了人才培养特色，基础教育质量大幅下降。此外，大陆正处于经济转型、社会转轨阶段，表面上看是物质要素和结构的提升，其实质则是人才质量和结构的优化。③ 当前，应尽快改变中文教育单一的培养模式，提倡将中文与传媒学、语言学、逻辑学，甚至经济学、政治学等联系起来，创立多学科交叉融合的培养体系，使华文人才既有扎实的专业知识和能力，又有相关学科的理论知识和架构，能够更好地适应世界媒体发展的步伐。对于台湾而言，虽然台湾强调"学生本位"，重视学生的全面发展，同时受台湾 20 世纪六七十年代的留学潮影响，拥有高素质、高水平的教师队伍，华文教育发展良好，但是从 20 世纪 90 年代开始，台湾教育始终片面强调"本土化"，将"闽南语"作为"国语"，而将具有中华文化共识的普通话束之高阁，在华文媒体中灌输"台湾文化中心论"，使得台湾华文人才日渐稀少，所培养的人才亦以服务台湾本土的

---

① 杨伯溆：《社会网络化与地域场所化：当代本土传播的内涵及特征》，载程曼丽主编《北大新闻与传播评论》（第一辑），北京大学出版社，2004，第 10 页。
② 邓聿文：《中华文化与海外统一战线》，《中共中央党校学报》2012 年第 3 期，第 94 页。
③ 李巧兰、孙文莲：《多向性、应用型中文人才培养模式的现实意义》，《河北青年管理干部学院学报》2012 年第 5 期，第 54 页。

目的为中心，偏离了将中华文化传向世界的目标。当下，台湾应尽快正视"两岸一家亲"的事实，充分利用台湾在应用技术、培训、教育信息化等方面的优势，在多方面与大陆展开合作，如促进两岸学生交流学习等，培养出更多能够适应当前国际形势的华文媒体人才。

三　推动国际汉学研究发展

两千多年前，随着海上丝绸之路一同兴起的，还有兼容并包的中华文化，其虽然在历史的长河中偶有沉寂，却不断散发着独特的光芒。在新时期的国际大环境下将中华文化发扬光大，是"一带一路"战略的重要任务之一。

第一，建立可持续发展的孔子学院制度。孔子学院是中外双方合作建立的非营利性的教育机构，是推广汉学及传播文化的重要教育交流机构。自2004年乌兹别克斯坦塔什干孔子学院成立以来，孔子学院便迅速在五大洲发展起来，到2015年，全球已建立形式多样、内容丰富的475所孔子学院和851个孔子课堂，遍及105个国家和地区。习主席曾称赞道："孔子学院是中国的，也是世界的。"[①] 虽然目前孔子学院在开办模式、资金保障、"三教"（教材、教师、教学）问题上均和一些国际老牌的语言文化传播机构[②]存在差距，但是只要两岸多为孔子学院的发展创造有利条件，加大海外本土汉语教师的培养力度，将孔子学院作为海外中华文化据点，鼓励跨学校、跨地区、跨民族、跨国家的交流合作，那么西方少数反华势力的毁谤和质疑必将消失，孔子学院制度必将推动中华文化蓬勃发展，在世界开花结果。

第二，加强与国际汉学的交流，提升国际汉学研究的学术发展。1814年法国汉学家雷慕沙（Abel Remusat，1788～1832）受命主持法兰

---

① 《习近平：孔子学院属于中国，也属于世界》，中国新闻网，2014年9月27日，http://www.chinanews.com/9n/2014/09－27/6636726.shtml。

② 如法国法语联盟（1883年创立）、英国文化委员会（1934年成立）、德国歌德学院（1951年成立）、西班牙塞万提斯学院（1991年成立）等。

西学院（College de France）第一个汉满鞑靼语言文学讲席，使汉学研究在西方成为一门正式的学科。两百年来，得益于国际汉学研究的广泛开展，中国文化不断在西方受到关注，逐渐褪去了其神秘的面纱。根据1981年美国汉学统计数据，到1979年，仅在美国各大学中任教与研究的中国学博士就有1000人，188个机构出版过中国研究的专著。① 近三十年来西方"汉学热"持续升温，规模日益扩大。目前，应以两岸为主体，促使中西汉学研究交流常态化、规范化、制度化；同时在思想上时刻牢记"对老外做中国学问不屑一顾的态度是学术上无知的表现，中国学术从传统的经学转变为近代、现代学术，除其自身原因外，最重要的外在因素即与汉学的互动"②；并且将专业汉学研究与普通的汉语国际教育连接起来，多维度地在全世界范围内普及中华文化，使中华文化对外传播事业迈上新的高度。

诚然，在政治上，两岸的未来还充满了未知数。两岸是维持现状，走"不统不独不武"的路子，还是继续深化两岸多角度、多方面、多层次的发展模式，在"一个中国"框架下趋向统一，抑或台湾披上"和平台独"的面纱，走上"台独"的不归路，这都有待于时间的检验。然而，作为休戚与共的命运共同体，台湾与大陆在经济、文化等方面均存在诸多共性，在"海上丝绸之路"诸多区域中有着独特的优势。正如2015年3月4日习总书记发表的四个"坚定不移"重要讲话所述，两岸要"坚定不移走和平发展道路，坚定不移坚持共同政治基础，坚定不移为两岸同胞谋福祉，坚定不移携手实现民族复兴"。台湾携手大陆，以积极的态度加入到"一带一路"战略的实施中来，不仅能在经济上获益颇多，摆脱目前经济停滞、发展缓慢的泥潭，获得更多的市场空间，而且能将悠久的中国传统文化发扬光大，提升世界范围内中国人的国际影响力，可以说是一个睿智的历史选择。

---

① 中国社会科学院情报研究所编《美国中国学手册》，中国社会科学出版社，1981，第4～22页。

② 孟庆波：《汉语国际教育需要海外汉学研究——以海外汉学研究为视角》，《广西师范学院学报》（哲学社会科学版）2015年第4期，第136页。

从"走出去"到"走进来"

——"海上丝绸之路"建设中的德教因素

卞　梁[*]

【摘　要】 德教发源于抗日战争期间的潮汕地区，后远传港澳地区及东南亚各国，逐渐成为新兴的世界性华人宗教。在目前"海上丝绸之路"建设蓬勃兴起的背景下，德教因在东南亚社会体系中具有得天独厚的文化优势、经济优势，必将成为中华文化向东南亚传播过程中的关键因素。

【关键词】 德教　海上丝绸之路　东南亚　华侨　文化

广东潮汕地区是全国著名的侨乡，潮汕地区独特的地理环境和人文环境所涵养形成的潮汕文化随着一批批潮汕人走出国门，传向东南亚。在长期的海外漂泊、迁徙过程中，华人的生活方式及精神状态往往转变极大。但来自潮汕的华人并没有从根本上放弃中国传统文化，反而能在传统文化的基础上不断吸收外来思想文化，加以融合，不断创新，形成了独具特色的华侨文化，这里面就包括源自中华文化土壤并在海外得到发展的多种宗教，德教（Moral Uplifting Society）便是其中的典型。作为一个发端于潮汕，发展于港澳台及东南亚，而后又传回大陆的具有中华

---

* 卞梁，男，福建师范大学社会历史学院博士研究生，主要从事中外关系史研究。

文化基因的宗教，德教不仅在弘扬潮汕文化方面具有重要作用，而且在"海上丝绸之路"建设中也扮演着独特的角色。

一　德教的历史发展缘由

潮汕地区素来有重视慈善的社会传统，有清以来粤闽一带善堂广布，慈善文化在广东有着较好的群众基础。德教在第二次世界大战时兴起，而后传入中国香港以及泰国、越南、菲律宾等东南亚国家，再后来亦远传日本、美洲。1947年东南亚第一个德教会阁紫辰阁在曼谷创立，为东南亚德教传播之始。① 日本德教会乃于1968年创建于神户（Kobe），取名"日本德教会紫瀛阁"。而在美国三藩市，一华裔商人受乩谕后建立"紫根阁"。② 目前新马各地的德教会共27阁，其中"紫"阁18阁，"济"阁9阁，分工明确又各自独立，以扶鸾、乩示③为主要祈神仪式，规模日益庞大，德教有逐渐变成全球性华人宗教的趋势。然而，德教虽然具有极强的包容性，但受语言及外来文化背景因素的限制，只在东南亚华人中流行，新马一带德教会会员甚至以潮人或潮人后裔为主，带有较强的地缘性。

20世纪80年代起，随着中国开始实行改革开放政策，德教的国际环境、经济基础、政治格局、文化面貌、观念形态和社会结构都发生了深刻的变化。东南亚德教会在这个时候也开始了到中国大陆的寻根活动，同时积极开展面向中国大陆的文化交流、慈善捐助等活动，如1998年向

---

① 另一种说法为1952年10月15日由李怀德在新加坡协助创立的紫新阁。

② 原著为 Chen Zhiming：*The Development and Distribution of Dejiao Associations in Malaysia and Singapore. A Study on a Religious Organization*, Institute of Southeast Asian Studies Occasional Paper No. 79. Singapore：Institute of Southeast Asian Studies, 1985. 中文版由苏庆华翻译，由马来西亚代理员有限公司列为代理员文摘学术丛书第一种，出版于1991年。收录于陈景熙、张禹东主编《学者观德教》，社会科学文献出版社，2011，第181页。

③ 关于德教扶鸾、乩示的具体操作及文化意义，参见 Bernard Formoso, *DEJIAO, a Religious Movement in Contemporary China and Overseas：Purple Qi coming from the East*, Singapore：National University of Singapore Press, 2010。

南昌市捐助抗洪救灾款项 40 余万元，2000 年在潮州设紫玄阁等。① 这显示了德教与中华文化密不可分的关系。

二 德教在海上丝绸之路构建中的文化贡献

2013 年 10 月，习近平在出访东盟国家时提出，中国愿同东盟国家加强海上合作，发展海洋合作伙伴关系，共建 21 世纪"海上丝绸之路"。"海上丝绸之路"建设的大幕徐徐拉开，中国与"海上丝绸之路"沿线国家全方位、多层次的合作将进一步加强，这对促进区域繁荣、构建和平稳定的周边环境、推动全球文明发展具有重要意义。在这样的背景下，德教迎来了重要的历史机遇，将成为中国与东南亚文化交往的重要文化纽带。

（一） 德教推动了东南亚华人慈善事业的发展

德教走向海外的时期，恰逢中国人民移民东南亚的高峰期，作为一种外来宗教，德教不断地积极调整自身以适应异质的社会，而投身慈善社会事业毫无疑问是最有效的融合方式。因此，德教发挥了"五教同宗"的包容精神，选取了中国传统文化中乐于慈善的典型济颠和尚（济公）作为其救世济慈的精神依托，根据济公所具有的"兼济天下"且主动为世人排忧解难的特点，德教发展出了"以德化民""济世扶危"的基本教义，② 逐渐成为凝聚华人力量、振兴传统道德、宣扬慈善理念、加强与当地人民交流沟通、增进国家友谊的东南亚重要宗教组织。德教的赈慈方式多种多样，主要体现在四大方面。

1. 宗教法会

德教经常举行大型盂兰超幽法会，并在法会后进行大型的赈济活动。

---

① 张新鹰：《生于中国，长于海外的德教》，载中国宗教协会秘书处编《中国宗教学》（第二辑），宗教文化出版社，2004，第 392 ~ 393 页。

② 华方田：《德教中的济公崇拜》，《世界宗教文化》2005 年第 2 期，第 42 页。

如泰国合艾德教会紫南阁在每年农历七月十日左右会举行盂兰盛会，恭请慈善寺方丈仁豪大师主持，启设道场，安置佛座，礼佛诵经，普度十方水陆无依孤魂，法会有施放焰口与普施甘露等仪式，法会后布施分赠4000多份白米与食品给贫苦者，另前往慈善机构布施善款。此外，德教团体每隔三年便会选址举行"德教环球大会鸾"，借以互相砥砺切磋道理、研究乩礼及发扬德教。①

2. 建阁修殿

德教乐于兴建新阁以做宣教之用，且善于与不同的宗教组织合作，提高捐建规模。如在中国香港地区，香港德教总会（主要以紫靖阁为主）与德善社、普庆念佛堂②等当地宗教组织关系密切，常常共商捐建事宜。又如，德教积极参与广东省济公殿的筹建，由德教紫真阁主导，先后建设主殿、钟鼓楼、登山石阶、休息厅、宿舍、卫生间等，全部建筑费用为500多万元人民币，均由华侨所捐。2001年2月24日的揭幕仪式上，来自新、马、泰及中国内地、香港的德教成员们汇聚一堂，共同弘扬中华文化，场面十分壮观。③ 2013年12月24日，占地4459.35平方米的世界最大德教会马来西亚紫霭阁建成，进一步提升了德教的宗教影响力。④ 正如郑志明教授所述："德教介于传统宗教与新兴宗教之间，继承华人神道设教的信仰宗旨，融合了儒释道的精神教养，积极发扬民间信仰的济世善行。"⑤

3. 建校送书

与许多民间宗教一样，德教积极营建学校，通过提高当地的教育文

---

① 游子安：《香港德教团体的历史和发展：以紫靖、紫和二阁为中心》，原载游子安、卜永坚《问俗观风：香港及华南历史与文化》，华南研究会，2009，第92~117页。

② 《1969-1970潮侨通鉴》第四回，潮州通鉴出版社，1970，第34页。此外香港德教总会与香港元清阁、玉霞阁、慈云阁等均合作颇多，详见游子安《道风百年：香港道教与道观》，利文出版社，2002年。

③ 《丰顺济公殿揭幕纪念特刊》，泰马星港筹建丰顺济公殿委员会，2001，第29~30页。

④ 《全球最大德教会大马落成建筑面积4.8万平方尺》，中国新闻网，http://www.chinanews.com/hr/2013/12-24/5655770.shtml，2013年12月24日。

⑤ 郑志明：《泰国德教会的发展》，原载《宗教论述专辑》（第五辑），2003；现载陈景熙、张禹东主编《学者观德教》，社会科学文献出版社，2011，第337页。

化水平传播自身的教义。同时，各阁纷纷出版善书以布道扬教。德教成为在东南亚传播中国文化的重要组织之一。如20世纪40年代后期，香港德教总会便组织当地富商官绅，出资筹建了第一所"香港德教总会德教学校"，该校位于香港德辅道西294号德教会内，[①] 教授中小学课程，目前有诸多照片存世。[②] 20世纪60年代紫香阁也在石澳创办学校，强调"遵师指示，专收贫童"[③]，为香港教育事业做出了贡献。泰国德教会在1994年亦捐献100万泰铢以支援华侨崇圣大学的建设，推动了泰国华人高等教育的发展。

德教长期致力于印送善书、广结善缘的活动。被誉为海外德教会创立功臣的马贵德早在1949年便著有《德教概说与讲述》一书，[④] 分赠新加坡住民，扩大了德教在当地的影响，而后诸多德教会相继模仿此举。如香港德教会1955年重印《关帝明圣经注》，1976年印《吕祖注讲金刚心经》，1979年重印《道济略传》，1990年重印《吕祖全书》上下册及《道济略传》《清净经白话解说》《雨华集》等；[⑤] 泰国德教会也会定期出版《紫气神光》系列丛书以弘扬德教精神。近年来，随着印刷水平的不断提升，德教善书印务逐年增多，有力地传播了德教文化。

4. 赠医助药

赠医助药是德教的传统慈善模式，早期即有"师圣临驾，除落马诗，或指示阁务外，较少文字因缘，多以救灾恤贫，施医为主"[⑥]。诸多德教会积极帮助当地社会底层劳动人民，并协助当地政府抵御自然灾害。

---

① 《1965－1966潮侨通鉴》（第二回），潮州通鉴出版社，1966，第13页。

② 如1966年刊行的《香港德教紫靖阁特刊》中便收录有该校第十三届毕业生毕业典礼、恳亲会等照片，十分珍贵，详见《香港德教紫靖阁特刊》，香港德教紫靖阁丛书流通处，1966，第47～48页。

③ 《香港德教紫靖阁特刊》，香港德教紫靖阁丛书流通处，1966，第195页。

④ 王志跃：《德教概念的儒学意蕴》，《世界宗教文化》2002年第3期，第115页。

⑤ 游子安：《香港德教团体的历史和发展：以紫靖、紫和二阁为中心》，原载游子安、卜永坚《问俗观风：香港及华南历史与文化》第92～117页；现载陈景熙、张禹东主编《学者观德教》，社会科学文献出版社，2011，第566页。

⑥ 陈国谦、吕一潭：《潮阳和平英西港紫香阁故迹介述》，载《寻源记》，德教寻源史源委员会，1998，第6页。

如 1980 年香港紫靖阁首设西医诊疗所，配合中西医疗善务，经过 10 年精心运营，到 1990 年累计救助患者两万余人；紫香阁则义务发放"万应紫香茶"，供市民在夏日祛暑调养。① 又如泰国世觉善堂在 1981 年成立"德教增医处"，专门负责泰国德教会的义诊赠医工作，1992 年 9 月 4 日又在北榄府直宪市区，成立完全免费的德教赠医处北榄分处，1996 年捐献 120 万泰铢，帮助泰国卫生部下辖律信医院新建 24 层的"干乍那披邑"医务大楼。②

可以说，德教在东南亚社会发展中所扮演的角色，已远远超越了宗教组织这样一个单纯的概念，德教已不单单是东南亚华人重要的精神寄托，还承担了当地的一部分社会救济工作。这不仅加强了华人群体在东南亚地区的凝聚力，而且还消除了当地原住民及马来人种对当地华人的陌生、敌对感，在"海上丝绸之路"上留下了中华乐善好施文化的深深烙印。这成为中国与东南亚诸国建立文化共识的必要前提和重要保证。

（二） 德教是中国与东南亚地区文化交流的重要桥梁

中华文化是世界文化的重要组成部分，它赋予了中华民族强大的生命力、无限的创造力以及极强的凝聚力，是激励中华儿女几千年来不断克服艰难险阻、战胜内忧外患、创造美好未来的强大精神力量，具有极强的包容性，适合在全球范围内进行推广，同时也能吸收来自其他文化的精华，从而能够不断进步、与时俱进。德教作为由中华文化孕育出的宗教，将对扩大中华文化在东南亚地区的传播面和影响力起到极为关键的作用。

首先，德教促进了中华文化的海外传播。

德教是潮汕文化的重要组成部分，其积极将潮汕文化广播海外，取

---

① 游子安：《香港德教团体的历史和发展：以紫靖、紫和二阁为中心》，原载游子安、卜永坚《问俗观风：香港及华南历史与文化》，华南研究会，2009，第 92～117 页；现载陈景熙、张禹东主编《学者观德教》，社会科学文献出版社，2011，第 569 页。

② 郑志明：《泰国德教会的发展》，原载《宗教论述专辑》（第五辑），2003，现载陈景熙、张禹东主编《学者观德教》，社会科学文献出版社，2011，第 332 页。

得了丰硕的成果。1949 年德教传至东南亚后，便成立了多个组织，以丰富当地人民的文化生活。潮汕文化有如一棵树苗，被德教培植于辽阔的东南亚地带，不断生根发芽。如马来西亚的济阳阁便先后组建了妇女组（团）、华乐组（团）、青年组（团）、教育组等部门，组织、参与大量文体活动，范围涵盖了整个马来西亚，受众极广。活动主要包括义务文艺演出、体育比赛、知识竞赛、烹饪比拼、奖助学金发放等。[①] 尤其是青年团的活动，多以弘扬中华传统文化为主，同时也促进了当地社区的融洽和谐。1983 年东马德教紫辰阁还开设了儿童组，提供有益于儿童身心的文娱活动，设有儿童合唱班、念经班、道德故事班等，亦起到了较好的效果。[②] 如今东南亚德教会已经形成了较为完善的文化宣传体系，有效地传播了潮汕文化，对华人社区的建设也起到了重要的作用。

其次，德教注重对自身历史文化渊源的追溯与挖掘。

德教作为一个发源于中国大陆的宗教，一直希望"德生饮水而思德源，愿复兴德教于祖籍，寻根而成大望"[③]，虽然"紫"阁和"济"阁历史上频生芥蒂，[④] 但在寻源活动方面一直保持合作，致力于推动德教向中国大陆的传播。[⑤] 泰国曼谷紫真阁在 1996 年根据乩示成立"第一届中原寻源委员会"，着手推进德教的寻源活动，而后在 1998 年成立"第二届中原寻源委员会"，在 2004 年成立"第三届中原寻源委员会"。委员会成员们不仅寻找到了南昌"紫金阁"石刻一块，更在江西飞来峰峰顶的紫阳洞寻到已经荒废的吕师纯阳道坛故迹。此后委员会不断在大陆设立德教会阁，如在深圳成立济源阁、在广州成立紫映阁、在普宁成立紫宁阁等。[⑥] 2000 年后德教在中国建阁速度明显加快。这得益于其自大

① 《吉打德教会济阳阁 50 周年金禧纪念特刊》，马来西亚济阳阁，2009，第 155～187 页。
② 郑志明：《东马德教会的发展》，《世界宗教学刊》（第三期），2004，第 101 页。
③ 德教会紫真阁编《紫影传真寻源特辑》，紫真阁，2001，第 3 页。
④ 德教紫、济两派分裂的主要原因是出于礼拜仪式的分歧。参见李亦园《一个移植的城镇——马来亚华人市镇生活的调查研究》，"中研院"民族学研究所，1970，第 218～244 页。
⑤ Bernard Formoso, *DEJIAO: A Religious Movement in Contemporary China and Overseas: Purple Qi coming from the East*, Singapore: National University of Singapore Press, 2010, p. 163.
⑥ 郑志明：《泰国德教会的发展》，载陈景熙、张禹东主编《学者观德教》，社会科学文献出版社，2011，第 335 页。

陆实行对外开放政策以来便不停地汲取中华文化的宝贵养分，积极响应"走进来"战略。

此外，德教非常重视与各国政府的沟通交流，积极开展多种形式的民间交流活动，包括学术交流及访问研究。早在1992年，马来西亚吉打州德教会举行施赈贫老活动时，便有吉打州州务大臣代表拿督杨品泽局绅、福利部官员、县长等当地政府官员出席。①影响较大的一次学术交流活动便是2002年邀请中国社会科学院世界宗教研究所"东南亚华人宗教文化学术考察团"对泰国、马来西亚、新加坡三国德教团体进行考察访问，深入了解德教在东南亚的发展情况。考察团一致认为"德教与华人其他的固有信仰一起形成和保持了强大的文化凝聚力，在与当地多种族文化长期共存而又面对西方强势语言文化同化挑战的条件下，发挥着维系炎黄子孙族群认同意识、延续海外华人生命共同体的重要作用"②。同时，双方达成了今后由世界宗教研究所派出学者来教授儒释道经典和各宗教历史讲座课程的合作意向。这次访问，使德教摆脱了长期处于中国学界研究边缘的境地，使得中国大陆一流的学术机构及学者了解和认识了德教，大大加深了大陆学界对德教的重视，对德教产生了深远的影响。

（三）德教是建设"海上丝绸之路"潮汕华侨文化区的重要基础

国务院侨务办公室主任李海峰强调，改革开放以来，广大海外侨胞和归侨侨眷在我国现代化建设中发挥了重要而独特的作用。由于海外侨胞有雄厚的经济实力、丰富的智力资源和广泛的商务网络，同时比较了解驻在国的文化传统、思维方式和审美习惯，在参与我国文化建设、推动中华文化"走出去"方面具有独特优势。③其中，潮汕华侨主要以东

---

① 《阳鸾教训》1992年第19期，第76页。

② 心影：《世界宗教研究所"东南亚华人宗教文化学术考察团"访问泰国、马来西亚、新加坡》，《世界宗教研究》2009年第2期，第155页。

③ 李海峰：《充分发挥侨务工作在弘扬中华文化中的积极作用》，《求是》2012年第8期，第23页。

南亚为侨居地，在外潮汕籍华人超过 500 万人，拥有 400 多个民间社团，① 人口众多，规模庞大。德教是潮汕华侨文化在东南亚的重要文化符号之一。

德教拥有与中国大陆相同的文化宣传方式，使得潮汕华人对祖国始终有着强烈的认同感。潮汕侨胞居住地有着与中国大陆相同的建筑文化景观。潮汕是我国拥有骑楼②密度最高的地区（0.7 座每平方公里），③时至今日，各德教会依旧保留了潮汕地区典型骑楼的建筑特点。这表现了其对自身的潮汕文化内涵的肯定。

潮汕侨胞还不断回到祖国大陆发展侨务印刷业务。改革开放后，潮汕侨胞积极回乡创办侨刊。1987 年便已有六份侨刊在潮汕地区发行。④如著名的《潮州乡音》，以其浓郁的潮州乡土气息、独特的报道视角风行海内外，被海内外潮人誉为"大家书"。然而，90 年代初期，由于自筹经费的短缺，这本潮人"大家书"一度出现过短暂停刊的情况。此时东南亚德教会主动与潮州侨联联系，多次捐助经费善款，帮助《潮州乡音》克服种种困难并不断发展壮大。2007 年后，《潮州乡音》顺应形势，改为 A4 开本，以季刊形式发行，并寄送中国各驻外使领馆，充分展示了潮人的思乡情怀、爱乡情结，加深了不同地域、不同国籍的潮人之间的情谊。这是德教善行的又一体现。

潮汕侨胞中涌现出了许多优秀的侨领，这些侨领中有很多是海外德教会成员。潮汕历来都是侨领辈出的地区，他们在中国近现代历史上留下了辉煌灿烂的足迹。如已故德教紫雄阁乩掌黄是山，17 岁"买棹南渡星洲"，辗转于东南亚各地谋生，而后"前往荷属'埔流峇咸'⑤ 地方，

---

① 陈泽泓：《潮汕文化概说》，广东人民出版社，2001，第 140 页。

② 骑楼原为欧洲地中海沿岸建筑，在 20 世纪初流行于我国东南沿海城市。参见林琳、许学强《广东及周边地区骑楼发展的时空过程及动力机制》，《人文地理》2004 年第 1 期，第 53 页。

③ 许桂灵、司徒尚纪：《广东华侨文化景观及其地域分异》，《地理研究》2004 年第 3 期，第 413 页。

④ 广东省地方志编纂委员会编《广东省志·华侨志》，广东人民出版社，1996，第 258 页。

⑤ 巴厘岛（Bali Laguna）旧称。

开创黄盛发生意，日有进展"，"卢沟桥事变"后回汕抗战直至最终胜利，"后弃职回乡，与家小一同税居汕头，为紫雄阁执乩"①。黄是山只是千千万万爱国潮侨中的一员，在他身上很好地体现了德教"孝、谛、忠、信、礼、义、廉、耻、仁、智"②的十德。许多潮侨身在海外，心怀国家，他们将东南亚德教会作为自己与祖国交流沟通的载体，以实现自己报效祖国、复兴中华的伟大理想。

德教始终将中华传统文化作为其内在核心文化而加以发扬，并不断地寻根问祖，汲取传统文化精华，尤其对潮汕文化具有高度的认同感。德教侨胞们在海外筚路蓝缕、辛苦打拼，同时积极支持祖国建设和家乡发展，做到了个人信仰、经济价值与道德理念三者的统一，实属不易。德教是"海上丝绸之路"建设中宝贵的文化财富。

三　德教在海上丝绸之路框架中的经济地位

有学者这样评价中国宗教：具有极强的务实性和功利性，以至往往难以将其与它们置身的社会和经济母体加以区分。③宗教与经济的紧密结合，在德教身上表现得尤为明显。中华文化源远流长，并伴随着中外交往的发展向全世界传播，在海外逐渐形成了几大中华文化集聚区域，其中以与中国毗邻的东南亚地区最为典型，其在强度和广度方面均是其他地区难以比拟的。而支持中华文化在东南亚持久传播的内在动力，就是长期以来中国与东南亚形成的多媒介、多渠道的贸易体系。它和中华文化互相配合，彼此呼应，结为绵延不断的纽带，构成了一条密不可分的传播链。④这条经济传播链有着悠久的历史，目前在中国—东盟贸易

---

① 陈汉藩：《德教南传——崇庆皇上登基六十周年大典、德教会南传泰国发扬一甲子纪念特刊》，泰国德教会紫真阁，2006，第5页。

② 即德教所奉"十章八则"，参见铂净《德教的"十章八则"》，《世界宗教文化》2002年第4期，第25~26页。

③〔美〕韦思谛编《中国大众宗教》，陈仲丹译，江苏人民出版社，2006，第9页。

④ 耿虎、方明：《文化载体的互动转换关系——谈中华文化东南亚传播链》，《海外华文教育》2004年第1期，第1页。

中发挥着重要作用，在"海上丝绸之路"的开拓与发展中必将拥有美好的未来。而德教作为一个以商人为信众主体的宗教，在"海上丝绸之路"经贸发展中的作用非常突出，其作用主要体现在两方面。

第一，德教是"香叻暹汕"贸易体系的重要组成部分。

东南亚各德教会中，商人占极高的比例。第二次世界大战后，马贵德去了香港，李怀德则到了越南、泰国和新加坡，这两位德教主要领导者奔赴海外的主要目的，除了宣教外，更重要的还是经商。德教在东南亚迅速发展壮大，主要依靠的便是"香叻暹汕"贸易体系。此贸易体系是智慧的潮州人对清前期以降的广东远洋帆船（红头船）贸易体系①的改进模式，是19世纪中后叶潮汕地区发展出的以英国殖民统治的香港为中心的，以大米等货物进出口为主要业务的多边贸易关系网。② 在这个体系中，内地的货物首先被运往香港，而后又被转运至泰国、新加坡、越南三地。输入新加坡的货物（含汕头船货），除了一部分用于新加坡的内需，其余再转销至马来西亚及印尼。而来自东南亚各地的大米及风物土产，均以香港为中转站，经汕头运至中国沿海各主要港口。③ 从19世纪70年代到20世纪40年代，"香叻暹汕"贸易体系一直是东南亚海上物资运输的主要通道之一，后因第二次世界大战被迫中断。第二次世界大战后以潮人为主体的泰国华商重启了新的"香叻暹汕"多边贸易体系，20世纪50年代中后期此体系彻底衰落。④

在长达百年的贸易体系中，德教一直扮演着多重角色。一方面德教依托"香叻暹汕"贸易体系，在东南亚不断进行文化输出活动；另一方面德教信徒多为具有商业背景的潮人商绅，在建立起宗教网络的前提下，

---

① 〔日〕滨下武志：《中国近代经济史研究——清末海关财政与通商口岸市场圈》，高淑娟、孙彬译，江苏人民出版社，2006，第234页。

② 王绵长：《泰国华商：开创南北行及其对香港转口贸易的贡献》，《汕头大学学报》（人文社会科学版）2003年第1期，第79页。

③ 林风：《"香叻暹汕"贸易体系的形成及其历史作用》，载汕头华侨历史学会编《汕头侨史论丛》（第二辑），汕头华侨历史学会，1991，第5页。

④ 王绵长：《泰国华商：开创南北行及其对香港转口贸易的贡献》，《汕头大学学报》（人文社会科学版）2003年第1期，第88页。

他们又将宗教人脉作为拓展商机的社会资源加以利用。[1] 而从宏观经济的角度分析，德教更像是多国资源整合的润滑剂。每一个国家及政府都希望构建出一个完善且平衡的对外经贸体系，开展广泛的国际物资交流，从而能够更好地降低成本，实现国家利益。在这个方面，德教的优势非常明显。借助民间宗教信仰，德教潮商掌握着"香叻暹汕"四地丰富的贸易信息，从而能够优化各地的贸易资源配置，降低交易成本，改善当地投资环境。

第二，德教是当下中国开拓东盟市场的重要经济支点。

2004～2009年，中国与东盟先后签订多份经贸协约，逐步建立起中国—东盟自由贸易区，中国与东盟经济合作及对其投资力度明显加强，东盟正成为中国对外出口的重要战略市场。而在东盟市场中，拥有12亿元人民币以上资产的东盟华商富豪便有46人，总资产为5411.15亿元人民币，[2] 经济实力雄厚。对于注重三缘（血缘、地缘、叶缘）的华商社会来说，德教维系着他们对祖国的深厚感情。正是有了以德教为代表的东南亚华人宗教的推动，我国在建设"海上丝绸之路"经济贸易区、打造中国—东盟自由贸易区时，便能有效降低区域贸易社会壁垒，巩固商业网络纽带，提高双边商业信用，在中国—东盟自由贸易区发展进程中实现双赢。多次支援我国现代化建设的爱国潮侨、美国和平旅游贸易公司董事长林星海曾说："我知道很多人不理解这种赔钱的事，包括我的家人。其实这对我来讲是很简单的事。我爱中国！"[3] 在这样的精神感召下，近年来，印尼金光集团投资19亿美金，利用云南丰富的森林资源开发林浆纸一体化项目；马来西亚金狮投资百盛；新加坡吉宝投资8200万

---

[1] 陈景熙：《德教海外扬教与"香叻暹汕"贸易体系》，《海交史研究》2008年第1期，第122页。

[2] 林在明：《东盟华商在中国—东盟自由贸易区中的作用》，《亚太经济》2008年第3期，第97页。

[3] 周用敦、林卫国：《试探有关华侨文化华人文化的一些问题》，《华侨华人历史研究》1995年第4期，第41页。

美金建设春城湖畔高尔夫乐园；等等。① 这些都是海外爱国华侨心系祖国、参与祖国建设的具体表现。

对于潮汕地区来说，应充分实行"走出去"的发展战略，建立统一的本土企业与侨企投资洽谈的机构或平台，为赴东盟的企业提供电子信息服务，确保企业在经济咨询、法律、会计审核、市场调研等方面拥有充分的国际竞争力。同时，政府应简化项目审批手续，节约企业行政成本，优化人员出国审批办法，调动企业人员赴东盟发展的积极性；并且积极与东南亚侨商进行合作，在东盟国家打造具有保税功能的特色产业园区，为"走出去"的相关企业创造稳定、安全的投资环境。海内外中华儿女在共同的文化熏陶下，齐心支持"海上丝绸之路"经济建设，必将在中国现代化建设史上留下浓重的一笔。

四　结语

潮汕民间世代口传一诗："驿马匆匆过四方，任君随处立纲常。年深异境犹吾境，日久他乡作故乡。"② 这首诗生动地反映了晚清潮汕人在漫长的漂泊、迁徙岁月里，失落、忧愁却又坚韧、乐观的复杂情感。善良勇敢的潮汕人利用德教这一宗教形式表现出了中华民族的民族共性，并且建立起与故土文化紧密联系的独特宗教文化，在侨地构建了完善的中华民族文化、经济、社会体系，折射出海外华人璀璨的心灵之光。在当今国际交往日益频繁的形势下，德教又积极参与"海上丝绸之路"的建设，成为中华文化在东南亚地区传播的坚定支点，为中国—东盟贸易区建设提供了重要的保障。德教的发展历程表明了中华民族是一个具有强大凝聚力和向心力的民族，正是这种凝聚力和向心力支撑着中华文明在曲折中不断前行。

---

① 刘云娥：《在中国—东盟自由贸易区建设中发挥华商的作用》，《八桂侨刊》2005年第5期，第30~31页。

② 陈景熙、张禹东主编《学者观德教》，社会科学文献出版社，2011，第1页。

地方文化与文化"走出去"战略

扩大江苏文化对外开放水平，
促进江苏文化大发展大繁荣[*]

孟 飞[**]

【摘　要】　"十三五"伊始，江苏文化对外开放的各方面条件都已具备，文化对外开放的又一个春天已经到来。但是，目前的文化对外开放遇到重重阻滞，这就需要我们积极梳理江苏文化"走出去"的资源，破解文化"走出去"的难题，找到文化"走出去"的出路。因此，江苏必须革新自强，抢抓机遇，全面提高文化对外开放水平。

【关键词】　江苏　文化　对外开放　"走出去"　改革

党的十八大召开之后，以习近平同志为总书记的党中央高频次、高密度地把扩大文化对外开放作为实现文化大繁荣大发展的根本途径，而《中共中央关于全面深化改革若干重大问题的决定》明确指出要提高文化开放水平。党的十八届五中全会通过的《中共中央关于制定国民经济和社会发展第十三个五年规划的建议》指出："加强国际传播能力建设，创新对外传播、文化交流、文化贸易方式，推动中华文化'走出去'。"

* 基金项目：2015 江苏省社科应用精品工程项目《提高江苏文化对外开放水平研究》成果（项目号：15SYC－107）。

** 孟飞，东南大学马克思主义学院博士后，中共南京市委党校讲师，主要从事马克思主义理论和文艺批评研究。

开放发展，特别是文化的对外开放是传播中华文化的重要方面，也是增强中国在国际上的话语权的重要途径，更是我国积极参与全球治理、体现大国担当的有力手段。

站在改革开放的新起点上，江苏省委、省政府把文化建设摆在全局重要位置，省委十一届十次全会把"文化更繁荣"纳入"两个率先"新内涵新标准，而到了省第十二次党代会更提出了在"十二五"期间率先于全国基本建成"文化强省"。江苏经济社会的发展水平应率全国之先，提高江苏文化开放水平是推动江苏文化大发展大繁荣、建设文化强省的必然要求。提高江苏文化开放水平是增强江苏文化软实力、提升江苏国际综合竞争力的迫切需要。提高江苏文化开放水平是推动江苏乃至中华文化走向世界、宣传江苏国际形象、提高江苏国际影响力的战略选择。30 多年来，江苏一直走在改革的前列，各项事业蒸蒸日上，这些成绩离不开我国坚持对外开放的基本国策。文化对外开放亦是对外开放的应有之义，甚至是重要内容，江苏省已然做出了一定的成绩，造就了繁荣发展的文化气象。现在，江苏省的文化建设已经构建了较为坚实的平台，在此之上，我们的目标应更加高远。2015 年 6 月，江苏省省委省政府召开推动文化建设迈上新台阶工作会议，深入学习贯彻落实习近平总书记视察江苏重要讲话精神，围绕总书记提出"推动文化建设迈上新台阶"的要求，对深入实施文化建设工程、加快建设文化强省做出专题部署。会议指出，要充分释放文化发展活力，大力推进文化体制改革和文化对外开放。

理论上，江苏在实现由经济大省向经济强省跨越的同时，正在加快实现由文化大省向文化强省的跨越。近年来，特别是 2013 年全国、全省文化改革发展会议召开以来，在省委省政府领导下，江苏省文化改革发展不断取得新进展。但是当前江苏省的文化对外开放水平还处于发展阶段，关于江苏省文化对外开放的研究也处于起步阶段，应着力对该问题进行深入研究，为推动江苏省社会主义文化大发展大繁荣形成有力的理论指导。

现实中，谁占据了文化发展的制高点，谁拥有了强大的文化软实力，谁就能够在激烈的国际竞争中赢得主动。江苏作为沿海发达省份，经济外向依存度高，与世界的联系日益紧密。我们要在新的国际竞争中立于不败之地，必须勇于面向世界，把对外开放作为文化发展的强大动力。江苏必须以开放促改革，以改革促发展，江苏文化对外开放水平的高低直接关系到江苏经济社会发展水平。江苏文化对外开放的研究关系到江苏文化改革，乃至江苏全面改革的发展方向。

一 江苏文化对外开放的地域优势与巨大成就

江苏文化，既有深厚的历史渊源，也有丰富的文化资源和鲜明的时代特色。

（1）江苏历史悠久，拥有丰富的文脉资源。江苏传统文化多姿多彩，文学、书法、绘画、戏剧、舞蹈等艺术门类齐全，水平较高，刺绣、云锦、剪纸、玉雕、漆器、紫砂等传统工艺形式多样，技艺精湛，"百戏之祖"昆曲和古琴、剪纸、云锦织造、雕版印刷等8个项目入选联合国教科文组织《人类口述和非物质遗产代表作名录》。

（2）江苏人杰地灵，各地市的地域文化各具特色。金陵文化、楚汉文化、吴文化、淮扬文化、江海文化、海盐文化、京口文化等江苏地域文化特色鲜明，兼容并蓄，交相辉映。仅就绘画这个门类来说，江苏在明清时代的绘画领域就先后形成了负有盛名的"吴门画派""扬州画派""金陵画派""松江画派"等多个学术流派，江苏各地的画家几乎撑起了中国近代美术发展史的半壁江山。

（3）江苏现代化程度高，现代文化蓬勃发展。影视制作、出版发行、印刷复制已形成优势产业，文化旅游、文艺演出、工艺美术等传统产业正在壮大力量，动漫游戏、网络文化、手机报、移动电视等新兴产业也正快速发展。

综上所述，江苏具备了文化对外开放得天独厚的条件。近年来，在省委省政府的大力扶持和地方政府及民间组织、团体、企业的共同参与下，江苏的文化对外开放取得了跨越式的发展。江苏积极参与国家对外文化交流项目，政策措施逐步规范和匹配，多元文化环境初步形成，大型国际文化活动品牌业已树立，对外贸易的效益日趋增长，对外传播的新领域、新通道不断开拓，地方特色淳厚、本土风情浓郁的艺术品品种增多、规模扩大，文化走出去的范围更广，海外影响力更深远。

总的来看，江苏文化对外开放主要呈现出两个亮点。

1. 对外文化交流活动井喷式发展，影响力巨大

借助国家对外文化交流平台，发挥江苏国际友城众多优势，推动各类国际文化活动开展。2014 年全年，江苏共有 65 批文化团组 539 人次赴 19 个国家及中国港澳台地区实施了 56 个文化交流项目，有 73 个国家及中国港澳台地区的 1051 批文化团组 2199 人次来江苏开展或参与 1054 个文化交流项目。苏州市入选联合国"全球创意城市网络联盟——手工艺和民间艺术之都"主题城市。江苏 6 个文化艺术团组参加了在荷兰、法国、比利时、葡萄牙等国家举办的"欢乐春节"活动。江苏赴俄罗斯举办 2014 年"感知江苏"文化周活动，在韩国全罗北道、澳大利亚维多利亚州等国际友城开展了周年庆文化活动。南京博物院圆满完成南京青奥会各类外事接待，举办了"文宴：美国博物馆的展览暨中美博物馆高层论坛"。苏州昆剧院在香港中文大学演出青春版《牡丹亭》，南京市博物馆在香港展示紫砂陶制作技艺，省演艺集团民族乐团在澳门举办"江南丝竹"音乐会，省文化联谊会在台北举办"'精彩江苏'书画作品展"。民间机构对外文化交流更加活跃：苏州金鸡湖美术馆在挪威、荷兰举办展览；南京布罗德文化投资有限公司举办的首届"南京国际美术展"，吸引 20 多万人次参观。

2. 突出文化贸易的时代性，江苏文化对外开放的效益初显

江苏不断统筹推进文化交流、文化传播、文化贸易，不断提升江苏文化对外开放的水平。配合国家"一带一路"战略，江苏积极参与丝绸之路国际艺术节、"丝绸之路文化之旅"系列活动，充分挖掘江苏"一带一路"的历史文化遗产。一批制作精良、经过市场检验的演出、展览项目，进入港澳重要艺术节、主流场馆及商业渠道，扶持对港澳文化交流重点项目。京剧《镜海魂》赴澳门演出，昆剧《1699·桃花扇》参加第 26 届澳门艺术节，江苏曲艺演出团参加台北红馆曲艺节。加强对外文化贸易，认真做好国家文化出口重点企业和重点项目申报组织工作，鼓励和支持江苏省文化企业参与国际竞争。积极搭建对外文化贸易平台，组织文化企业参加境外演艺交易会、艺术博览会、图书展、影视展、动漫游戏节等国际大型展会和文化活动。举办苏州创博会、常州动漫周、无锡文博会等展会，组织江苏企业参加深圳文博会、北京文博会等国际展，不断拓展对外文化贸易新平台、新渠道，推动江苏文化企业和文化产品"走出去"。

二 江苏文化对外开放的瓶颈与突出矛盾

2015 年以来，中宣部正在紧锣密鼓地研究制定"十三五"文化改革发展规划纲要。江苏省委、省政府已经明确，江苏省要把"十三五"文化发展规划作为专项规划来做，将其作为经济社会发展规划纲要的重要组成部分。因此，把"十三五"文化发展谋划好，是我们面临的一项重要而迫切的任务。从文化对外开放的形势来看，目前世界范围的文化交流、交融、交锋频繁深刻，更加要求我们提高文化软实力。江苏地处改革开放前沿，对外交流交往十分频繁，虽然江苏省已经做出了很多成绩，取得了相当大的效益，其文化发展在全国已处在较为领先的水平，但文化国际传播能力还比较弱，文化开放水平还不高。总的来说，其原因在于机制体制的缺位，传播渠道的不畅通，文化产业和文化事业发展的脱节，国际上叫得响的文化精品力作缺乏，高层次、专业化文化人才短缺以及好的平台和好的保障体系不健全，等等。具体来看，原因如下。

1. 统筹协调机制尚未形成

从上文的文化交流和文化贸易状况可以看出，江苏的文化对外开放走势良好，但是抛开数据，在宏观上审视对外开放的总体格局就会发现，江苏文化对外开放尚缺少统筹协调机制，依然存在主体多、资源分散、力量分散等问题。江苏对外文化交流目前渠道很多，有的是政府主导的，有的是民间自发的，但是杂乱无序，没有形成助推江苏文化对外开放的合力。我们认为，要创新文化对外开放模式，就必须疏通这些渠道，仔细研究把政府推动和企业市场化运作结合起来，形成以企业为主体的文化交流新模式。

2. 文化交流与文化贸易的脱节

文化交流和文化贸易各有特性。文化交流属于文化事业范畴，具有公益性，文化的国际交流合作，既有国家间交往，也有民间交流。对文化事业建设必须加大投入和支持力度。文化贸易属于文化产业范畴，必须通过对外开放、参与国际竞争来获取发展壮大的资源和效益，这也是文化产业发展的源泉和兴盛不衰的基础。应该注重发挥好文化产业对文化开放的主动力作用，同时兼顾文化事业的公益性。要创造条件，让文化企业、文化产品和服务"走出去"。现在我们没有统筹好文化开放与文化事业、文化产业发展，可能会造成文化事业和文化产业"两张皮"的现象。问题的根源在于如何发挥企业的作用，而非单纯靠政府发挥作用，政府应该做的是为文化产业发展营造良好的内外部环境，要在政府扶持下使文化企业遵循市场规律，积极探索文化的国际化、商业化、产业化运作，通过市场竞争要生存、要发展、要效益。文化事业应与文化产业的发展相统一，用文化交流带动文化企业"走出去"，也用文化贸易的收益反哺文化事业的发展。

3. 国际传播能力偏弱

文化对外开放是江苏文化建设的重要组成部分，是提升江苏国际影响力、亲和力的重要途径，是为推动科学发展、建设美好江苏营造良好外部舆论环境的重要手段。目前江苏省级主要涉外媒体国际传播能力已有一定的提升，新华报业集团与美国《侨报》《欧洲时报》及韩国《全北道民日报》合作编辑江苏专版，传播江苏声音；"中国江苏3G"手机报用户突破230万，使用5种语言，覆盖了78个国家和地区；江苏广电集团国际频道已进入亚洲、欧洲、拉美以及美国、加拿大等国家；金陵之声广播电台与美国、新加坡、中国台湾等地的广播公司展开了合作。但是，公允地看，这些媒介的话语吸引力不足，在互联网上尤其缺乏传播话语主动权。互联网迅猛发展，更加要求我们抢占舆论传播制高点。从桌面互联到移动互联，从个性新闻到社交网络，网络的快速发展从根本上改变了原有的传播秩序和舆论格局，这就更加凸显出媒体融合发展、巩固和壮大主流舆论阵地、提升新媒体格局下的舆论引导能力的理论重要性和实际滞后性。

4. 文化产业化程度不高

经济发展进入新常态，更加要求我们以文化产业助力转型发展。新常态下，经济发展传统动力减弱，调结构、转方式任务紧迫，文化产业成为增长最快的产业门类之一，文化创意推动产品制造由中低端向中高端迈进的作用更加突出。这就需要江苏积极适应经济发展新常态，不断增强文化产业对其他产业的拉动作用，打造经济转型发展的新引擎，开拓实体经济发展的新空间。目前，江苏在文化产业发展方面已经做了相当多的工作，取得了一定的成绩：南京秦淮特色文化产业园入选第五批国家级文化产业试验园区，实现了江苏国家级文化产业园区零的突破；吴江静思园等 3 个园区入选第六批国家文化产业示范基地；常州恐龙园被评为最具影响力的国家文化产业示范基地。2014 年全省有 32 家文化类企业、18 个文化类项目和 9 个文化出口项目获国家文化产业引导资金支持，资助金额比 2013 年分别增长 81%、93%、47%，项目数和金额数连续三年居全国之首。文化与金融合作取得积极进展，江苏省承办全国文化金融合作会议，3 个项目获全国十大优秀文化金融合作创新成果奖，总数居全国第一位；成功举办第三届苏州创博会、第十一届常州动漫艺术周、第四届中国（无锡）文博会，30 多个国家和地区的 1500 多家企业参展。2014 年全省文化产业增加值突破 3000 亿元，占 GDP 比重超过 5%。不过总体来看，文化产业的发展没有完全融入国际竞争环境。反观上海、北京等城市，它们做得较早且已初具规模，上海的国家对外文化贸易基地于 2011 年成立，目前基地入驻企业 232 家，注册资本规模达 35 亿元人民币，成为我国推动文化企业做大做强，促进文化贸易、提升文化影响力的重要平台之一。北京积极搭建文化贸易交流平台，扩大和提升文化"走出去"的规模和质量。北京依托空港保税区，建设国家对外文化贸易基地，规划用地 260 亩，海关、税收等各项报税政策已陆续在该区域落地。江苏是全国的经济文化大省，工业产品甚至高科技产品可以大量出口，而相对来说，其文化产品出口就有很大难度，必须发展文化对外开放的创新模式，突破"文化折扣"的瓶颈。

5. 有国际影响的精品力作缺乏

文化品牌是昭显存在的符号，代表了一个地区、一个国家的形象和实力。江苏历史底蕴丰厚，但在文化品牌的打造上相对滞后，与江苏经济发展水平和文化建设成就尚不相称。在对国外文化案例的研究中，我们发现，往往最著名的文化品牌历史都非常久远，且依旧魅力十足，如戛纳影展、威尼斯当代艺术双年展等。江苏文化对外开放多年来，也注重突出文化产品的品牌价值，比如，中国百家金陵画展曾亮相巴黎卢浮宫，昆剧《牡丹亭》《1699·桃花扇》在多国连演数十场，中国·江苏国际文化艺术周、南京世界文化名城博览会、中国世界运河名城博览会、无锡太湖国际民乐节等大型国际文化活动吸引了各国的文化团体和游客。但是要把"百家金陵画展""中国·江苏国际文化艺术周"等文化品牌做强、做大、做出国际水准，绝非易事。一是要协调好文化开放与文化传承的关系。文化开放必须坚持中华文化和江苏文化的主体性，必须依托历史，立足现实，尊重过去，面向未来。要坚持弘扬个性、把握自我的原则，把中华文化的传统特色与现代科技、社会科学发展紧密结合，既要挖掘、提炼传统文化价值，又要赋予其新的时代内涵，使之与当代社会相适应，与现代文明相协调。二是要协调好文化品位与审美情趣的关系。即便是同一个《天鹅湖》，由马约编舞的蒙特卡罗芭蕾舞团、格林·墨非编舞的悉尼芭蕾舞团、诺伊梅尔编舞的汉堡芭蕾舞团所演绎的不同版本，都与 1876 年柴可夫斯基的原版相去甚远——无论是舞美服装，还是故事主题，都各有亮点。但正是种种融入不同语境的国际化表达，才令演出更贴近当时当地的观众审美。

6. 文化开放保障体系还不够健全

江苏省对外文化贸易已经有了一些基本政策，但宣传不够，落实不够，许多政策企业不了解、不知情。同时，文化对外开放的实践快速发展，一些新情况、新需求不断涌现，需要进一步完善现有政策。浙江在这方面的先进经验是建设文化交流和贸易统筹协调机制。以省、市、县文化主管部门、文化艺术院校、文化企业、民间文化社团等机构为主体，设立省、市、县文化艺术"走出去"的联席会议制度，构建文化交流和贸易的统筹协调机制。加强战略谋划，统筹地方文化资源，创新思路，突出重点，提高对外文化交流项目的国际化水准。现在，全面深化改革向纵深推进，更需要江苏创新文化体制机制。随着政府职能转变、市场主体培育、创新社会管理等重要改革举措的实施，深化文化体制改革的任务更加迫切。随着多种所有制文化市场主体大量涌现，依法保障、依法规范、依法管理的任务更加繁重。

三　提高江苏文化对外开放水平的对策建议及实现路径

　　文化对外开放的实现路径与文化强省的实现路径其实是同体的，江苏是文化资源大省，要真正成为文化强省，提升扩大江苏文化的影响力是关键。扩大文化对外开放就必须要有一种把资源变成影响力的先进机制，这种机制涉及观念的转变、文化精品的生产、传播力的不断提升、科学管理队伍的建设等各个方面。具体来说要做到以下几点。

　　1. 转变政府理念，加快形成江苏文化对外开放的格局

　　必须坚持政府主导、市场运作、社会参与，统筹国际国内两种资源，用好文化交流、文化传播、文化贸易三种方式，凝聚政府、企业、社会组织等各方力量，努力开创全方位、多层次、宽领域的江苏对外文化交流新格局，不断增强江苏文化的国际影响力。要进一步解放思想，在强化政府主导作用的同时，尽快改变政府在文化"走出去"中唱"独角戏"的现状，推动文化艺术机构、民间组织积极参与国际文化交流活动，促进民间活动扮演重要角色，努力形成打造江苏文化对外开放的合力。

2. 整合资源，做出精品工程

进一步梳理全省对外文化交流资源，重点培育非物质文化遗产、书画艺术、江南丝竹、传统戏曲、民间工艺等适于对外文化交流的优势门类。继续打造"感知江苏""同乐江苏""茉莉飘香"等对外文化交流品牌项目，继续办好"中国·江苏国际文化艺术周"等大型国际文化交流活动，鼓励各地积极打造具有江苏特色、世界水准的文化交流新品牌。以重大文化项目带动发展，培育和开发具有自主知识产权、有国际竞争力的文化出口企业和项目，创作生产更多具有江苏风格的原创性文化产品。实行重点文艺创作项目扶持办法，催生更多叫好又叫座的精品力作，推动文艺创作生产从"高原"向"高峰"迈进。

3. 重点扶植文化产业，有质量地支持文化产品"走出去"

大力开拓江苏文化产品国际市场，赋予有条件的文化企业外贸自营权，引导和支持江苏文化企业参与国际文化市场竞争。扶持具有较强创新能力和拥有自主知识产权的大型文化企业做强、做大对外文化贸易品牌，重点支持具有江苏特色的动画片、民族音乐舞蹈、杂技等文化产品和服务及动漫、游戏等新兴文化产品进入国际市场，形成一批具有国际竞争优势的品牌文化企业和品牌文化产品。支持更多江苏文化企业和产品申报《国家文化出口重点企业目录》和《国家文化出口重点项目目录》。

4. 政府主导，联合企业、社会团体和个人，研讨江苏文化对外开放的政策法规

引导支持省级单位部门以及各地举办有规模、有特色、有影响的对外文化交流活动，设立对外新闻文化交流专项资金，对年度重点对外新闻、文化交流项目给予重点支持和考核奖励。成立对外文化贸易推进工作领导小组，强化指导、协调和服务。制定落实扶持文化产品和服务出口的优惠政策、奖励政策，优化利于文化企业发展的出口、统计、中介组织等外部环境。江苏文化对外开放机制、体制的健全，为以往被忽略的人文交往、国内外优秀成果的推介、国内外文化基地建设等提供了扶持的平台。

5. 遵循对外传播规律，增强江苏文化传播实效

深入研究国外受众对江苏的信息需求，增强文化传播的针对性、实效性和亲和力、说服力。面向与江苏经贸合作关系紧密的国家和地区，采编相应的对外宣传稿件，编排相应的对外文化交流内容，制作相应的文化产品和服务。要建设载体，开拓渠道。创新对外传播形式，建立多媒体、跨平台的传播媒体网络。进一步扩大江苏国际频道、金陵之声电台、"中国江苏3G"手机报海外覆盖范围。鼓励支持江苏省主流媒体采取多种方式与境外主流媒体建立长期稳定的交流合作机制，通过合作栏目、节目、文化活动，扩大影响力和覆盖面。以更加广阔的国际视野、更加开放的文化心态开拓对外传播渠道，加强文化"走出去"的组织、策划、协调和运作。

6. 提高管理水平，加大对具有国际视野和战略眼光的文化专门人才的培养和引进工作的力度

造就一批通晓海外文化市场运行规则、熟悉当地法律法规、具有国际市场开拓能力的复合型跨国文化经营管理人才。建设一支文化艺术人才队伍，推出一批具有震撼力、影响力的艺术精品，造就一批具有创造力的文化艺术人才。建设一支文化经营人才队伍，形成一支具有较强企业经营能力的文化经营人才队伍，重点培育文化产业领军人物。建设一支文化管理人才队伍，不断提高文化管理人才队伍的综合素质、专业能力和行政管理水平。

数字化时代对中华经典色彩的传播

——以西安城市色彩为例

高　原*

【摘　要】 色彩不仅是一个城市重要的文化体现，也是对外宣传的典型视觉元素。伴随着社会的发展和数字媒体的出现，色彩成为具有社会意识形态和话语权的生命体。西安作为一个有着十八朝文化历史的古都，其独特的城市色彩保护和传承了中国传统文化。随着数字媒体艺术的出现，城市色彩除了在实体空间的运用外仍有更广、更新的语言空间。本文将从多维性的角度分析西安城市色彩作为中华典型色彩体系运用于数字媒体艺术中的可能性，并将从社会功能的角度对这一被忽略的色彩空间予以重视。

【关键词】 西安　城市色彩　数字化　数字媒体艺术

心理学研究证明，相对于形状和质感而言，人类对色彩的敏感度更高。色彩不仅具有美的功能，同时承载了文化传承的重任，这不仅需要依靠人类生理上的无意识的倾向和积累，更需要我们在新时代赋予色彩更多的媒介传播方式，让色彩成为跨越地域、跨越语言的无障碍沟通方式。城市作为群体生活的共同记忆体，其色彩的表达具有鲜明的人文特

---

* 高原，女，衡水学院讲师，研究方向为设计理论。

征。法国著名色彩学家让菲利音·朗克涪认为："每个国家，每个城市和乡村都有它自己的色彩，而这些色彩在很大程度上参与组成了一个民族和文化的本体。"① 在数字化的今天，媒介的形式发生了翻天覆地的变化，在新时代的语境下，城市色彩作为一种生命体，其发展既要尊重自己的历史传统，又要不断更新自己的语言体系，成为传统与现代之间沟通的桥梁，成为中国与国际对话的形象代言人。

一　西安城市色彩特征分析

（一）　城市色彩的相关概念

"城市色彩是指城市公共空间中所有裸露外部被感知的色彩总介。"② 裸露的外部颜色包括自然界本身存在的颜色和人为开发的颜色，而人为开发的颜色最能体现人文气息。随着社会的发展，城市色彩的规划已经进入一个全新的领域，地方性色谱的研究、应用和推广进入了一个维度更广的空间。城市色彩规划在我国是一项非常复杂且艰巨的任务，其目的是为我们创造一个舒适、宜人、美观的人居环境。然而城市的发展变迁是一个缓慢生长、更新的过程，城市色彩也是一个历史积淀的过程。城市是发展中的城市，人居环境也经历了从工业社会走向信息社会的过程，"城市色彩"理论终将是一个不断发展的理论。而城市发展的基石是其深厚的历史文化和人们对于"和谐"精神的需求，这些是我们在面对不断发展的事物时应牢牢把握住的核心因素。

（二）　西安城市色彩的历史文脉

西安城市色彩的源起，要追溯到仰韶文化前期。从半坡遗址中可以发现，当时的建筑用色和器物用色主要来自黄、褐、红等颜色的土壤。

---

① 尹思潾：《城市色彩景观规划设计》，东南大学出版社，2004，第40页。
② 陈静：《西安的城市文脉与城市色彩探论》，《理论导刊》2013年第2期。

色彩的选择基本上以自然生成的材料颜色为主，大地上的一切生命和物质在此刻都和人类产生了关系，如土壤、木材、灰烬等。

西周时期，人们的意识形态观念有了很大的提高，色彩开始与等级划分联系在一起。《礼记》中曾记载："楹，天子丹，诸侯黝，大夫苍，士黈。"① 建筑色彩结束了从自然界中直接拿来、无区分的阶段，开始向有序、规律的人文方向发展，红、黑、青、黄依次成为等级从高到低的色彩划分标准。春秋战国时期，建筑开始注重装饰性，藻饰彩画流行起来。秦代形成了"渭水贯都，以象天汉；横桥南渡，以法牵牛"的土地格局，装饰性和等级划分成为宫殿的主要特征，宫殿的实用性被大大忽略。《古今注》谓"其上皆丹垩，其下皆画云气仙灵，奇禽怪兽，以昭示万民焉"。红色仍是当时的主要用色。《三辅黄图》卷一的《咸阳故城》记载："离宫别馆，相望连属。木衣绨绣，土被朱紫……"秦代时期，裸露的木头的颜色不复存在，其用彩绘的方式来使木头充分彰显权力和富贵。而现在唯一能够使我们切身感受秦时代权贵气息的是现存的秦始皇兵马俑。人物的青灰色和土黄色虽不能还原当时彩绘的富丽堂皇，但那辉煌的气势依旧能让我们感受到历史的厚重与沧桑。汉代依然采用红色作为最高权威的象征，史书中有大量表明红色的词汇，如"丹楹""丹墀""朱阙"等。东汉末年，各民族有了更深的交流和来往，文化相互渗透，佛教与琉璃瓦的传入使建筑用色产生了微妙的变化。隋唐时期，代表权贵的宫殿和庙宇以传统用色方式为主，唯一不同的是，灰、黑色瓦和琉璃瓦布满屋顶。这一时期对黄绿色和青绿色的使用为之后以黄色为主的用色方式打下基础。对唐代时期，我们可以从著名的大明宫窥见其色彩特征。"宫殿的殿基是用石或砖包砌，柱础多用覆盆式复莲形，有的上加线刻。墙壁多为夯土筑成，内外墙面抹灰，粉刷褚红或白色，室内多为白色，贴地而加紫红色线。木构梁柱多是赭红或朱红色，屋顶瓦以黑色有乌光的青掍瓦为主；檐口及脊上用少量绿色琉璃，鸱尾也多

---

① 陈静：《西安的城市文脉与城市色彩探论》，《理论导刊》2013 年第 2 期。

为青掍黑色。"① 彩绘与琉璃瓦共同形成了五代以及宋、金、元时期的民族风，同时，也为明清时期的建筑风格奠定了基础。明清时期等级森严，规定了宫廷和民间具体的用色规范。从西安老城区的明清建筑遗迹可以看出，其建筑用色在很大程度上决定了西安的城市色彩。明城墙最初主要用黄土筑成，后来用青砖堆砌，位于四大街交会处的钟楼带有明清两个时代的建筑风格，灰砖、金顶、红柱和彩绘的色彩共同构成了这一时期的建筑色彩。

西安的近现代建筑又恢复了古朴雅致的风格，主要以灰砖、灰瓦和青瓦为主要色调来源，如东大街的门面房以及北新街的一些住宅区就是如此。

二 数字媒体艺术与传统艺术

（一） 数字媒体艺术概述

20 世纪 60 年代，随着计算机的普及，媒体改变了我们的生活方式，"地球村"从概念变成了现实。新技术和新思维促成了数字媒体的不断发展。数字技术本身成了一种特殊的信息。麦克卢汉指出："人类有了某种媒介才有可能从事与之相适应的传播和其它社会活动，因此，从漫长的人类社会发展过程来看，真正有意义、有价值的'信息'不是各个时代的传播内容，而是这个时代所使用的传播工具的性质、它所开创的可能性以及带来的社会变革。"同时，以数字技术为支撑的艺术形式又具有承接先前时代文化的功能。数字媒体艺术以数字技术为手段，将传统文化和传统媒体艺术进行呈现，具有社会服务的功能。"数字媒体艺术是现代科技手段与艺术思维相互融合的体现与产物，在艺术构思与创新思维的基础之上融入了当代数字技术的最新成果，其结果就是促成了集视、听、触等多种感官效应于一体的数字媒体艺术

---

① 李志红：《唐长安城市景观研究》，博士学位论文，郑州大学，2006，第 167 页。

作品的出现。"①

（二）数字媒体艺术对传统艺术的承袭

数字媒体艺术的核心在于其媒体艺术的本质。媒体艺术与传统的手工艺术（架上绘画、雕塑等）有本质区别。媒体艺术是 20 世纪随着计算机科学技术的发展而产生的摄影、招贴、广告等艺术形式，这些艺术形式或者基于印刷技术，或者基于光学、电子技术，或者基于数字技术，但又都蕴含了机械、自动化、大众、民主、传播、通俗、解构、时尚、商业和娱乐等共性。随着社会的发展与互联网的普及，数字媒体艺术的本质逐渐清晰，哈佛大学教授大卫·罗德维克曾经对媒体艺术中的电影做出这样的界定："从当代的角度来看，电影应该仅被作为源自 19 世纪的媒体考古学的一个分支，是复杂的各种媒体技术发展的整体历史中的一支。它包括计算技术的系谱学，以及扫描、电子记录和传输的系谱学。"② 我们要认清数字媒体艺术中的"可变"因素和"不变"因素。"可变"因素的重点在"数字"上，"数字"是一种媒介形式，具有时代性，有它自身的生命周期。"不变"的重点在"媒体艺术"上，它的本质仍是现代艺术内容（影像、广告、动画等）。数字媒体艺术的"普遍性"决定了它对于传统文化的传承，而其"特殊性"决定了它对传统文化的解构和重组。它在现代艺术形式（影像、广告、动画等）的基础上，依托"数字"这种特殊的平台传承、传播了传统媒体艺术（架上绘画、雕塑等）的艺术精神，并且可以进行超越地域、超越时空的整合与共享。数字媒体艺术是媒体艺术的一个分支，是基于数字化技术产生的新的艺术形式。计算机技术作为数字媒体艺术的创作工具和传播载体的基础，必须将艺术学、设计学、电影学、符号学、语言学、历史学等作为其理论出发点，才会赋予数字媒体艺术鲜活的生命力。麦克卢汉曾经

---

① 李四达：《数字媒体艺术的符号学解读》，《北京邮电大学学报》（社会科学版）2009 年第 4 期。

② 李四达：《数字媒体艺术学科体系的探索》，《装饰》2011 年第 4 期。

指出："新环境中显而易见的东西实际上是旧东西的幽灵。"[①] 国内的一些新媒体艺术研究学者如许鹏等还建议将中国新媒体艺术的民族特色内容纳入研究范畴，期望"揭示中国新媒体艺术不同于其他国家新媒体艺术的民族特征"。这些都将数字媒体艺术引入了一个新的高度，也将赋予传统文化一种新的生命。

三 西安城市色彩数字化的多维性分析

（一） 传统性与现代性的碰撞

数字技术的出现，带动了艺术表现形式的多样化，也使人与人之间的互动方式更加多元化。在数字媒体艺术普及化的今天，我们不能忽略对传统文化的发扬与传承。数字技术不是传统文化发展的绊脚石，反而为传统文化扩大了思维空间和发展空间。

将西安城市色彩数字化，将其作为中华色彩的典型元素，并以弘扬传统文化为目标，是一种新的探索和尝试。西安拥有悠久的历史文化，地域特色显著。现阶段，对西安文化的数字化多停留在历史学和文化学的层面，使得西安的城市色彩符号没有真正与数字化时代接轨。博大精深的中华色彩文化在西安这座城市得到了很好的体现，将西安城市色彩数字化必将为中国传统文化的发展带来更多生机，也将使中国在国际上的形象更加色彩鲜明。

一个城市的色彩形成有赖于该地区独特的历史文化和人文气息，而并非无数个人的喜好的相加。对一个城市的色彩提取同样需要科学的研究和合理的推论。中国色彩艺术专家崔唯曾指出："任何一座有个性的城市色彩建设都应该立足于城市自身地域、经济、文化、功能等的特点之上，否则的话，再好的城市色彩规划与设计也将失去应有的建设意义和价值。"以展现历史文化为主要方向的西安，要抓住城市文脉，紧紧

---

① 〔加拿大〕麦克卢汉：《麦克卢汉精粹》，何道宽译，南京大学出版社，2000，第128页。

把握西安在中国传统与现代交汇的语境下的人文关系。在城市、国家、文化之间形成的发展、重组的进行时中，城市色彩具有最鲜明的价值导向。《西安市城市总体规划（2008—2020）》提出："西安将在尊重历史文化，继承历史文脉，保护历史风貌的基础上，通过传统格局的突显、特色空间的整合、文化环境的营造来延续城市特色，促进历史文化和现代文明的有机结介。体现古代文明与现代文明交相辉映、老城区与新城区各展风采、人文资源与生态资源相互依托的城市特色。"由历史积淀而成的西安城市色彩是众多城市色彩中最具有代表性的，是中国文化资源的宝贵财富，将其独特的视觉感受在数字媒体环境下进行汲取和延展，从虚拟空间向世界传递中华文化的魅力，是城市色彩发展到一定阶段的更深层次的精神升华。

（二） 实体性向虚空间的转换

城市从其起源时代开始便是一种特殊的构造，它被专门用来储存并传播人类文明的成果，这种构造致密而紧凑，足以用最小的空间容纳最多的设施。同时，它又能扩大自身的结构，以适应不断变化的需求和社会发展更加复杂的形式，从而保存不断积累起来的社会遗产。美国学者简·雅各布斯也曾经说，"城市不能成为一件艺术品"，意指将城市艺术化只是表象，物质形式才是人们生活的本质内容。这些都强调了城市作为实体性空间给城市中的人带来的个体感受。而在数字媒体环境下，城市不仅具有储存和容纳的实体性功能，更是文化传承的载体和代表。城市的功能也不仅仅局限于对城市中的人发生作用和产生联系，而且是作为一种语言与外界进行沟通对话。城市色彩作为文化的外衣，将以更多的方式在数字媒体的虚拟环境中进行传播。

除了电视、报纸，网络也成为人们获取信息的重要途径。作为网络存在的主要传递形式——网站，其成为个人、城市、国家的形象宣传者。属于城市网站类型的门户网站主要向受众提供信息服务，因此信息传达的准确性成为门户网站最重要的特征。从西安的历史文脉去审视西安的门户网站，会发现其视觉传达的信息不够准确，特别是网站用色不能够体现城市特色，更不能起到传播中国传统文化的作用。例如，2011 年 4 月 28 日成立的西安网，该网站的主要作用是帮助解决现代人在生活中遇到的各种难题，涉及衣食住行和情感、职业等。该网站整体以白色背景与红色的内容为主要搭配方式，也是很多国内外门户网站惯常采用的色彩搭配方式，其不具有城市形象的宣传功能。西安最典型的三种颜色为灰、土黄和赭石色。西安市之所以选择灰色、土黄色、赭石色这三种色调形成色彩体系，是符合其历史、文化以及自然环境的。西安网中的红色和白色相结合后，不能有效传达出深厚的历史情感，缺少了些许人文色彩。在西安城市色彩体系中，与红色最为接近的是赭石色，与白色最为接近的是灰色。如果选用以上两种颜色进行搭配，同样可以达成目前呈现的背景与内容之间的对比关系，但又颇具中国味道。网站的色彩搭配需要明确的是主色与辅助色的关系。作为正在国际化的西安，其丰富的传统文化和时尚的现代元素并不矛盾，不同色系的辅助色在不占过大面积的情况下，依然能在带有传统意味的色彩基调下发挥自己的光和热。西安地铁对色彩的视觉表达就顺应了西安市的"复兴唐城计划"，呈现出了浓厚的历史文化感。将这些色彩应用到数字媒体艺术中同样具有可行性。随着数字技术的飞速发展，城市色彩从实体空间向虚拟空间的转换成为不可逆转的趋势。新媒体的另外一种传播方式是微博和微信，这也是最贴近人们生活的一种传播方式。比如，西安有"西安回民街官网""西安印象城""西安地铁"等微信公众号。移动媒体的传播同样要注重对城市色彩的选用，而目前这些领域的色彩研究都还不够完善。粗略地浏览一下这些公众号的界面，只能从文字上了解其信息，其颜色几乎没有起到传播作用。每天有上万人在浏览的微信号，若能够将有效的颜色信息传递出去，何尝不是一种"正能量"。

（三） 感性向理性的迈进

中国的色彩观念一直是感性居上，并带有浓厚的等级观念。《周易·系辞》中提到"观物取象"。"象"指外在的、概括的、可以被称为符号性的东西。如果我们观察万事万物并取其色彩之象，会发现五色体系为中国传统色彩观念的雏形。色彩"立象以尽意"，即可达到用色彩传达情感的目的，象征多种意义。在中国，色彩受到"儒""道""释"等哲学思想的深刻影响。儒家为了强调尊卑等级概念，将色彩划分为正色、杂色、恶色等类别；道家推崇自然观，以朴素洁净为主要色彩观念；庄子以"赤""白""玄黑"表达无为清净之意；佛家则追求黑白的空灵意境。

西安作为中国最著名的古都之一，有其深厚的历史底蕴与丰富的民俗文化。西安整座城市呈现出独特的色彩视觉感受，其内容不仅融入了浓浓的黄土高原风情，又综合体现了中国色彩的人文观念，带有鲜明的感性色彩。随着时代的变迁、色彩中的等级划分以及帝王思想逐渐消失，中华色彩中特有的象征、含蓄的主观情感在数字技术条件下，以更为理性的方式被选择和重现。让传统文化向数字技术和现代传媒技术转变预示着艺术与技术的本质性结合。数字化技术从科学的角度追求色彩的"真"和"美"，与中国色彩观念从人性的角度追求色彩的"善"，会在数字媒体艺术的环境下结合后再现。

好的城市色彩最终能够跨越地域，成为一种精神、一种符号，从而进行更广泛的传播。2008年的北京奥运会是艺术与技术的高度融合，给人留下了深刻的印象，也将中国文化直观地传播出去。序幕的开始，画轴的拉开与画纸图像的变换，使得舞台视觉体验从平面转向立体，从地面转到空中，是一场带有鲜明数字化时代特征的空间体验。画卷上以水墨晕染方式呈现的灰色色彩系列给人以丰富的视觉感受，黑、白、灰之间的微妙变化以数字化方式传递着中国神韵。黑色的舞者、白纸的依托，以及黑、白、灰的灯光效果，将道家观念完美地呈现出来。整幅画卷不着笔墨，但依然表现出了白云烟霞、山峦重嶂，黑白、虚实构成的写意意境与之后的彩色"脚印"又形成了中国式的"现代派"画作。灰色系与彩色系的兼容与碰撞是中华色彩的美妙阐释。斯皮尔伯格在《时代》周刊上曾这样评价张艺谋执导的开幕式：通过那一晚的视觉和情感的华丽展现，他教育、启迪并娱乐了我们所有人。这里的"视觉"和"情感"的体验绝大部分来源于对色彩的感受。从北京奥运会开幕式的数字画卷中我们看到了许多城市的色彩的影子，如北京、天津、西安等。中华色彩通过数字化方式得以对外展现。我们从城市中提取中国色彩，又让中国色彩回归于每个城市，让传统文化有来龙去脉，如此循环往复、更新迭代，使传统文化的生命永不止息，且保持鲜活、生动。

（四） 建立数字化人文生态

中国数字文化的发展有着数字媒体艺术发展的共性，但也有其发展的特殊性。中国悠久而丰富的历史文化决定了中国数字化发展中的人文生态成分。目前，中国数字媒体艺术的困境也主要体现在人文生态的断裂上。这种人文生态性质导致了数字文化鸿沟的出现、人文生态圈的分层、与恒常文化价值观疏离的不良数字文化价值观的出现、人们文化心理的失衡及新"文化病"的产生等。

随着信息化时代的到来，多种外来文化与中国传统文化发生碰撞，中国传统文化的各种形态或被保留或被重置或被丢弃，遇到了前所未有的困境和危机。中国人的色彩观念的转变尤为明显。

中国色彩的古今含义差别巨大。色彩中变迁最为明显的是黄色，黄色系象征"九五至尊"与"皇家权力"的意象地位弱化甚至消失后，高饱和度的紫色成为最具尊贵意味的色彩。黑、白、灰仍然被认为是清净、大雅的色彩，"大道至简"的道家观念仍然很受推崇。古代具有清新雅致意味的色彩，如石青、竹青、靛蓝、青莲等颜色，因其不够鲜艳，反而产生了尘俗、嘈杂的意味。类似象征竹子"虚心而直"的竹青色和象征莲花"出淤泥而不染"的青莲色等充满意象的色彩逐渐隐退。数字化时代体现了先进的科学技术为社会进步之根本，数字化时代的技术选择同时也是历史人文的选择，而且这种选择的空间较以往任何一种社会形态都更加自由和开放。在这种开放和自由的空间中，中国传统的等级社会结构构成的审美文化必将被瓦解。这种现象，一方面标志着数字化的社会从技术上支持人的自主选择权利和对人作为精神存在的价值的尊重，实际上则体现了现代人文精神对工业化时代的单纯工具性价值的超越，即体现了数字化技术的人文性质；另一方面，数字文化因为有大众参与，不同的文化价值观充斥其间，许多不良的数字形态出现在我们的生活中，如垃圾邮件、黄色网站、电脑病毒等，这些都曲解了数字文化的初衷，干扰、破坏了中国传统文化的价值观。数字化已经成为人们习以为常的生活方式，它使我们在虚拟的环境中也能便捷地交流和传递信息，数字技术是为了帮助人类更好地进行交流，数字技术是为人类服务的技术，其终将走向大众化，所以建立良好的人文生态显得尤为重要。此外，数字化社会中的人处在一种新的时空中，培育数字化社会中的人的人文精神以及人文教育将有助于建立数字化生态社会。

色彩基因体现了城市色彩的本土性、传统性和延续性。城市的色彩基因不是一种孤立的存在，而是社会人文整体现状的一种局部反映。色彩基因对传统社会历史、文化、审美观念的信息承载性，有助于我们在现代社会中找到传播传统文化的媒介。城市的色彩基因让我们能够闻到其最初生长的那片土壤的气息，使我们不会在快速的现代化进程中迷失方向。应将中国色彩观念的多元化、多维度在数字化时代继续延续下去，并重构具有民族特色的色彩理论框架，借助数字化平台引介和推广中华传统色彩。

中华文化"走出去"战略研究

——以阿坝藏族羌族自治州红色文化遗产的对外宣传为视角

王欣媛[*]

【摘　要】　80多年前，中国工农红军三大主力在长征中走过阿坝地区，抒写了波澜壮阔的历史，留下了宝贵的红色文化遗产。这些遗产至今依然发挥着重要的教育作用，具有宝贵的社会价值，更是中华文化的魅力象征。今天，中华文化若想真正"走出去"，必须加强对外宣传工作，拓宽宣传渠道。本文以阿坝藏族羌族自治州红色文化遗产的对外宣传为视角，探索研究中华文化"走出去"的战略。

【关键词】　阿坝藏族羌族自治州　红色文化　对外宣传

阿坝藏族羌族自治州（以下简称阿坝自治州）位于四川西北部，与青海、甘肃交界，全自治州以高海拔山区为主。如今，全州一共有13个县。80多年前，中国工农红军三大主力经过此地，留下了很多感人的故事，也向世界宣告了长征的伟大胜利。当年，红军长征给当地群众留下了好的印象，红军战斗过的地方如今也成了重要的红色文化遗产。这些红色文化遗产是中国红色文化的重要体现，也是让世界知道长征、认识阿坝的主要文化表征。因此，加强对阿坝自治州红色文化遗产的对外宣

* 王欣媛，女，法学博士，北京信息科技大学马克思主义学院讲师，主要从事中共党史方面的研究。

传，实施中华文化"走出去"战略是一项长期性的重任。

一 阿坝自治州红色文化遗产的现状

2016 年，是中国工农红军长征胜利 80 周年。80 多年前，红军一、二、四方面军在长征途中相继进入阿坝地区，在此停留了长达一年零四个月的时间。在阿坝自治州，红军经历了长征以来最艰苦、最漫长、最危险而又最辉煌的革命历程。阿坝自治州也因长征而出名。同样是因为长征，红军在阿坝自治州还留下了众多红色文化遗产。在这些红色文化遗产中，有国家级文物保护单位 12 处，省级文物保护单位 15 处，市级文物保护单位 15 处，县级文物保护单位 40 处，还有 120 处文物保护单位级别待定。目前这 13 个县的红色文化遗产情况如表 1 所示。

表 1　阿坝州主要红色文化遗产

县	主要红色文化遗产
马尔康县	卓克基土司官寨；卓木碉会议遗址；大藏寺；草登寺
小金县	四座山：夹金山、梦笔山、虹桥山、巴郎山。四座桥：达维会师桥、猛固桥、三关桥、马鞍桥。四遗址："同乐会"会址的天主教堂、达维喇嘛寺（达维会师纪念碑）、革命烈士塔、两河口会议遗址展馆。抚边红军标语群
若尔盖县	巴西会议遗址；求吉寺西北局会议遗址；包座战役遗址
黑水县	芦花会议遗址；瓦钵梁子；色尔古苏维埃旧址；维古红四方面军政治部旧址；芦花红军烈士墓；扎窝九道梯战斗遗址；翻越的三座雪山：亚克夏山、昌德山、打鼓山
松潘县	沙窝会议；毛儿盖会议旧址；红军长征纪念碑碑园
金川县	中共大金省委旧址；格勒得沙共和国中央革命政府旧址；中华苏维埃共和国西北联邦政府遗址；中共绥靖县委遗址；红五团军部遗址；红三十三军军部遗址；红四方面军总医院遗址；红军被服厂遗址；国家药店遗址；国家商店遗址；红军军械修理厂遗址；红军炸弹炸药厂遗址；沙尔红军大学、独立师部遗址；安宁红军遗址；金川红军烈士墓；勒乌乡红军标语；海螺台子麻壤渡口；麦斯卡渡口
茂县	旧南门红军标语；县城无影塔红军标语；土门"三元桥"红军标语；县城镇西桥红军标语；飞虹乡"松茂保障"石牌坊；卞家宗祠红军墨书标语；土门战役遗址；茂县羌族博物馆红军展室

续表

县	主要红色文化遗产
理县	红四方面军设立的总医院及分院，建立的兵工厂、造币厂、招待所、被服厂等的遗址；薛城城门洞红军石刻标语；杂谷脑喇嘛寺战斗遗址；佳山寨红四方面军总部遗址及标语；猛固桥
汶川县	（萝卜寨）村苏维埃政权；岭岗、板桥关战斗遗址；雁门关战斗遗址；桑坪革命纪念馆；郭竹铺石牌坊红军标语；棉虒镇羌锋村簇头沟红军革命烈士纪念馆
红原县	亚克夏山红军烈士墓；日干乔大沼泽
阿坝县	阿坝会议旧址；格尔登寺
壤塘县	临时兵站；标语
九寨沟县	南平民歌《盼红军》

从表 1 可知，阿坝自治州红色文化遗产众多，某些地区甚至形成遗址群。可以说，阿坝地区"到处都是红色遗迹，真是难以数清。很多都在老百姓家里，这些房子他们现在还住着"①。这些红色遗址，是阿坝自治州的财富，也是我们中华民族弥足珍贵的文化遗产。

二 阿坝自治州红色文化遗产的价值体现

1934 年 10 月，红一方面军（中央红军）离开江西瑞金革命根据地，开始长征。随后，红二、六军团和红四方面军相继开始长征。1936 年 10 月，红军三大主力在甘肃会宁、静宁地区会师，标志着长征的结束。在红军长征经过的众多地区中，阿坝自治州是最能体现长征特点与精神的地区。它有四个"最"之称：红军长征停留时间最长的地区、红军长征途中中央召开政治局会议最多的地区、红军长征时期最艰苦的一段行军历程、红军长征时期党内斗争最激烈的地区。整整两年的时间，红军战士以英勇顽强、不惧牺牲的无畏精神与坚强意志，完成了这次人类历史上罕见的远征，使其成为 20 世纪影响人类历史进程的重大事件，永载史册。而红军长征走过阿坝自治州留下的红色文化遗产，在今天依然有着

---

① 引自对阿坝自治州委党史办主任肖飞采访的谈话记录，2015 年 8 月。

重要的教育价值和社会价值。

（一） 信念坚定，英勇无畏

总的来看，阿坝自治州属于高原季风气候，但因受高原和高山峡谷地形的影响，呈现出多样化的特点。从气候来看，阿坝地区"夏天多阵雨、冰雹和大风，冬天昼夜温差大，多雪，全年日照十分充足"[①]。高原地区空气稀薄，极度缺氧。在此以夹金山为例。1935 年，当地群众对夹金山的恶劣环境进行了如下描述："夹金山、夹金山，鸟儿飞不过，人更不可攀，要想翻过夹金山，除非神仙到人间。"[②] 夹金山海拔 4112 米，6 月的时候还飘着飞雪。除了要面对陡峭的山势，红军战士还要经历严寒和缺衣少食的痛苦。然而，即使在这种困难面前，红军战士依然没有被吓倒。他们以一种大无畏的革命精神，踏上了这座"死亡之山"。1935 年 6 月 12 日，中央红军终于成功翻越了夹金山。在成功翻越夹金山后，美国作家索尔兹伯尼在《长征：前所未闻的故事》中写道："对于大多数红军战士来说，翻越夹金山是长征开始以来最艰苦的一天，其艰苦程度超过湘江战役，超过翻越五岭，超过四渡赤水，比起只有少数人参战的抢渡金沙，飞夺泸定桥来，更是艰苦得多。"[③]

在成功翻越长征中的一座大雪山——夹金山后，红军又相继翻越了海拔 4114 米的梦笔山、海拔 4400 米的亚克夏山、海拔 4140 米的仓德山、海拔 4395 米的打鼓山，还有位于今理县、红原县、马尔康县三县交界处的海拔 4457 米的鹧鸪山等。除了翻越大雪山，红军还走过了人迹罕至的大草地。"草地广阔无边、无路可寻，气候恶劣、海拔高，缺氧，沼泽、泥潭密布。"[④] 很多老红军认为，过草地难于过雪山，很多红军士

[①] 中共阿坝州委党史研究室编著《阿坝红色旅游指南》，四川人民出版社，2007，第 5 页。

[②] 中共阿坝州委党史研究室编著《阿坝红色旅游指南》，四川人民出版社，2007，第 30 页。

[③] 〔美〕哈里森·索尔兹伯里：《长征：前所未闻的故事》，朱晓宁译，北京联合出版社公司，2015，第 293 页。

[④] 红原县党史地方志办公室编《红军长征走过的大草原——红原》，中共党史出版社，2014，第 36 页。

兵陷入沼泽就无法脱身。老红军姬鹏飞曾回忆说："过草地比爬雪山损失的人还多。"[①] 其他老红军也提到过，很多红军士兵在征服草地的过程中，因饥饿、寒冷、伤病牺牲在草地中。尽管如此，红军却成功走过纵横600多里，面积15200平方公里，海拔平均在3500米以上的川西北草地。红军为此付出了极大的代价，却成功挑战了人类生存的极限。可见，坚定的理想信念和英勇无畏的精神是红军战胜艰难险阻，取得长征胜利的重要因素。

（二） 艰苦奋斗，乐观勇敢

阿坝自治州是红军长征最苦的一段行程。行程虽然苦，但丝毫没有挫败红军的斗志。在红军看来，条件越是艰苦，他们越能鼓足勇气，战胜困难。他们时而唱着振奋精神的革命歌曲前进，时而围坐在一起互相安慰与鼓励。在翻越夹金山时，红军迎着风雪高唱着"我们的队伍滚滚向前永不停"等激昂的歌词。翻过夹金山后，红一、四方面军举行了会师联欢大会，两支部队的剧团在会上演出了精彩的节目，一首庆祝两军会师的歌曲以高昂的曲调唱着"万岁万岁，我们的会合，轰动了全国全中国。日本狗强盗，送葬的送葬。粉碎强盗侵略，抗日的战歌是我伟大雄壮的会合"[②]。这首歌曲充分表达了两个方面军全体指战员的心声，战士们听着都流下了热泪。大家精神为之振奋，都跟着唱起来。

在过草地时，掉队的人越来越多。有的伤员提出了疑问："走了十多天还不见人烟，什么时候才能走出这个鬼地方？"[③] 为了提高部队的战斗情绪，红军宣传队立即创作了《慰问伤病员歌》，极大地鼓舞了伤员，也使泄气的战士转变了思想，在歌声中走下去。由于干粮十分缺乏，红

---

① 红原县党史地方志办公室编《红军长征走过的大草原——红原》，中共党史出版社，2014，第36页。

② 中国人民解放军文艺史料编辑部编《中国人民解放军文艺史料选编（红军时期）》（下册），解放军出版社，1986，第403页。

③ 中国人民解放军文艺史料编辑部编《中国人民解放军文艺史料选编（红军时期）》（上册），解放军出版社，1986，第376页。

军不得不一边行军，一边寻找野菜充饥。有时候营里打到一头野牛，就给各连分了牛肉、牛骨和牛皮。每个战士都分到一小块牛肉，大家舍不得吃，就带在身边做干粮。各排把分到的牛骨集中起来熬汤，把牛皮烧熟，与野菜、青稞煮在一起。大家边吃边高兴地唱起了《吃牛肉歌》，歌词是："牛肉本是好东西罗喂，不会错呀！吃了补养人身体呀，咳当真！"① 就这样，乐观嘹亮的歌曲给艰苦行军的战士们送来了温暖和斗志，使得他们能够一直积极乐观地行军作战。

（三）团结互助，和善友爱

除了坚定的理想信念和乐观的奋斗精神，各民族之间的团结友爱也是红军能够成功走出阿坝地区的重要保证。阿坝自治州自古就是个藏、羌、回、汉等民族杂居的地区。民族语言的不通给红军进入阿坝地区带来了不便，再加上红军长征到达阿坝前，国民党反动势力对当地少数民族的欺骗宣传和对红军的造谣污蔑，这些少数民族同胞对红军普遍存在着怀疑、恐惧的态度和心理，有些人听闻红军来了而逃进深山，有的人甚至对红军存在着敌对情绪。根据这种情况，红军制定了正确的民族政策，并提出"坚持民族团结和民族平等，反对民族压迫和民族歧视"的要求。在党的民族政策的指引下，红军在阿坝自治州顺利地开展了民族工作。他们帮助当地群众建立了自己的政权，组建了自己的革命武装，同时开展土地革命，发展生产，还培养了大量少数民族干部。当地群众对红军的付出深表感激。

与此同时，阿坝地区的群众也对红军和中国革命给予了极大的支持，同时也付出了巨大的牺牲。红军长征时期的阿坝自治州，农牧业生产水平低下，物产并不丰富，各族人民生活相当困苦。在红军经过阿坝的16个月里，在"总辖面积不足6万平方公里，人口仅有20多万，人均占有

---

① 中国人民解放军文艺史料编辑部编《中国人民解放军文艺史料选编（红军时期）》（上册），解放军出版社，1986，第375页。

粮 500 斤左右、人均牲畜不到两头"① 的艰难生存环境下，阿坝当地群众却承担着支援 10 万主力红军给养补充的重任。据历史统计，"红军在阿坝期间，根据地每天出动强劳力 5 万人次以上；支援红军粮食总量在 2500 万斤以上，各类牲畜（以牦牛为主）20 多万头，先后有 5000 余藏、羌青年参加了主力红军，另有 10000 多人参加了游击队"②。可以说，在中国革命的危难时刻，阿坝各族人民付出了巨大的牺牲，进行了无私的奉献。对此，毛泽东在延安时期和新中国成立后曾多次高度评价红军长征在阿坝时藏、羌民众的革命业绩，并深情地将其赞誉为中国革命史上特有的"牦牛革命"。

（四）实事求是，顾全大局

1935 年 6 月 12 日，红一、四方面军在四川懋功地区会师。会师后，红军不仅处于国民党军队的围追堵截中，而且处于雪山草地的恶劣自然环境下，更面临着内部严重的意见分歧。为了中国革命的前途和红军的生存与发展，中共中央政治局从 6 月到 9 月召开了多次重要会议，包括两河口会议、芦花会议、沙窝会议、毛儿盖会议和巴西会议。这些重要会议坚持从中国革命的发展状况和阿坝地区的实际情况着手，提出了红军长征在阿坝地区遇到的各种问题的实际解决方法，统一了全党和全军的认识。

然而，红军在阿坝时还是经历了一次令人心痛的分裂。红一、四方面军在懋功会师后，时任西北革命军事委员会主席的张国焘借助自己 8 万人的军队力量（当时中央红军只有 2 万人），反对中央提出的"北上建立川陕甘革命根据地"的政治主张。随后，张国焘于 1935 年 9 月召开阿坝会议和卓木碉会议，成立"临时中央"，公开分裂党和红军，坚决要求南下。同时，张国焘还排斥和陷害红四方面军中那些"支持北上"

① 红原县党史地方志办公室编《红军长征走过的大草原—红原》，中共党史出版社，2014，第 2 页。
② 红原县党史地方志办公室编《红军长征走过的大草原—红原》，中共党史出版社，2014，第 3 页。

的红军战士，造成了很多流血事件。在红军面临分裂的危难之际，朱德等红军指战员以大局为重，一方面稳定军心，保证军队团结；另一方面同张国焘的错误行为做有理、有节的斗争，通过协商的方式，阻止张国焘的分裂活动。由于张国焘的错误行为，红四方面军指战员经历了很多艰险，但他们依然在阿坝英勇作战，留下了很多感人的故事。1936年，张国焘率领的红四方面军南下失利，在客观情况的"压迫"下和朱德、徐向前等红军指战员的督促下，其不得不宣布取消"临时中央"，改变南下的计划。最终，三大主力红军胜利会师，标志着全体红军团结在党中央的领导下。

三　阿坝自治州红色文化遗产对外宣传的困惑

阿坝自治州属于典型的"老少边穷"地区，虽然当地政府也认识到宣传该地区红色文化遗产的重要性，但由于种种主客观条件，阿坝自治州在对外宣传红色文化遗产方面还存在不少问题。

（一）阿坝自治州红色文化遗产宣传的工作力度相对较小

九寨沟、黄龙、汶川、映秀，这些地名全国人民耳熟能详，但很少有人知道它们在阿坝自治州；红军爬雪山过草地的故事妇孺皆知，但也几乎无人知道这些都发生在阿坝自治州境内。对此，风光旅游、民俗旅游各部门都非常重视，通力合作。但红色旅游开发热情不高，产生这种情况的原因是多方面的，如大多不收门票，没有收入，当地财政难以维持；因为没有收入，导游亦不愿带团队过来，绕路耽误时间，成本高且又无收入。

可以说，目前阿坝自治州有大量的红色文化遗产，但是它们发挥的积极作用甚小。比如，一些纪念馆还仅仅停留在传统单一的说教和讲解阶段，有的纪念馆甚至没有正规的讲解员，听众也只是随意听听，听后也没有记住多少东西。政府对纪念馆投入了大量资金，但纪念馆却没有发挥应有的宣传教育作用。有些红色文化遗产至今无人知晓，有些红色遗迹甚至被当地群众当成了摆放自家衣物的地方，而其历史教育价值和现实宣传意义却被大大忽视了。长久下去，阿坝自治州的很多红色文化遗产对参观者的吸引力将大大下降，这既不利于对红色文化遗产的广泛宣传，更不利于将红色文化遗产推出中国，走向世界。

（二）阿坝自治州缺乏相关的专业工作队伍

阿坝红色文化遗产向我们展示的不仅仅是曾与红军有关系的那所房屋、那座桥梁、那副标语……这些仅仅是载体，更重要的是它们让我们得以传承那种坚定的理想信念、弘扬不怕牺牲敢于奉献的大无畏精神、保持乐观勇敢的积极心态以及拥有挑战一切艰难险阻的勇气与力量。因此，红色文化遗产的对外宣传必须与红色文化的继承密切结合。简言之，既要有纪念馆，也要有专业工作队伍。

当前，阿坝自治州几处国家、省、市级的遗址建设投入都非常大，动辄以千万元投资计，但软件方面非常薄弱。有些投资额巨大的纪念馆管理不到位，连专职讲解员都没有，参观者寥寥无几，造成很大浪费。比如，属于100条红色经典路线之一的若尔盖县巴西会议纪念馆，当年政府对其投资达800万元。但由于若尔盖县地处偏远地区，参观人数不多，没有专职讲解员，只能由县党史部门工作人员进行讲解，有团队来参观时需事先联系。有些地方的纪念馆讲解员由当地村庄的基层党组织的书记兼任。可以说，没有系统规范的讲解，很难达到教育目的，少数人即使来到纪念馆，也只是走马观花，略作停留就走。

（三）阿坝自治州红色文化遗产的保护与开发工作没有得到应有的重视

经过80多年的时间，阿坝自治州的很多红色文化遗迹都已失去了其本来的面目，比如，当时红军在墙上刻的标语已逐渐模糊，有些墙垣被当地群众使用，甚至有的标语已消失。当地政府在一定程度上忽视了对红色文化遗产的保护与开发。产生这种问题的原因主要包括三个方面。第一，GDP导向问题。红色文化遗产保护与开发强调的是社会效益，这是无法用 GDP 衡量的。红色文化遗产保护与开发从经济角度上讲只有投入没有产出，这大大降低了政府对红色文化遗产的开发与保护的积极性。第二，"上层建筑"的问题。阿坝自治州有很多地区是红四方面军活动地点的遗址。由于张国焘的问题，红四方面军的这段历史没有得到重视。这样做不仅使红四方面军的长征史在宣传方面出现了空白，更不用提与之有关的红色文化遗产对外宣传的工作了。第三，阿坝是个多民族聚集的地区，由于历史和现实的一些原因，民族地区存在着复杂的形势。比如某个红色文化遗址挂了牌，没过多久该遗址便遭到了恶意破坏。以上三方面原因导致政府对阿坝自治州红色文化遗产开发与保护工作的支持力度相对较小，也给红色文化遗产的对外宣传带来一定的困扰。

四　阿坝自治州红色文化遗产对外宣传的路径选择

要想实现阿坝自治州红色文化遗产"走出去"的目标，做好对外宣传工作，加大对外宣传力度，拓宽对外宣传渠道是必不可少的。这也给当地政府、相关工作部门和广大群众提出了要求。

（一）　全力推动长征申遗工作的进展

2000 年，美国《时代》周刊编著了《人类 1000 年》一书，其中提到了影响世界历史进程的 100 件大事，中国入选 3 件，长征就是其中之一。可见，价值观和意识形态与我国不同的西方国家都把长征作为一件具有重大影响的历史事件而载入史册，这也为阿坝自治州红色文化遗产的对外宣传提供了动力。因此，全力推动长征申报世界文化遗产工作对拓宽红色文化遗产的对外宣传领域，提高宣传影响力发挥着重要作用。当前，政府应该对此加大重视力度，相关研究部门应定期赴阿坝自治州各县进行实地调研，了解各县对红色文化遗产开发与保护的工作情况，不断发现问题，提出相应的解决措施，撰写调研报告和学术论文，将调查和研究的成果及时反馈给有关部门。

（二）坚持虚实结合，打造网络虚拟 3D 纪念馆和精品主题纪念馆

目前，阿坝自治州总共有 3 个红军长征纪念场馆，分别是马尔康红军长征纪念馆、松潘川主寺红军长征胜利纪念碑碑园、小金县红军长征两河口会议纪念馆。这三个纪念馆在宣传红军长征历史和弘扬长征精神方面都发挥了重要的作用。然而不可否认的是，纪念馆发挥的积极作用相对较小。在纪念馆中，展览几乎都是静止的，讲解员也只是客观地陈述历史，而对于体现出的感染力等不甚关注。尤其是"90 后"的年轻人，静止的展览对他们几乎没有什么巨大的吸引力，很多"90 后"年轻人甚至根本不了解长征那段历史，更何谈来纪念馆参观和受教育了。

现在是信息科技高速发展的时代，这也给当地红色文化遗产的对外宣传打开了思路。不管在国内还是国外，互联网已经成为绝大部分老百姓生活的必需品。鉴于此，充分利用现代信息科学技术，打造网络虚拟的 3D 纪念馆，不仅节省参观时间，而且贴近生活，更能还原当时真实的历史事件。在打造网络虚拟纪念馆方面，可以考虑开发一些关于爬雪山和过草地的小游戏，让观看者置身其中，体验红军在长征中经历的种种磨难，从而在一定程度上触动观众的内心，让他们深深感受红军长征那段悲壮而伟大的历史。

除了打造虚拟的 3D 纪念馆，还应对纪念馆选址进行统一规划，打造精品主题纪念馆。爬雪山、过草地是红军长征时挑战人类极限的一段历史，也是阿坝红色文化遗产最核心的体现。"阿坝地区应该有红军长征的主题性纪念馆，尤其是爬雪山和过草地，从而打造出一条精品的雪山草地路线，让当地的百姓与干部对长征越来越有感情。"[①] 在打造精品主题纪念馆的同时，还应致力于数字长征纪念馆、智慧长征纪念馆的建设。据统计，截至 2015 年 11 月 29 日，九寨沟景区迎来年度第 500 万名游客，这也是九寨沟景区开发 30 多年来，年度接待游客量首次突破 500

---

① 引自对阿坝自治州委党史办主任肖飞采访的谈话记录，2015 年 8 月。

万人次大关。之所以有这种效果，九寨沟管理局负责人认为，一是因为九寨沟的山水美景在全世界来讲绝无仅有。二是因为精细化的服务，从2001年以来，九寨沟管理局一直致力于"数字九寨""智慧景区"的建设，目前 WIFI 已经覆盖景区重要景点。同时，九寨沟景区运用大数据平台预测游客人流量，实现次日景区人、车、物管理资源的优化配置，确保景区高品质服务。三是精准的营销也是必不可少的。

（三）发展集红色旅游、生态旅游和民俗旅游于一身的地区特色旅游

2016年2月，阿坝自治州入选首批创建"国家全域旅游示范区"的名单。所谓全域旅游，是将特定区域作为完整旅游目的地进行整体规划布局、综合统筹管理、一体化营销推广，促进旅游业全区域、全要素、全产业链发展，实现旅游全域共建、全域共融、全域共享的发展模式。被列入国家全域旅游示范区的阿坝自治州，将被优先纳入旅游投资优选项目名录，尤其会被优先安排旅游外交、宣传推广重点活动和纳入国家旅游宣传推广重点支持范围，以创建国家重点旅游品牌。有了国家的大力支持，阿坝自治州的特色旅游事业将全力开展起来。

阿坝自治州不仅有着大量的红色文化遗迹，而且有着丰富的生态旅游资源，还有神秘的宗教文化，这些都对海内外游客有着强烈的吸引力。对此，在开展红色旅游的同时，可以结合当地的生态旅游和民俗旅游，打造一条多彩的旅游路线，让游客既能感受大自然的鬼斧神工，又能了解神秘的宗教文化和独特的民族风俗，更能体会红军长征那段波澜壮阔的历史。比如在马尔康县，有反映藏族文化的锅庄舞，有体现藏传佛教文化的昌列寺和大藏寺，有见证红军长征历史的卓克基土司官寨，还有集红色和生态景点于一体的梦笔山。当地政府和有关部门如能将这些设置成独特的旅游路线，不仅能够获得巨大的经济效益，还能创建自己的品牌，使其发挥更大的社会价值。

（四） 加大资金投入，完善各项配套设施，培养专业人才

入选首批创建"国家全域旅游示范区"的名单后，阿坝自治州可以被优先纳入中央和地方预算内投资支持对象。有了足够的资金投入，就能完善各项配套设施，才能加大对红色文化遗迹的修缮和保护的投资力度。同时，要在专业人才（尤其是对外服务）的培训方面投入一定资金，推动红色文化遗产对外宣传工作的进行。

2015 年 6 月 17 日，阿坝州成立长征精神学院。其成立后"需要一些研究红军长征历史的专业人士，对来阿坝州委党校培训的干部进行授课，为长征精神学院培养专业的工作队伍，同时设置一些社会实践活动，如亲身感受爬雪山、过草地，来弘扬这种伟大的长征精神"[①]。为了让更多来阿坝旅游的人了解红军长征的伟大壮举，长征精神学院的专业工作队伍应在各县的红色遗迹进行细致的讲解，这不仅增加了工作人员基层锻炼的机会，而且也普及了红色历史。

（五） 与国际接轨，促进阿坝州的国际交流与合作

要想让世界了解阿坝的红色文化遗产，必须与国际接轨。首先，要培养一支高素质、高能力的对外服务工作队伍。这就要求当地的导游和进行实地授课的工作人员都能用流利的英语进行交流。其次，定期组织召开以"长征、红色文化、红色文化遗产保护"为主题的国际学术研讨会，邀请一些国外学者到会发言讨论，同时带领他们参观当地的红色文化遗迹。再次，在当地积极开展国际摄影大赛，吸引各国游客来阿坝比赛。根据最新消息，从 2016 年 1 月 27 日至 2017 年 1 月 26 日，国内外的游客到若尔盖县境内拍摄文化旅游图片的人均可参加"众奥杯"中国最美湿地若尔盖国际摄影大赛，拍摄内容包括若尔盖花湖、黄河九曲第一湾、包座战斗遗址和原始森林，还有红军长征在此召开的巴西会议遗址等。开展国际摄影大赛不仅有利于文化旅游的宣传，而且有助于向国内

---

① 引自对阿坝州委书记刘作明采访的记录，2015 年 8 月。

外宣传阿坝自治州的红色文化遗产情况,可谓一举多得。

阿坝自治州具有得天独厚的自然风光与人文景观。九寨沟的迷人风光享誉世界,卓克基的土司官寨民俗特色鲜明。神秘奇特的自然风光、多元民族的古老文化是阿坝州的财富。"5·12"大地震也让人记住了汶川、映秀,众志成城、大爱无疆的救灾精神感染着世人。而阿坝更应该被世人记住的,是理应成为民族之魂的长征精神,是它的红色文化,这才是阿坝的精神之基。坚强的意志、坚定的信念、无与伦比的勇敢,这些精神在阿坝行军中得到了淋漓尽致的体现。爬雪山、过草地,让我们知道了人类精神的力量究竟有多大。所以,推动阿坝自治州红色文化遗产对外宣传是一项长期的任务,也是十分有意义的工作。应采取一切措施,保护那些即将消失的遗迹,让世世代代的人都有机会看到红军曾经走过了怎样艰辛的道路,让世界感受红军长征的壮举,让中华文化真正"走出去"。

中华文化"走出去"视野下的
大学通识课程研究

——以复旦大学通识教育六大模块为例

王光霞*

【摘　要】　对近年来各大学开设的通识课程，从中华文化"走出去"的视角来看，"吾民族有悠久之历史，伟大之创造力，固非独模仿承受西方文化已也"。结合习近平总书记在不同场合对传承和弘扬中华优秀传统文化的强调，在传承弘扬的问题上，以笔者的理解，我们应该立足于实践需求，包容而又有所区别地吸纳世界文明大道上的一切成果，为我所用。就是要求中华民族最基本的文化基因与当代文化相适应，与现代社会相协调，与时代精神相融合，"故熔铸调和创造一种新文化，以贡献于世界，为中国各学校之莫大责任"，这也是大学通识教育的本质内涵。本文就通识课程与中华文化"走出去"的几点关系进行梳理。

【关键词】　中华文化　通识课程　传承借鉴

党的十八大报告指出："文化是民族的血脉，是人民的精神家园。"

---

* 王光霞，湖北汉川人，长江大学马克思主义学院思想理论课部讲师，长江大学楚文化研究中心兼职研究员，研究方向为楚文化与近代湖北。

不同的民族文化则会造就不同式样的文明类型，例如，希腊人创造了雅典卫城和马拉松，埃及人创造了金字塔，中国人则创造了长城和曾侯乙编钟。《国家"十一五"时期文化发展规划纲要》指出要"实施'走出去'重大工程项目"，这为我国文化生存空间的拓展提供了政策保障。复旦大学通识教育以六大模块来设计核心课程体系，其主导原则是：突破单纯的"专业视域"和单纯的"知识视域"，不管是人文、社会还是自然科学课程的开设，均是整合资源，突出重点，加快"走出去"步伐，从培养中华民族在新时代的一代新人的角度出发，为学生提供能够帮助其形成基本的人文修养、开拓思想视野和获得精神感悟的课程。其主要探索的本质内涵是人类精神的自由、心灵的满足、生命的尊严、生活的价值、资源的善用、宇宙的和谐等，目的是扩大我国文化的覆盖面和国际影响力。这是通识教育的精神。

一 认知方面，通识课程扩展了中华文化，与当代文化相适应

文化是一个极为宽泛的概念，东京大学教授中岛隆博评论道："中国自古以来就热衷于学问的分类。按照经史子集进行四部分类就是其代表。"文化分类是思考的产物，"但是，这并不是仅仅为了对图书进行分类。它来自于这样一种世界观：我们该怎样把握这个世界，用何种原理进行区分，又在何种形式下进行理解。学问的分类，规定了其文化的根本姿态"。"走出去"文化战略的制定为我国对外文化交流指明了方向，让传统人文经典"入世"，让文化遗产发挥现代价值。

1. 通识教育模块：文史经典与文化传承

进入此模块的主要是文学和历史方面的经典研读课程。了解历史是读懂文学的前提，比如，余秋雨在《罗马假日》中写道，"世上有很多美好的词汇，可以分配给欧洲各个城市，例如精致、浑朴、繁丽、畅达、古典、新锐、宁谧、舒适、奇崛、神秘、壮观、肃穆……其中不少城市还会因为风格交叉而不愿意固守一词，产生争逐"，用中国的词汇介绍

外国的城市。"文学"包括古典文学和现当代文学两个方面。例如，古代印度产生了两部著名的史诗——《罗摩衍那》和《摩诃婆罗多》，两大史诗是古代英雄的颂歌，对印度人民的生活和思想影响极大。其于公元五六世纪传播到柬埔寨等东南亚国家，也为中国人所知。

文物是形象的历史。人们可以从表面信息如唐代妇女的服饰、发式、容貌等，进一步得到深层的信息：当时的陶瓷工艺水平、造型艺术水平、审美观念、多民族情况、妇女可能更加开放等。只要有人存在，就能找到各种原始宗教的痕迹，如图腾崇拜、安灵崇拜、祖先崇拜等，以及以洞穴壁画和雕刻为代表的丰富多彩的原始艺术。这些岩画表达出了他们的喜怒哀乐。1978 年出土的曾侯乙编钟，以其壮美的阵容和高超的性能而令人叹为观止。这套编钟是世界上最早的具有十二个半音音阶关系的定调乐器，它为后人留下了丰富的历史信息。

关于文学中的人物性格，我们需要了解其生存空间。比如，有人说西方人好战成性，就是号称爱好和平的伊丽莎白女王对于自己的臣民到海上去抢别人的船只，她都要表扬嘉奖，这类海盗行为她并不认为不好。在中国，你要那样去做的话，大家都要谴责你。但是，他们觉得那是一种英雄行为。所以两个民族由于各自的生存空间条件的不同陶冶出了不同的民族性格。

关于文化的传承，我们首先需要了解其得天独厚的自然条件。如荆楚文化，一是荆楚地区属于亚热带季风气候区，水资源和热量均非常丰富；二是该地多为平原与低矮丘陵，生活居住条件优越；三是该地河流汉港湖泊众多，有利于各地联系沟通。荆楚文化由于其地理、人文等各方面的原因，形成了独特的价值观，从中可以窥探其深刻的历史渊源。其次，文化传承还有各种人文因素，比如，拜占庭文化吸收了基督教和东方文化的精髓，这使得其具有独特的特点，同时注定将持续许多世纪。

2. 通识教育模块：哲学智慧与批判性思维

进入此模块的经典分为三类：一类是中国哲学经典，一类是西方哲学经典，一类是宗教经典。这一模块旨在帮助学生找到一条进入中外哲学家的思想境域的门路。同时，中外思想始终在碰撞，"古代两河流域人通过多种途径，把自己的文化传播给世界各地，他们通过贸易、通过战争、通过政府间的交往"，"西域的文明跟中国文明在哪儿碰撞，就在新疆和敦煌，敦煌是重要的文化汇聚的地方，在壁画里、藏经洞里都能发现"。

中国哲学经典方面，中国传统政治形态是阳儒阴法，如荀子思想，中国人相信天人合一、靠天吃饭，但荀子以为"天有其时、地有其财、人有其治"，人定胜天。再如墨子的科学思想。《墨子》中有很多科学思想可以与古希腊科学思想相媲美：提倡探究式思维，要多问"何自"（根据）、"何以知之"（方法）、"是何故也"（分析数据）、"何以为"（怎样、机制）等问题；"古之善者则述之，今之善者则作之"（学以致用）；力学、光学、几何、天文；重实验方法；中华第一图太极图——环性中国文化的象征。中国文化呈环性，人与自然、凡与神均合而为一，环抱涵容，注重二元的依存和统一。此外，荀子的学生韩非子是法家思想集大成之人物，读荀子可以由儒入法。研读中国哲学经典可以帮助处于今天多元社会中的学生正视问题、培养积极进取精神。

西方哲学经典方面，古希腊哲学家泰勒斯、柏拉图的理念论把实在和现象、灵魂和肉体、知识和意见、理性和感觉、理智和激情相对应。笛卡儿把世界划分为广延的实体（物质）和能思维的实体（心灵），这两种实体的性质是不相容的。因此，灵魂与身体是截然分开的。黑格尔强调人要有独立自主的精神，用"理性"指导行动。西方文化呈线性，人与自然、凡与神均一分为二，界限分明，强调二元的并存与对立。中西两种宇宙观各有优势：一分为二的线性宇宙观强调二元的并存与对立，有利于发展科技，探索自然，在与天斗争中求生存；合而为一的环性宇宙观注重二元的依存和统一，有利于发展伦理，改革社会，在天人和谐中求生存。

关于宗教经典方面，《道德经》云："道生一，一生二，二生三，三生万物。万物负阴而抱阳，冲气以为和。"《易经》云："一阴一阳之谓道"。公元632年，中国唐代高僧玄奘为学习佛教到达天竺国。西方基督教认为，上帝创造人，人违抗上帝而犯罪。圣经主题为人的灵魂拯救。中国东晋高僧法显赴印度求法，归国后撰写了《佛国记》，其称赞笈多王朝统治者施仁政、人民殷乐。由此，"中国为东方文化之代表，而东方文化代表人类大部分数千年之思想与经验，具莫大之价值，……故整理中国旧日之文化，为中国各学校之莫大责任"。赫钦斯说，今天有意义的知识没有超过古人，哲学与人文没有超过亚里士多德。科学呢？"如果我们阅读牛顿的《自然哲学的数学原理》我们就会看到一位活生生的天才，就会了解这本书所展现出来的那种前所未有的简朴和优雅，还可以了解近代科学的基础。……（近代）哲学起始于迪卡尔和洛克；心理学起始于冯特和詹姆士；自然科学发端于 19 世纪的一些伟大的实验。"在中华文化"走出去"的战略下，整理中国古代科学著作，挖掘中国传统科学思想，培养学生对中国科学文化传统的认同是当务之急。

二 技能方面，通识课程开拓了中华文化，与现代社会相协调

文化是一个动态的过程。人创造了文化，文化也创造了人，文明的曙光最先照耀在北纬 20 度到 40 度之间的农耕文明地带。"唐代中国有不少使节、僧侣、商人与工匠往赴日本，对中日两国之间的经济、文化交流做出了不朽的贡献。其中，最脍炙人口、最令人钦佩的是鉴真和尚。"同时中西文化又始终在相互影响、渗透。中华文化"走出去"的战略为维系人类共同体的精神支柱、审视文化价值提供了一个十分重要的现代视角。

1. 通识教育模块：生态环境与生命关怀

进入此模块的是有关环境与人类生活的关系、人类生命的科学与伦理问题的研讨性课程，其范围包括环境科学、生命科学、医学及生命伦理学。文化的发展得益于经济的繁荣。830 年，哈里发麦蒙创办了著名的智慧宫，它集科学院、图书馆、翻译馆于一体。于是，那些具有重要价值的印度、波斯、希腊的典籍纷纷被翻译成阿拉伯文。这些丰富的科学知识、文化思想一经阿拉伯人的消化、吸收、发明、创造，便形成了具有时代特色的阿拉伯伊斯兰文化。它沟通了世界的东方和西方，成为

东西方文化交流的伟大使者，为世界文化史的发展做出了卓越的贡献。

比如，在生态环境方面，有的学者认为，印度河文明不是突然而是逐渐衰落的，生态环境的变化使印度河文明灭亡。生态危机迫使印度河流域的大批居民放弃居住的中心城市，向东南迁徙到恒河流域温湿地带，开垦水稻产区的茂密森林，在扩散的过程中，其城市文明的特征逐渐消失。于是，园林兴起。人们习惯于将世界各地的园林分为三大类别：欧式、日式、中式。日式园林以"枯山水"园为主要代表。中式园林的风格是写意的造景手法，讲究在依山傍水之地，修建亭台楼阁、水榭、廊架等，或高山流水，或曲径通幽，以苏州园林为典型。欧式园林主要依地势而建，以占地绿化和宏大建筑为主体，代表是意大利台地园和英国式的风景园。园林景观寓意着文化。欧洲体系，在发展演变中较多地吸收了西亚风格，互相借鉴，互相渗透，最后形成自己"规整和有序"的园林艺术特色。

又如，在生命关怀方面，亚历山大东征引起什么样的后果？对东方国家而言，其一方面给东方国家的人民带来深重灾难，另一方面把希腊文化传播到东方；对西方国家而言，其一方面把部分被波斯控制的希腊城邦解放出来，另一方面也把东方文化传播到了西方。总之，亚历山大东征既给东方国家带来了深重的灾难，又在客观上促进了东西方经济文化的交流。

今天，许多疾病和西药的西文名称都来自拉丁文。拉丁字母简单易写，其他语种如英文、德文、北欧各国和许多东欧国家的文字，以及越南的拼音文字和我国的汉语拼音方案，都采用了拉丁字母。随着罗马的扩张，拉丁文成为罗马帝国的官方文字，拉丁语也传到各地。罗马帝国崩溃以后，拉丁语逐渐分化为意大利语、法语、西班牙语、葡萄牙语、罗马尼亚语。后来，拉丁文逐渐成为死文字，但它在基督教、法律和科学领域留下长期影响。再如，长达两百年的十字军运动煽起了各种宗教仇恨，造成了大量的生命财产损失，但也在客观上促进了欧洲与地中海地区，甚至远到中国的经济文化交流。而近代法国拿破仑战胜意大利后，破除封建制度，废除农民服徭役的陈规，推行《拿破仑法典》等，极大地解放了生产力。

2. 通识教育模块：艺术创作与审美体验

进入此模块的经典艺术实践类课程包括艺术鉴赏与艺术创作。具体艺术门类主要有音乐、戏曲表演、绘画、雕塑与陶艺、影视、书法、话剧与朗诵等。春秋战国时期，荆楚地区的文化发展走上了一条个性化发展的道路，"青铜冶铸技术高度发展，丝织刺绣技术后来居上，木竹漆器流光溢彩，老庄哲学独树一帜，屈骚文学'别创新体'，美术乐舞动人心魄"，标志着荆楚地区在精神文明与物质文明方面的发展都已达到能与古希腊文化相媲美的高度。

以艺术创作来说，敦煌石窟艺术绵延千年，既继承了本土汉晋艺术传统，吸收了南北朝和唐宋时期的艺术风格，又不断融合域外的印度、中亚、西亚的艺术风格，向人们展现了中国佛教美术的发展历程。壁画中的舞蹈形象众多，有西域乐舞、民间宴饮和嫁娶场面的歌舞，宫廷吉庆、天宫仙界的飞天、供养伎乐，敦煌乃是丝绸之路歌舞的博物馆。还有西安的清真大寺，相传创建于唐玄宗李隆基天宝元年，它是一组兼有民族传统建筑风格和伊斯兰寺院特色的古建筑群，殿内四周镶嵌着大型木板雕刻的中文和阿拉伯文《古兰经》各三十幅，是目前世界伊斯兰教寺院中极为罕见的巨型木质雕刻艺术品。又如在泉州海外交通史博物馆中，有许多体现中西方文化交流的石刻精品，每一方石刻都有一个故事，糅合着多种艺术特征。激荡的历史变革造就了世界文学艺术史上一个辉煌的时代。

以审美体验来说，在法律上，中国的唐朝有《永徽律》，日本有《大宝律令》；在建筑上，公元八世纪初，日本以中国唐王朝的都城为样板，在奈良建造了平城京；在布料上，"为购买丝绸衣料，罗马每年要花费1亿塞斯塔尔的银币，中国的丝绸成为罗马富人最珍视的奢侈品"；在文字上，中国人今天使用的文字，仍然是象形文字，它是目前世界上使用人数最多的一种文字。从地域上说，苏美尔与中国相去甚远，但同是东方人，同样是世界上最古老文明的创造者，两种文明在许多方面都有相似之处，苏美尔人与中国人之间似乎有一种天生的亲切感，我们中国人似乎有更多的便利去探索、去解决苏美尔文明中的未解之谜。

文艺复兴时期的艺术品中的一些图案和形象文化也影响到中国，"当时的欧洲并不富裕，但是有识之士从一开始就把物质文明和精神文明一起抓。我们看到，这种文化，具有显著的开放性，它不是闭关自守，因此我们中国人、拜占廷人，还有古代的希腊罗马人都对这种新文化的兴起做出过杰出的贡献"。这种新文化是同政治、社会和经济互动的，也因此成为当时先进优秀文化的代表。再如，贵霜帝国是印度、中亚、希腊、罗马和中国文化五大文化的汇合地。这个时期，在犍陀罗一带，出现了融合印度与希腊风格的艺术。在笈多王朝时代，印度的宗教、哲学、文学、艺术等都达到了空前繁荣的地步，它在印度历史上的影响和地位类似于盛唐在中国历史上的情况。

由此，"今日之中国，非吸收西方文化不足以图存，更不足以谋生活之安乐，……故输入西方文化，以救吾国民精神的与物质的美满之幸福，为中国各学校之莫大责任"。通识教育是一种价值体系，文化价值的实现首先表现在充分理解、准确传递原有区域所负载的文化信息和情感上，如中西饮食思想在中西方餐饮进入对方的"地盘"后，不断地发生碰撞和融合，融合与互补。在中华文化"走出去"的战略下，随着现代社会的发展，中华传统文化也日益融入了国际化、现代化的发展潮流，同时，中华文华也需要保持文化特色，彰显个性发展。

三　情操意志方面，通识课程加深了中华文化，与时代精神相融合

文化差异是相对的。情操意志的学习是通识教育终极目标之所在，英国人类学家爱德华·泰勒说，文化是一个错综复杂的整体，它包括知识、信仰、艺术、法律、道德、习俗以及作为社会成员的人所获得的其他一切能力和习惯。丝绸之路被看作连接东西方文明的纽带。"汉武帝派大军远征匈奴，遣张骞出使西域，为史学家司马迁提供了丰富的材料。

司马迁的著作生动地记述了匈奴人善骑射、好勇斗狠等。"① 中华文化"走出去"战略需要我们认真积累、仔细推敲各国的文化氛围、风俗习惯和人文传统，丰富各国文化蕴含的意义。

1. 通识教育模块：文明对话与世界视野

进入此模块的是关于西方文明及其他重要文明的研讨性课程，这些课程重在打开学生在文明比较方面的视野，从而使其较深入地了解人类文明的历史演变和文明多元发展、冲突、整合及其在当代的意义。早在明代，白银货币化就直接使中国和全球产生了联系，到近代，中国清政府送给美国一块石碑作为礼物，石碑上面用汉字刻上了清政府官员徐继畲对华盛顿倍加赞誉的一段话，至今仍被人们津津乐道。

近年来，联合国教科文组织发起的丝绸之路研究计划把丝绸之路称作"对话之路"，以促进东西方的对话与交流。汉字的造字方法被古人总结为：象形、指事、会意、形声、转注和假借。汉字音、形、义分离组合的造字原则对不同发音的语言适应性很强。不同民族和地域的人尽管口音不同却能使用同样的文字，这对于封建王朝的长期稳定和中国文化的传承具有决定性的意义。随着中国文化的扩散，周边许多国家和民族的文字都受到了汉字的影响。中国古代的西夏、契丹和女真的文字，日本、朝鲜和越南的文字都有汉字的影子。

楚人开发了从云南经印度到西亚的"南丝绸之路"。楚墓出土的琉璃蜻蜓眼材质的玻璃有别于中国传统的铅钡玻璃，属于钠钙玻璃，应是通过"南丝绸之路"从西亚传入中国的；在战国楚地墓葬出土的药物中，人们还发现了天竺（印度）的特产——安息香，这是"南丝绸之路"的另一佐证。天津南开大学历史文化学院教授陈志强曾经说过，从历史文献中可以看出来，实际上在我们国家两汉时期就已经和当时的罗马帝国发生了非常密切的人员、物质交流，那么到了拜占庭时期，实际上拜占庭被称之为东罗马帝国，也就是说它是罗马帝国的东部，这个地区恰恰是处于和中国交往的有利的地方。公元四世纪以后，拜

---

① 《世界历史》纪录片解说词，第16集，"欧亚民族大迁徙与中世纪的开端"。

占庭和中国之间的联系一直没有中断过，包括人员、技术、文化甚至游戏等在内的各个方面的联系，从拜占庭方面的资料和从中国古籍当中我们都可以看到大量的有关记载。

建筑是凝固的艺术。在今天的土耳其，我们还可以看到那些沿途修建的漂亮的商队旅馆，这些十三世纪的建筑当时供商队停留之用，这些商队所携带的物品是产自中国的陶瓷、丝绸、纸张和许多其他商品，主要是纺织品。在回去的路上他们把金子运回东方，然而这不仅仅是物品在东西方间的交换，还是观念、哲学、价值观念等文化财产的交换。通过某种看不见的、神秘的纽带，波斯的建筑艺术在中国得到了传承。如北京九龙壁的用琉璃瓦装饰的墙面，人们可以在波塞波利斯的墙壁上找到其原始的主人。而对于波塞波利斯王宫外墙上整齐排列的雕像，我们在西安著名的昭陵六骏身上，也会找到似曾相识的感觉。

2. 通识教育模块：科技进步与科学精神

进入此模块的是有关科学与技术的思想基础和历史进程的研讨性课程，其重在展示数学思想史、自然科学思想史和技术原理史，以帮助学生领会数学和科学思想的要点，形成科学探索和技术创新的精神。曾经为进士和编修的、熟读中国文化经典的蔡元培在德国莱比锡大学读书时，进入了该校的文明史与世界史研究所和中国文化史研究所，从事比较文明史研究，他深切感受到科学文化的重要性，指出："生活的改良，社会的改造，甚至艺术的创作，无不随科学的进步而进步"，"如果不言新文化就罢了，果要发展新文化，尤不可不于科学的发展，特别注意呵！"

格物致知是中国科学思想传统。就在太平天国起义爆发的1851年，英国女王维多利亚在伦敦海德公园为第一届万国博览会剪彩。到1905年，中国的学者就开始在刊物上报道国际历史科学大会召开的消息了。1938年，即便处于反法西斯战火中，中国仍排除万难派出胡适，首次参加国际历史科学大会。农业科技方面，在日本绳纹时代晚期，也就是公元前四世纪前后，大批来自东亚大陆的移民移居日本，他们当中有古代中国人、朝鲜人，还有来自其他地区的移民。移民带来了水稻种植和冶铁技术，日本由此进入农耕经济时代。四世纪至六世纪前后这段时间，在日本考古学上被称作古坟时代。这一时期，朝鲜半岛和中国南朝的一些知识分子和工匠迁居日本，带去了先进的文化和技术。一些迁入的工匠被大和朝廷组织起来称作服部、陶部等专业集团，促进了织布、金属加工、制陶、土木建筑等行业的迅速发展。在造纸术方面，751 年，在今天吉尔吉斯共和国境内的怛罗斯同大唐帝国交战，结果击败唐将高仙芝，随高仙芝西行的杜环，被阿拉伯人俘虏后，在巴格达一带居住了 11 年，还撰写了《经行记》一书，以自己的亲身经历记载了伊斯兰教的仪式和教规，描述了阿拔斯王朝初期的繁荣景象。另一些被俘的士兵是唐王朝从民间征来的造纸工匠，从此，中国的造纸术开始西传，对世界文化做出了贡献。再如，奥斯曼帝国最享有盛名的陶瓷制品之一的孔雀瓷盘的颜色为薰衣草蓝及玫瑰红，在陶瓷器皿中极其罕见。瓷盘的创作者可能在伊斯坦布尔的托普卡匹皇宫里欣赏过被掠夺而来的战利品——中国元朝的绘有孔雀的瓷器，并从中获得创作灵感。这些瓷器当时曾被作为皇室餐具。启蒙运动中普及科学、宣传新科技成果的运动，以及工业化中涌现的大量发明创造，一方面丰富了人们的物质生活，另一方面也满足了人们的精神需求。

每个城市都有不同的风景，风景背后是文化积下的沉香。每个城市都有不同的文化，文化在城市的面容上飞翔。人类的文化是可以自我协调、自我组织、自我规范、自我节律、自我适应的。它在诸多互动、互构的因素网络中一定要找到一种最好的存在方式。这个观念和生态学的观念是相通的。从时空的角度研究中华文化，着力为建设现代文明服务，是符合历史唯物主义要求的。因此，立足中华文化，融合与借鉴世界先进文化，就成为当代对传统文化进行研究的视点，从这个意义上说，中华文化的研究是有很多事情可做的。

北方草原文化的传播与影响

胡玉春[*]

【摘　要】　北方草原文化是由历史上生活在中国北疆草原及其边缘地区的不同的族群创造的一种区域性的文化，同时具有复合、多元、同质等特点。游牧文明产生后，游牧生产方式是其主导性的特质，游牧经济背景下产生的相应的物质文化、精神文化、制度文化也是草原文化的核心内容。草原文化拥有丰富的内涵，具有开放、流动、兼容的特点。在历史上，这个特点主要表现为它对中华文化的影响和在世界范围内的传播和扩散。

【关键词】　北方　草原文化　传播　影响

文化的内涵与地理环境有着密切的关系。受环境制约的某一地理单元产生的特色性经济活动，以及由此引起的社会形态和政治结构等一系列相关的行为构成了一个整体的机制，而这种机制正是某种文化产生并具有独立特征的基础。历史上，北方游牧民族从秦汉开始掌握了草原的控制权，其发展历史与黄河流域的农耕民族呼应互动。在大多数情况下，强大的游牧帝国与中原统一王朝的兴亡如影随形。这种有趣的历史现象已经被许多学者所关注，并且他们对此做出了解释。其中"外部互动说"是值得重视的观点。这一论说早期在欧洲备受青睐，人类学家哈扎

---

　　*　胡玉春，女，内蒙古社会科学院历史研究所副研究员。

诺夫、汉学家魏特夫等著名学者均主张此说。美国人类学家托马斯·巴菲尔德沿承此说，并进一步强调：互动关系是草原帝国保持与中原王朝的贸易往来，并以威胁来榨取资源的方式。这种规律性与中原政权的集权化周期有关，当中原的统治秩序崩塌时，贸易的不稳定以及奉金的无法有效获取难以维持草原帝国的物质利益，地方部落组织便得以自由行事，草原帝国必然会分解。① 王明珂对此的解释则更为直接："许多部落凝聚为较稳定的大部落联盟或者中央化国家，以长期与定居人群或国家对抗。"② 以上"外部互动说"是基于以经济为基础的政治互动的，用来重新构建中国古代草原帝国与中原王朝之间相随兴亡的模式，确是很好的解释。这个互动的过程往往使两种不同区域的文化产生关联和相互影响，进而发生文化交流和汇聚，极大地促进了中华多元一体文化的繁荣发展。

一 草原文化的丰富内涵

草原文化亦是如此。抛开历史来谈文化，如同建造空中楼阁。在漫长的历史岁月中，北方民族作为草原文化的传承者，长期占据东起兴安岭，西及阿尔泰山的广阔的草原区域。不同的部族在自身发展的同时继承和完善着草原文化，使其不断向前发展。经历了民族交替与政权更迭，这里都没有改变其固有的、传统的社会系统，因此草原文化在历史上从未出现过文化的断层，始终保持着空间的稳定性。

这里拥有举世瞩目的史前文化。从目前国内保存最好、规模最大、年代最早的聚落遗址到中国年代最早的玉器、玉玦；从最早的服饰到"中国第一神图和最早的透视画"；从"中华第一凤"到红山玉龙；从彩陶、玉积石冢、女神庙、金字塔式巨型建筑到罕见的城垣建筑、原始文

① 〔美〕巴菲尔德：《危险的边疆：游牧帝国与中国》，袁剑译，江苏人民出版社，2011，第 11～20 页。

② 王明珂：《游牧者的抉择：面对汉帝国的北亚游牧部落》，广西师范大学出版社，2008，第 106 页。

化符号……种种考古遗存充分印证了北方草原文化与中华文明的肇始紧密相关，反映了草原先民追求美、创造美的过程，其影响波及中亚大陆乃至欧洲。夏代或商代早期，北方草原出现了独具草原风格的青铜器群，夏家店下层文化和夏家店上层文化、大口二期文化、朱开沟文化等出土的青铜器以及鄂尔多斯式青铜器，呈现出与中原文化迥然有别的艺术魅力，表现出非凡的创造力和影响力。

进入有史料依据的历史时期，游牧文化成为草原文化的主导特质。大约在公元前 3000 年，北方草原区域性经济特征开始凸显。草原的原始农业受到多种因素的影响，没能像黄河流域的原始农业一样发展成为精耕细作的"大农业"，而是转变为游牧业或者是在一些地区转变为混合经济。草原生态环境与游牧业之间的协适关系，使得游牧经济形态在区域内成为与自然环境相互依存、和谐发展的最有代表性的生产方式。不同历史时期的不同民族在这一地区过着"逐水草迁徙"的游牧生活，没有固定的城郭、居室，畜群是他们最重要的生活资料和生产资料。《史记·货殖列传》中记载："然西有羌中之利，北有戎翟之畜，畜牧为天下饶。"[1] 北朝乐府有"敕勒川，阴山下，天似穹庐，笼盖四野，天苍苍，野茫茫，风吹草低见牛羊"的诗歌。这些都是古代牧民生活的真实写照。在这里，牲畜为牧民的衣、食、住、行提供了原材料，成为物质生活的基本依托。这些畜产品加工技术在民族文化的传承过程中又不断得到提高和改进，形成了草原民族早期独特的饮食、服饰、居住文化。在这里，富有特色的民族手工业大放异彩，呈现出典型的民族文化特征，体现了独特的民族习尚和民族生产、生活方式。在民族化意识的驱动下，很多手工业制作品都展现了民族风情。如匈奴的鹰形金冠、鲜卑的金银器、乌洛侯的乐器箜篌、敕勒的高车、契丹鞍、辽三彩、回纥的纺织品、蒙古族的白毡和服饰等都具有独特的地域风格，展示出草原民族的审美情怀和对草原的热爱。这些具有独特民族特征的工艺设计，随着时代的发展，不断显现出在行业领域内的竞争力，体现出一个地区的文化品格

---

① （西汉）司马迁：《史记·货殖列传》，中华书局，1959，第 3262 页。

和秉性。

在创造物质文化的同时，草原先民也留下了丰富的精神文化。从匈奴时期到满族时期，北方民族的政治、思想、法律、宗教、军事文化都得到了不断的发展和完善。例如，由匈奴开创并一直被沿用的两翼制度、契丹族的南北面官制都是政治文明中的有益尝试；经济管理方面的农牧互补管理模式、轮牧等制度都非常适合游牧经济的发展；风俗习惯中的四时捺钵、祭敖包等活动都具有浓郁的区域文化特色；文艺与科技方面，音乐、绘画、医药、科技等诸多领域都取得了很高的成就，如匈奴时期的北狄乐、拓跋鲜卑的宫廷乐舞等。现代人的很多乐器如琵琶、箫、胡琴、笛子、腰鼓等原本都是胡族乐器。契丹绘画及蒙古医学、科技取得了卓越的成就，为世界留下了弥足珍贵的艺术与科技瑰宝。这里还有神秘莫测的岩画艺术和光辉灿烂的石窟文化，产生了蜚声中外的文学巨著《蒙古秘史》《江格尔》《一层楼》等。

二　互动与影响

草原文化具有开放、流动、兼容的特点。在历史上，这个特点主要表现为它对中华文化的影响和在世界范围内的传播和扩散。文化的传播是由一个中心区域向四周辐射的结果。在这个过程中，草原文化表现出与其他文化相协调的特征，并最终促进文化融合，影响其他区域文化。就中国的区域范围而言，草原文化主要向南以循序渐进方式呈扇形辐射，进而影响了更南、更远的地方。在历史发展过程中，尤其是在元、清两代，草原文化的元素被广泛和深入地吸收到中华文化中，因此从更为宽泛的角度来看，草原文化对中华文化的影响是无处不在的。

文化是一个运动的过程。一种区域文化在发展的过程中，常常以其本土文化的区域为中心不断向外扩散，因此文化的互动是必不可少的内容。历史上，草原文化在向南传播的过程中遭受了黄河文化的强力冲击，其在各自边缘区域的文化互动中的表现尤其频繁和活跃，文化的辐射和影响首先在这里发生。草原文化对黄河文化的一次著名的影响"胡服骑射"也发生在这里。燕赵地区就此受到匈奴的影响，对服饰做了一次重要改变，使得手工业领域内对长裤、腰带环子、马具等物品的需要成为普遍的需要。秦朝建立后，为了阻挡匈奴的南下，将北方边地战国时期的长城连接起来，并且加以强化。这一举动实际上是希望以长城作为游牧和农耕的边界，建立起壁垒分明的界线。但是历史证明，这种一厢情愿从来没有真正实现过。经过了数次反复后，巨额的军费支出与来去倏忽的北方游牧民族都令中原王朝感到沮丧。于是，在战争的过程中他们发现，寻求与游牧民族的和亲和安抚策略是比战争更有效的处理方式。这种处理既能满足游牧民族的物资需要，也增强了其文化的渗透力和凝聚力，吸引了更多的游牧民族以和平的方式靠近边界，由此引发了大规模的移民运动。

移民是文化得以传播的重要原因。北方民族从东汉以来开始大规模向南迁徙。南匈奴是叩响文化融合大门的第一个规模较大的游牧民族。南匈奴在迁徙之后，与汉民族实现了地域上的杂居状态，并在长期的混合杂居下实现了民族间自然融合。这次融合对于此后的整个历史产生了深远的影响，它揭开了北方游牧民族与农耕民族长期在边缘地带混处杂居的生活状态，加快、加深了中国历史上的民族融合和文化交流。这些承载草原文化的人群进入新的区域后与新的文化人群大规模直接接触，其本身的文化模式需要调整，同时促使这些区域内的本土文化发生改变，这是文化中新元素增加和被吸纳的过程。例如，生活在洛阳的汉灵帝就"好胡服、胡帐、胡床、胡坐、胡饭、胡箜篌、胡笛、胡舞。京都贵戚皆竞为之"[1]，可见草原文化的元素很快融入了所影响区域的文化。

从魏晋南北朝时期开始，两种文化的边缘地带具有了开放性和兼容性，当然这是历史客观局势造成的，而非人为的。这一时期匈奴、乌桓、鲜卑、氐、羌等民族或相继或同时出现在北方边地，与农耕民族杂居。在长期的民族混合中胡风南渐、华风北移，在这种情况下，几乎没有壁垒分明的可能性，新的元素很快融合到原有文化中去。在初期，来自草

---

① （南朝·宋）范晔：《后汉书·五行志一》，中华书局，1965，第3272页。

原的统治者们从表面看来似有与中原妥协，或者表现出将两种文化杂糅并用的态度，但事实上，边地上的草原民族已经认识到在两种文化的边缘地带建立永久的本民族的文化模式是不可能的，他们都在试图调和两种文化之间的关系。因此在经济形态领域他们提倡并支持农耕与游牧共同发展的混合经济，在政治结构上出现了二元政治，这些新的元素无疑是文化整合过程中的有益尝试，这种尝试是由草原民族来完成的，而非汉族。北魏迁都洛阳后，将草原文化大规模传播至洛阳地区。例如，受鲜卑服饰的影响，汉人也逐渐将"上衣下裳"的穿着方式改变为"上衣下裤"。可见，草原文化的特征独立地体现于洛阳地区，并影响了从统治阶级到下层民众的大部分北魏统辖下的各族人口。之后，北魏经历了孝文帝的改革，这次改革的主观目的是积极吸取汉文化的先进内涵，改变鲜卑民族文化落后的局面。但是在这个过程中，文化的转换并没有像主观的愿望一样由鲜卑化转变为汉化。在大多数近洛鲜卑人从被迫转变到习惯华彩披服的时候，北魏的北镇地区仍然保留着鲜卑习俗，通行鲜卑语言和服饰，政权内部有大量鲜卑贵族"雅爱本风，不达新式，至于变俗迁洛，改官制服，禁绝旧言，皆所不愿"[1]。在这个激进的改革过程中，北魏政权人为地加快了文化的传播速度，结果产生了欲速则不达的反面效果。所以北方地区后来出现了明显鲜卑化的对抗和反弹，这个过程造成的对民族心理的挑战会导致严重的民族分化，因此孝文帝不合历史逻辑进程的汉化改革必然会被六镇鲜卑起义打断，这种中断并不是结束，而是使文化传播更符合它自身的发展规律。六镇起义之后，北齐、北周政权对汉文化的敌视态度，更多的是出于对孝文帝改革的抵制情绪的惯性，反映出各民族在融合过程中违背自然规律的冒进引发的负面影响。但是在长期的民族混合中胡风南渐，华风北移，北朝民众及其统治者在客观历史进程中已经受到了汉文化的影响。这种影响起初表现为其不自觉的认同行为，在反汉化的过程中，其很多行为其实是汉文化的缩影。在"鲜卑共轻中华朝士"的氛围中，北朝社会实际上也有用汉文化

---

① （北齐）魏收：《魏书·东阳王丕传》，中华书局，1974，第360页。

改造社会的行为。例如，六镇贵族有改变宗族系谱的行为，攀附中华系谱者不乏其人。北齐文宣帝常"散发胡服，杂衣锦彩"①，北周宣帝"周主（周宣帝）受朝于露门，始与群臣服汉、魏衣冠"②。可见北朝统治者在客观上无法摆脱汉文化的影响。这是文化传播过程中一种曲折的态势，只有经过了这种复杂的过程，经历了长时间的磨合和吸收，文化的影响力才能更掷地有声地存在。

隋唐以来，文化的融合变得更具普遍性。天可汗与六府七州正是中原政府在处理与北方边缘地带的草原游牧民族关系时体现出来的四夷一家的情怀。与此同时，长安地区受到的草原文化的影响已经在各领域随处可见。长安、洛阳胡食司空见惯，胡舞胡乐颇为流行，正如元稹《法曲》描绘的那样，"自从胡骑起烟尘，毛毳腥膻满咸洛。女为胡妇学胡妆，伎进胡音务胡乐"，"胡音胡骑与胡妆，五十年来竞纷泊"。③ 从契丹开始，草原民族生存的地理范围进一步向南扩展到山西、陕西、河北北部，这种地理扩张成为一种常态而非暂时现象，也就是说，这种转移或者说是扩展是永久化的。契丹文化对这些区域的影响非常大。如在服饰方面，北宋境内的汉人也开始穿着契丹服装，以至于到宋仁宗时，"诏禁士庶效契丹服及乘骑鞍辔，妇人衣铜绿兔褐之类"④。女真族的统治区域较契丹更加南移，并将首都迁到了今天的北京地区，此后，从元、明、清一直到近、现代，北京一直是全国的政治、文化中心。女真族独具慧眼，亦有肇始之功。

相较于契丹将草原文化地界边缘的向南推进，继起其后的蒙古族甚至打破了两种文化的区域政治壁垒，实现了短暂的一体化。完成这一使命的成吉思汗和忽必烈是这个历史过程中的英雄人物。元朝建立后，在全国各地设置驿站，东西、南北的交通网四通八达。在政府的干预下，

---

① （唐）李延寿编撰《北史·齐本纪》，中华书局，1974，第295页。

② （北宋）司马光：《资治通鉴·陈纪》，中华书局，1956，第5391页。

③ （唐）元稹：《法曲》，载（宋）郭茂倩编《乐府诗集》卷96，中华书局，1919，第1352页。

④ （元）脱脱等编撰《宋史·舆服志五》，中华书局，1969，第3576页。

整个社会的文化、技术交流非常活跃，北方边缘地带的社会生活受中原的影响，更加丰富多样化，繁华的上都地区就是当时北方城市的典型。清统一蒙古后，北方草原与内地"区域隔离的界限被打破"，区域间相互依赖的关系得到加强，文化的影响更是无处不在。直至近、现代，社会科技、工业的发展可以调节不同地理环境下经济的差异，消除彼此之间的敌视，由此不同区域文化进入了合作、依存、共同发展的新的历史时期。

草原文化除在中国范围内向南传播，对其他区域文化产生了重大的影响以外，在世界范围内的影响亦不容忽视。董恒宇先生提到，在中华文化的三大板块中，最具有世界性品格的应该是北方草原的民族文化。[1]在历史上，北方民族的西迁与丝绸之路的畅通是草原文化向中亚乃至欧洲渗透和传播的主要途径。匈奴在建国的过程中，"定楼兰、乌孙、呼揭及其旁二十六国"[2]，与西域和中亚等地有密切的贸易往来。匈奴西迁以后，在整个欧亚大陆引发了民族大迁徙，甚至影响了欧洲的历史，在世界范围内传播和扩散了中国北方草原文化。草原文化作为中西文化沟通的桥梁，匈奴亦有首开之功。辽政权时期，其先后两次西征西域，控制了丝绸之路上的回纥诸政权，与西域、中亚、西亚的阿拉伯国家保持了频繁贸易往来。契丹灭亡后，耶律大石越过葱岭到达中亚，建立西辽政权，统治了中亚近百年时间，将文化扩展到新疆以西的广大地区，同时西辽又成为地中海欧洲国家和基辅罗斯之间贸易的中介，因此有学者认为"在古代的西亚和欧洲，契丹曾长期代表着中国文化的主体，发挥着重要的作用"[3]。元朝时期，草原文化的对外影响在深度和广度上都是一个难以逾越的高峰。蒙古四大汗国的建立，使得中国与欧亚之间的道路畅通无阻，中西文化、经济交流空前繁荣。元朝建立后，实行对外开

①　董恒宇：《内蒙古草原文化在中国文化和世界文化发展史上的地位和影响》，载《论草原文化》（第一辑），内蒙古教育出版社，2005。

②　（西汉）司马迁：《史记·匈奴列传》，中华书局，1959，第2896页。

③　王大方、张文芳：《从考古发现看内蒙古草原文明的伟大贡献》，载《论草原文化》（第一辑），内蒙古教育出版社，2005。

放，在全国范围内广设驿站，又开通了草原丝路和海上丝路，以兼容态度吸纳各国的技术文化。蒙古人将西方的天文历法、数学、机械、地理等引入中国，极大地丰富了中国的科技文化。同时，蒙古人又将中国的种植物、纺织品、艺术品、印刷术、天文历法、军事技术、医药技术等各种文化要素传入中东和西方，尤其是纸张、指南针、火药，由蒙古族传入西方以后，促进了欧洲的觉醒。中国传统文化在西方的影响吸引了西方各阶层人士来到中国，使西方产生了最早的西方"中国学"。在西起地中海，东达日本海的广大范围内，草原文化的传播和影响力度空前，日本、高丽、东南亚国家等无不受到过这种文化的影响。

三 草原文化主导了边缘地带的文化互动

文化异质的特征是不可避免的，环境决定了生活在草原的人群会选择不同的生产方式来存续生命。中原的态度始终是明确的，无论是春秋夷夏之辨的藩篱还是西汉"长城之北，引弓之国，受命单于，长城之南，冠带之国，朕亦制之"的宣讲，都是在反复强调政治的对立，其根源仍然是文化的对立。中原政权希望最好能在彼此之间建起一道泾渭分明、永不可超越的藩篱。然而事与愿违，文化的渗透和交融无处不在。在草原文化与其他文化的互动中，草原民族采取了积极的态度。他们南下接近黄河流域，于是，把中原经济与政治的因素吸纳进草原社会的秩序中就自然地成为他们的需要。其中，经济的驱使仍然是原动力。为了获取物资，草原民族在新的环境中不断成熟，外来文化在这个时候把握住了进入的时机，进而影响了他们的生活方式及其变异性，以及他们在原地域中的发展和在较大地域中的适应能力。为了适应民族成分和生活方式复杂的新区域，追求利益的最大化，来自草原地区的人群必须修改自己的社会机构，选择与之相适应的生产方式和生活方式，因此他们的社会不再是纯粹的游牧社会，而是半农半牧的混合型经济社会。文献中有很多关于草原民族迁徙到边地开始从事农业生产或者沦为农业经济附庸的记载，这并不是说草原文化丧失了其本性而被同化了。（需要注意的是，尽管草原文化在与黄河文化的接触中，文化内涵已经有所扩大或者有所改变，但是文化的本色和特征始终没有因此被丢弃。这并不是因为草原文化本身是"无坚不摧"的，或者说承载文化的人群是顽固不化的，而是因为其最终仍留存的本色和特征与其草原核心地区的环境制约有直接的关系。）虽然史料对汉族迁至草原的人口的生活状态没有太多的记载，但是仍然可以想象那些迁徙或者被掳掠到草原地区的农耕人口成了游牧经济的附庸，显赫如苏武者尚且如此。因此，部分人口是否改变原有经济生产方式并不是绝对重要的，生活方式及其变异性体现了其在较大地域中的适应能力，游牧人群可以选择对地界边缘的不同利用方式，并展开多样化的活动。

除了经济原因外，草原民族对南下建立政权并没有太大的排斥。他们并不在乎这种政权是以什么形式组织起来的，也不在乎部分汉族人加入其统治核心中。这纵然与中原自身的凝聚力有关，但恐怕与草原民族开放包容的性格有更加密切的关系，因此他们在积极寻求适应的机制来完成一种协调的平衡和过渡。仍需指出的是，尽管草原民族有如此胸怀，但是他们从来不愿意看到在草原中央地区出现一个独立的农业国家。而中原政治力量虽然经常出兵与游牧民族对抗，但是并没有真正去草原地区建立一个国家的意愿。因此对于农耕民族而言，主动调整社会结构几乎是不可能的。虽然千百年来他们吸收和吸纳了草原或者其他文化的诸多元素，但那都是在潜移默化的不自觉中完成的。在历史上，汉族社会以政府的主观行为来建立适应草原文化区的社会机制的情况，几乎没有出现过。这是因为农耕民族并没有统治他们认定为他们自己的地理区域之外的地方的意愿。作为文明发展程度较高的民族，农耕民族为自己设定了一个区域，并希望将其他民族排斥在这个区域之外，以免其本身的社会秩序遭到破坏，即"错乱天气"。他们并不贪心，地理差异使他们更愿意不与北方的游牧民族相往来。黄河流域的农耕民族完全可以这样做，因为这里的人群可以不依赖任何人，过自给自足的生活。草原上衣皮毛、食畜肉、住穹庐的生活并不能激起农耕人群强烈的好奇心。此外，农耕民族要想在草原地区建立起精耕细作的农业社会几乎是不可能的，草原分散流动的政治机制，使中央集权和农民聚合性的实现更加困难，因此农耕民族的行为重点还是抵抗自己的区域不受侵略，至于在农耕地区外围的草原地区，他们只希望协助游牧民族建立民族统治的政权，并希望这种政权始终与他们保持附庸关系，或者只是友好关系也可以。所以在历史上，草原民族在黄河流域进行过完全的统治，汉族却从未将核心统治区域扩大到草原地区。

草原文化与中原文化之间经历了上千年的吸收、融合过程，构成了中华文化独特的历史特点。华夷之别与夷夏之防就是在无数次的对抗中走向统一的。费孝通先生提出的多元一体格局正是在这种文化吸引的背景下不断战争和逐渐融合形成的结果。在这个过程中，少数民族的汉化与主体民族的胡化往往同时进行。因此我们不能忽视草原文化对中原文化自古有之的渗透和影响，其表现在社会生活的多个领域，遍及生产技能、生活习俗、文化艺术等许多方面，并最终成为中华文化的一部分。因此对于中国来说，来自游牧世界的影响是至深且巨，无与伦比的。

中国文化的内生力

"德"之认同：国家治理的价值描述[*]

田海平^{**}

【摘　要】 "核心价值观，……就是一种德"，是一个内涵丰富的政治伦理命题。它指向国家治理急需应对的公民、社会和国家之德的价值认同问题，关联着国家治理的价值旨归，其实质是现代性价值认同难题。核心价值观内含国家治理的两大价值论课题：描述性价值和规范性价值。描述性价值着眼于共同体之善，构成了价值认同的主导方面。国家治理的价值观核心是对国家之德的价值描述。它以国家主体的价值自觉为根据表达国家精神，以国家认同的价值共识为基础揭示人心所向，以国家重构的价值目标为指引描绘文明复兴的伟大梦想。"富强、民主、文明、和谐"四个价值词，描述了中国价值观的四重引领，是"国家之德"的价值认同的集中体现，在国家治理的更深层次上体现为国家精神之重构和国家哲学之奠基。

【关键词】 "德"之认同　核心价值观　国家治理　描述性价值

"核心价值观，其实就是一种德，既是个人的德，也是一种大德，

---

　* 国家社科基金重大项目"生命伦理的道德形态学研究"（13&ZD066）。本文依据笔者在2016 年 4 月 9 日在北京师范大学召开的"《当代中国价值观研究》发布式暨社会主义核心价值观研讨会"的会议论文修改而成。
　** 田海平，湖北天门人，北京师范大学哲学学院教授、博士生导师，北京师范大学价值与文化研究中心研究员，北京师范大学社会主义核心价值观协同创新中心教授。

就是国家的德、社会的德。国无德不兴，人无德不立。"①

习近平总书记的这段话，是对核心价值观的精简论述。该论题又无疑是一个有着丰富内涵的重要的政治伦理命题。这一论述是从国家治理层面表明：个人之德、社会和国家之德，都不能脱离国家治理所应坚持的核心价值观，必须通过国家治理所坚持的价值核心获得自身之规定和自我理解之形式；同时，核心价值观要渗透、体现和赋形于个人之德和社会、国家之德之中，要通过它们的具体形态来表现和彰明。正所谓，"国无德不兴，人无德不立"。

明乎此，就会明了：核心价值观之为"德"，在"大德"（即社会之德、国家之德）方面乃是国家治理中的"立国"之根本，在"个人之德"方面又是国家治理中的"立人"之根本。因此，这一命题的提出，在国家治理的"国"之层面和"人"之层面，都牵涉到如何在学理上理解"核心价值观"和"德"之间的相互关联的问题。

本文从探讨国家治理应该确立什么样的价值核心出发，特别是从国家治理应确立什么样的价值引领的视角，思考"德"之认同所内蕴的描述性价值论题的实践意义。

一　核心价值观为何是一种"认同之德"

什么是核心价值观？如何确立社会主义核心价值观？这是当前中国在国家治理层面必须有的伦理觉悟和文明觉悟。对于当代中国发展面临着的各种实践课题而言，社会主义核心价值观有三方面的功能：一是要反映国家认同的自觉追求，以此彰显中华民族的共同的伦理观；二是要体现社会认同的自觉追求，由此凝聚全社会的价值共识；三是要表达个人在公民认同上的自觉追求，循此内化到公民个体的正确世界观、人生观和价值观的磨砺和引领。核心价值观内涵的三方面功能，分别对应着国家之德、社会之德和公民之德。

---

① 习近平总书记在2014年五四青年节与北京大学师生座谈时在讲话中提出了这一重要的命题。

　　从这三个方面的功能着眼，核心价值观在国家治理层面的伦理觉悟和文明觉悟有两种指向：其一，指向"现代公民"的权利意识；其二，指向"现代社会""现代国家"的责任意识。两者相互依存、互为前提。① 没有现代公民权利意识的高涨，现代社会、现代国家的责任意识就不会得到强化。反之亦然。由此，我们看到，核心价值观作为一种"德"，就是要在主流价值观建设上解决三大价值认同问题。第一，我们期望自己和我们的孩子们生活在一个"什么样的国度"？第二，我们究竟要为构筑一个"什么样的社会"而奉献才智、力量乃至我们的生命？第三，我们希望自己成为何种类型的国民？换言之，即"什么样的公民行为"是我们追求的理想公民行为和基准公民行为？

　　这些问题是在一切具体价值判断或价值认同难题中的最为优先的核心问题或者前提性问题，从国家治理层面回应公民之德、社会之德和国家之德的认同之方向，并以之为基础或向导构建当代中国价值观。② 这在理论提出了进一步探究"核心价值观"何以是一种"德"的政治伦理课题。

　　那么，核心价值观到底是一种什么样的"德"？对此有各种不同的理解和阐释。笔者认为，作为国之兴盛和人之自我建立的根本，核心价值观无疑就是一种"认同之德"：它根植于中华民族优秀的文

① 在"核心价值观就是一种德"的论题中，内含有公民个人之"德"和国家、社会之"德"两个方面。这里要强调指出，这两个方面不是无前提的，而是有前提的。具体言之，公民之德的前提是现代权利意识的自觉，属于权利论伦理探究的范畴。国家之德、社会之德的前提是现代国家和现代社会的责任意识的自觉，属于责任论伦理探究的范畴。一个承担责任的国家和社会必然是一个有"德"的国家和社会，它有保障和维护公民权利的伦理责任，构成了公民行为之"德性"的基石。一个自觉其权利并珍视其权利的公民必然是一个有"德"的公民，他（或她）对国家和社会的公共事务的热情参与和积极监督，是国家和社会之"德"不可或缺的规范性要素。这两者之间的关系，涉及权利与义务、权力与责任的对应性原则。有学者将"权利—义务"的"对应性原则"分为两个方面进行概括："对应性原则由两个论题组成。这个原则的一半是权利对应于义务论题：如果权利拥有者拥有一种对某一方的权利，那么这一方就对这个权利拥有者负有一种义务。这个原则的另一半是义务对应于权利论题：如果某个负有义务者对某一方负有义务，那么，这一方拥有一种对负有义务者的权利。"引自〔美〕托马斯·麦格奈尔《权利和义务的对应性》，朱会晖译，《当代中国价值观研究》2016 年第 1 期，第 103 页。

② 参见韩震《从历史走向未来：如何理解中国价值观》，《当代中国价值观研究》2016 年第 1 期，第 41 ~ 44 页。

化传统，^① 表达了体现于当代中国发展进程中的中国价值观的国家认同、社会认同和个人认同的价值追求，是国家、社会、个人评判是非善恶的价值标准。依此而论，核心价值观作为一种"德"，乃是国家民族之认同、社会之认同和公民行为之认同的"德"之认同和"认同"之德。核心价值观作为一种"德"和核心价值观作为一种"认同"，表达的是"一个硬币的两面"，都需要立足于国家、社会和个人三个层面的价值认同和伦理德性之建构。

二　核心价值观的精神实质与"我们"的价值认同

从学理上看，伦理学上的"价值观"（Values）一词，不同于经济学上与价格相关联的可计算的商品的价值（Value）。"价值观"（Values）是"价值"（Value）的复数形式，它因人而异，因时代处境或历史语境而不同，是人们对"价值"的权衡或称量的一种形式，有时是不可通约乃至根本对立的。就其根源而言，"价值观问题"由于总是与"好—坏""善—恶""得—失""利—弊""荣—辱"等价值权衡的主观意愿或主体性需求相关联，因而是与表达社会关系、社会意识和社会意义的认知及评价相关联的问题。^②

---

① 从历史维度看，核心价值观面临的价值认同难题与"传统与现代性"的内在紧张有关。也就是说，在当代中国价值观建设方面，实现传统文化的创造性转化和创新性发展的问题，是正确看待和处理传统价值观与社会主义核心价值观相互关系问题的题中应有之义。这涉及传统之"传扬"与开新的重大课题，是一个关涉到当代中国价值观的根基和底蕴的大问题。本文不拟展开这一层面的讨论，而是将重点放在"描述性价值论题"的实践意义的阐释方面。参见江畅《对传统价值观创造性转化和创新性发展若干问题的思考》，《当代中国价值观研究》2016 年第 1 期，第 53～64 页。

② 什么是"价值"（Value）？什么是"价值观"（Values）？对此有各种不同的理解和诠释。究其根本，"价值"（Value）无非是事物对人而言的"益处""好处"，或"事物对人的意义"。在这个意义上，其可以衡量一个物品、一件商品乃至一个人的价值。国家、社会、公民之为"物"，对人的意义或对人的"益处"或"好处"，也属于"价值问题"。而"价值观"（Values）就是对于"什么样的价值对人有何种意义的看法"，简言之，就是关于"价值"的各种不同的"看法"和"观点"。从这个区分出发，我们看到，社会主义核心价值观的三个层次的问题域（面向构建什么样的国家的问题、指向建设什么样的社会的问题、人们应该做什么样的国民的问题）是在关涉国家治理的一些基本价值认同的意义上来衡量"什么样的价值对人有何种意义的看法"的。这方面的讨论参见韩震《从历史走向未来：如何理解中国价值观》，载《当代中国价值观研究》2016 年第 1 期，第 41～44 页。

通常说来，价值词或价值判断是能还原为"应该"的一种情感语词（或情感相涉的语词）或情感语句，与能还原为"是"的认知语汇或事实判断有区别。"价值观"（Values）涉及人们按照什么样的标准、尺度或以什么为参照（或基础）衡量和评估各不相同（甚至相互对立）的主观意愿或主体性需求，并反映与之相应的社会关系、社会意识和社会意义。由于价值观总是因人而异，且打上了主体性乃至主观性的印记，因此不同主体（甚至同一主体）从不同的社会地位或社会条件出发会形成不同的衡量"价值"的标准或尺度，产生了价值观的不同或冲突。

价值观作为人的精神现象，是人的社会存在之反映和人的价值追求之表达。人的社会存在和价值追求不是单一的、单色调的，而是多元的、丰富多彩的。它不仅有地区、民族、文化、历史等宏观方面的差异，还有性别、职业、个人经历、个人信仰等微观方面的不同。在我们的时代，当多元化的价值观不再受到传统权威之宰制和外在强力之强制，价值观的多元化冲突、多样性分化和多变性运动就必然成为现代性社会质态的形态特质。为了避免价值观的冲突影响社会的兴盛和国家的繁荣，一种超越冲突、分殊而走向一致和认同的价值观努力，就成为当今时代应对由多元价值冲突所导致的各种现代性危机的必然选择。这一价值观层面的提升或跃迁的趋向是一个伴随着现代文明进程不断得以展现的道德形态过程，它标明了核心价值观的精神实质，亦即趋向一种超越性价值观的追求与建构。

具体而言，这种超越性价值观的追求与建构的方式就是：从多元中发现统一，在冲突中求和谐；从多样性中发现一致性，在"大异"中求"大同"；从多变中发现不变，在变化中求稳定。这种超越具体价值观之冲突、分化、差异和变化的价值观追求，就是我们通常所说的核心价值观之构建。它的一个突出的特征，是通过消解各种形式的"自我中心"的价值观（即每个"我"所固持或固执的价值观）以切近"我们"的价值观。这里所说"自我中心"的价值观的一个最大的特点，是其受到"自我"之任性的浸染、影响和主宰，因而不能免除"我"之偏好和专断。它是现代性之分裂、歧异、不可公度的各种道德主张之无休止的且没有结果的纷争的渊薮。只有超越"我执"，从"自我"的主观任性或主观偏好的遮蔽中走出来，寻求对话、协商、理解和沟通，才能以一种开放的、包容的、共享的、民主的理念建构超越"自我中心"的价值观，从"我—执"的价值趋向走向"我—们"的价值趋向。

在现代条件下，个人、社会和国家，作为三种不同层次的价值主体，都会因某种原因，或是基于利益的考虑，或是基于道德的考虑，或是基于文化传统的考虑，等等，在价值观问题上落入"我执"的"自我中心陷阱"。因此，必须确立核心价值观的价值追求才能应对各种相互竞争的价值和价值观所造成的分化、对立和冲突，才能最大限度地超越价值观上的自我中心论的遮蔽，而切近"我们"共有价值观之构建，并在与西方价值观（特别是由西方自由主义政治意识形态所阐发、输出、扩张的价值观）的抗衡和多元价值观的竞争中保持必要张力的同时，坚持主导性价值观之认同并遵循核心地位的价值观导向。

从这个意义看，核心价值观的使命和功能，就是对价值观的多元分化或多元化的价值观冲突的超越。其精神实质，不是要反对（或消弭）多元化的价值观追求，也不是要在核心价值观与多元价值观之间设置某种非此即彼的价值观选项，而是要从"多元""多样""多变"的思想，以及文化和道德的发展中建构并确立具有引领和指引功能的"核心"价值观体系，因而是对"多"中之"一"、"冲突"中之"和谐"、"变"中之"不变"的探索。

由此，我们看到，核心价值观具有了一种文化战略的功能和意义。它从一种文化战略的视野上关联着国家治理的价值旨归。也就是说，它旨在设置一个广大而包容的"德"之谋划，试图在多元、多变和多样的价值观诉求中谋划并建构一种具有超越功能的认同。这里所说的核心价值观的"德"之谋划，在最宽泛的意义上，就是指一种针对价值观的分化或冲突而建构主导性认同——一种认同之"德"。国家和社会因这一"德"而能够构筑一种（体现核心价值之认同的基本诉求的）"伦理"之公序，个人或公民个体因为这一"德"而能够通过其引领成为（切实践行核心价值观之主体的）"道德"之公民。因此，在这种超越性的意义上，我们可以断言，核心价值观的主导功能和精神实质就是"认同之德"，对其的构建就是揭示一条通往"我们的价值观"之构建的道路。

如果进一步深入，就会发现：核心价值观之为"德"要解决的根本价值难题，就是当今时代至为深层而紧迫的现代性价值认同难题。它蕴含着让国家、社会和公民得以凝聚和提升的"德"之根本和"认同"之根本，其实质就是一种塑造和造就"我们"之为"我们"的共有的价值观或公共性之本质的伦理道德要素（简称为"德"）和精神要素（内核就是"认同"）。它既要有助于造就一个国家的"道德之公民"，又要有助于构筑一个公平正义的社会和一个富强文明的国家。因而，它注定要和现代性价值难题纠结在一起：作为"认同"，它要面对当今变化世界中由社会、经济和文化的全方位转型和人的类型的转变而带来的诸多分歧、冲突和对立面斗争的困扰；作为"德"，它要面对不同价值行为主体或价值承载主体，为人类整体行动、国家民族意义上的集体行动和公民个人行动确立正当行动的标准。

三　国家治理的两个价值论课题：描述性价值与规范性价值

从现代性价值认同难题着眼，核心价值观的建构，就其精神实质和表达方式而论，包括了国家治理必须应对的两大价值论课题，这就是："描述性价值课题"和"规范性价值课题"。①

---

① "价值词"是否可以是"描述性"（而不同于"规范性"）的？这个问题在学理上涉及当代道德哲学中"元伦理学"和"规范伦理学"之争。元伦理学的基本观点是：伦理学首先要分析澄清一个前提性的问题，即当我们说某个"价值词"的时候我们到底在说什么。循此，元伦理学的倡导者（如摩尔、罗斯、黑尔等）认为，"价值词"不是用来描述事实，而是描述情感或直觉的。它面临如下难题：描述情感或直觉的道德语言（或价值词）如何具有普遍性？这就是通常所说的道德语言的描述性难题。与此不同，规范伦理学（康德代表了义务论的进路，边沁、密尔代表了功利论的进路）主张，伦理学的首要关切是探究普遍性的道德原则。它面临规范性原则的论证问题。本文认为，将"价值词"或者完全归结为"描述性的"，或者完全归结为"规范性的"，都有以偏概全之嫌。基于价值词的功能分析，则有一些"价值词"偏重于"描述性"，重点是关于"善"的描述问题，而有一些"价值词"则偏重于"规范性"，重点解决正当行为的"规范性"。价值冲突的实质，在逻辑上表现为一种分布于"善"与"正当"之间的"诸价值原则"的"争辩性对话"（或"对话辩证法"）。"争辩性对话"的说法，参阅王南湜《马克思主义价值论何以可能——一个前提性的考察》，《当代中国价值观研究》2016年第1期，第24页。

先看第一类价值论课题，即我们所说的"描述性价值课题"。从语言形式方面看，该课题通过叙事性的、隐喻性的甚至图画性的语汇对价值观进行了表征。它在内容上关注的重点或实质，是对"好公民"、"好生活"、"好社会"以及"好国家"等各种类型的"善德"的一种目的论的价值描述，要旨在于揭示"善"之内涵以及"善德"认同的方向。从这个意义上看，"描述性价值课题"作为国家治理的价值论课题，就是运用各种形式，通过讲述"中国故事"来体现社会主义核心价值观的根本诉求。从目前已经形成的十二个价值词的表达方式看，"富强、民主、文明、和谐"，属于"描述性价值词"的范畴。这些价值词的功能是描绘现代"中国"的价值图画或价值形象。它们的共同特点是：不在于给出关于公民行为正当性之规范，也不在于确立关于社会行为正当性的普遍立法原则，其重点是描绘关于现代国家建设的价值理念。因此，该课题围绕的描述性价值论题的核心，是国家层面的价值认同，尤其是关于国家民族之"价值愿景"的描述。

再看第二类价值论课题，也就是前面所说的"规范性价值课题"。该课题在语言形式方面与那些描述"美好愿景"的价值词不同，它是通过一些普遍性的、规定性的甚至命令性的语汇对价值观进行表征。在具体内容上，规范性课题主要涉及对公民行为的正当性、社会行为的普遍性的"规范论"的价值规定，其要义在于给出关于"正当行动"的准则及其规范性道德之认同方向。当论及当前中国社会主义核心价值观建设的具体内容时，我们不难发现：第一，"自由、平等、公正、法治"这一组价值词，主要是从社会层面的价值诉求出发对社会行为的正当性进行规定，其实质是通过社会的规范性之建构在国家治理层面推进"公平正义"的社会合理化；第二，"爱国、敬业、诚信、友善"这一组价值词，主要是从个人层面的价值诉求出发对公民行为的正当性进行规定，其实质是通过个人行为的规范性之建构在国家治理层面提升"诚信友爱"的公民行为。这两组价值词都属于规范性价值词，旨在约定社会建设和公民行为的价值尺度，围绕的核心是社会公平正义和公民诚信友爱的规范性价值建构和价值认同，指向社会结构的合理性和公民行为的合理化。

　　毫无疑问，这两大价值论课题都属于国家治理的题中应有之义。它们聚焦于核心价值观的两个功能：一是描述国家民族发展的广阔前景；二是规范社会正义和公民行为的正当性。前者在学理上涉及目的论推理，围绕国家之"善"的一般性描述展开。后者在学理上涉及规范性论证，围绕"正当"的普遍性规定展开。因此，在其现实性上，两大论题与中国发展的现代性议题相适应，界划了"核心价值观"作为"德"之认同的基本方向——具体说，就是：由描述性表达和规范性表达切近"德"之认同的实质，即由描述性价值词表达"国家之德"的精神指引（用黑格尔的话说就是"活的善"），由规范性价值词表达"社会之德"和"公民之德"的价值尺规。①

　　从核心价值观的精神实质和表达方式看，核心价值观在价值哲学意义上要解决的根本问题，就是"我们"的价值认同。这里要予以强调，修辞词"我们"是加引号的。它在逻辑上分为两种趋向：其一，是从"我"到"我们"；其二，是从"我们"到"我"。前一个取向，旨在描述一个一个分立的"我"如何联结成为"我们"，重点解决"什么是'善'"的问题。它在价值哲学上指向描述性价值论题。后一个取向，旨在有效地规范"我们"中的"我"，即规约"我"的意图和行为，使之既与"我们"保持必要的张力，又符合"我们"的价值要求，重点解决"什么是'正当'"的问题。它在价值哲学上指向规范性价值课题。

　　从上述"我们"的价值认同的两种趋向看，核心价值观的表达方式是在价值描述（"国家之德"）和价值规范（"社会之德""公民之德"）两个层面上应对现代性价值认同难题。描述性价值由于着眼于共同体之

---

① 要强调指出的是，本文的重点围绕描述性价值课题的讨论展开。这并不是说第二个价值论课题（规范性价值课题）不重要，而是因为本文受到篇幅和研究主题的限制，在区分核心价值观内涵的两大价值论课题之后仅重点展开关于描述性价值课题的讨论。如果从学理上进行深入分析，两者之间的相互关系无疑是一个值得我们进一步深入研究的问题。实际上，在当代道德哲学的讨论中，"善"与"正当"的关系是一个饶有趣味的话题。到底是"善"优先于"正当"，还是"正当"优先于"善"？这个问题在当代西方自由主义的道德哲学和社群主义的道德哲学中有不同的回答。本文试图从"描述性价值论题"和"规范性价值论题"的道德哲学视角出发，探究"核心价值观是一种德"的学理意蕴，就必然涉及了"善"与"正当"的相互关系的问题。

"善"，它在应用于"国家之德"的价值描述方面相比于着眼于行为（不论是"社会的"还是"个人的"）之"正当"的规范性价值，是处于优先地位的。从这个意义看，它构成了应对现代性价值认同难题的主导方面。

四 "我们"的价值观：国家之德的价值描述

核心价值观应对现代性价值认同难题的第一个方面——也就是主导性方面，是通过"国家之德"的价值描述和价值指引，在价值观层面为"国家"赋形，从而为国家治理提供必不可少的"德"之认同的前提。

回溯历史之经验，一个没有道德的国家，或者不重视道德的国家，它的权力肌体必然会为腐败所侵蚀，为贪婪所摄取，会很快丧失掉它的人民的拥护，也会很快丧失掉它在全世界的影响力。那么，一国之人民是如何描绘国家共同体（或政治共同体）所固持的那些最为重要的作为国家之德的"基本善"？不容否认，这里的关键之处，是价值描述和价值引领。它往往通过真实鲜活的故事讲述精神史和文明史视域下国家民族的精神文明是如何坚持不懈地遵行一些基本善德和善的价值。以这种方式，人们在国家治理层面上就要把握和运用核心价值观的力量，使之融入国家日常生活和人民日常生活之中，并使它们形成有机之融合。"国无德不立，人无德不立"，就是在这个意义上揭示由描述性价值论题确立核心价值观的取向和路径。

毫无疑问，当人们说"国家是权力统治的机器"时，这是在陈述事实。然而，当人们说"国家有责任将巨大的改革红利惠及更多的人（特别是更多的穷人）"时，则是提出了一个描述性价值论题。前者不直接关涉价值观建设，后者则源自体现"国家之德"的核心价值观。那么，我们如何理解一个"描述性价值命题"可以用来描述"国家之德"意义上的价值认同呢？换句话说，为什么关于"建设一个美好国家"的价值表述在话语方式上要由"描述性价值论题"来表达？

就一般性的概念内涵而言，描述性价值论题不是事实陈述，不是对象认知，不是知识真理揭示，也不是普遍规定，而是偏好、愿景、道路和目标描述。这个特点，使得描述性价值可以最大限度地统一人们的价值共识。比如，有人说"白比黑好"（或"白猫比黑猫好"），这个命题是用来描述偏好和情感的，喜好"白"（或"白猫"）的人自然会赞同这个论题，而不喜好的人就不会认同它。它给出的是一种偏低阶的描述性价值命题。但如若另有人说"黑比白好"（或"黑猫比白猫好"），就不仅仅是不认同的问题，而是与前一个命题在根本上相冲突、相对立。解决冲突的方式有三种：A. 诉诸武力，B. 诉诸权威，C. 形成共识。显然，前两种方式（A 和 B）主要是传统社会解决价值冲突的方式。在现代社会，武力和权威越来越让位于对话和共识，既不是通过"武力征服"或"比赛谁家嗓门高"，也不是由某个机构或组织在相互竞争的命题之间进行选择并宣布哪一个命题更有普遍性权威或者更符合知识真理（人们都得服从其权威和真理），而是通过形成共识（C），双方达成能够公认的更"高阶"的描述性价值命题。比如说，人们可能会权衡各方立场或看法后同意：不论"白"还是"黑"（白猫和黑猫），适合（偏好和情感）的就是好的。于是，这两个人就得出了一个"高阶"的描述性价值命题：适合就好。当然，问题并没有完全解决，有可能转换成了关于如何界定"适合"的讨论。这两个人完全可能会围绕如何定义"适合"的问题展开对话和争论。按照这种方式，当"价值阶梯"从低向高提升和凝聚的时候，多元、多样、多变的思想文化和道德就会成为人们通过价值描述（或价值指引）建构"德"之认同的前提。一个个孤立的"我"就会联结成为整体，成为"我们"。个体因此融入整体，孤独的个人与其公共本质就会结成休戚与共的关联整体。

因此，描述性价值论题的核心功能，是通过"价值阶梯"将"自我"与"他人"关联起来，将"我"引向"我们"，将"我"的价值观引向"我们"的价值认同和"我们"的价值观。这种价值描述和价值引领构成了一种可被称为"我—们"的价值阶梯。它使"我们"成为一种"伦理"的存在。它绝非一种单纯的知识之教习，亦非某种纯粹的理性之狡黠，更不是政治意识形态之灌输，而是从"我"走向"我们"之时的伦理之觉悟。当然，这种伦理觉悟首先要以"我"之为独立自主的权利主体意识的自觉为前提。倘非如此，则"我"与"我们"之间必要的张力便会被遮蔽，而"我们"也就成了一种压制"我"而非成全"我"的话语权力。

细究上述关于"我"和"我们"之间的张力，不难看到：描述性价值论题就是通过价值阶梯使人们在"认识你自己"的意义上进入价值观层面的主体自觉。如同个人只有通过更高阶的价值引领才能超越故步自封的樊篱，不断地完成自我超越一样，集体（比如企业）、社群、民族、国家也只有通过价值观建设才能正确认识自己，把握自己，找到探索、追求的目标和发展的方向。

进一步，从描述性价值论题的功能看，国家治理的价值核心就是对"国家之德"的价值描述。它以国家主体的"价值自觉"为根据，表达国家精神；以国家认同的"价值共识"为基础，揭示人心所向；以国家重构的价值目标为指引，描绘文明复兴的伟大梦想。

在中国的发展成为世界性课题的今天，"中国"之重构在其现实性上一定是多方面、多维度和立体性的。它被概括为以"两个一百年"为时间坐标的"中国梦"——这描绘出了它所面临的最重要、最紧迫的任务，其核心乃是价值观之重构。当然，中国在经济上的成功，确乎催生了一种"中国崛起论"的期待，也伴随着一种"中国威胁论"的担忧。然而，一国之所以有影响和权威，之所以在人民内心激起持久的爱和炽热的情感，之所以在复杂严峻的国际竞争中始终坚持正确的方向，究其根本，不在于军事实力，而在于道德因素和文明因素，在于它所坚持的国家哲学。

"中国梦"作为中华民族所坚持的国家哲学的集中表达，无疑承载着中华民族在国族价值理念上生生不息、刚健有为的伦理内核和道德前景。具体说来，它通过"富强、民主、文明、和谐"四个价值词，描述国家层面核心价值观之构建的价值阶梯，即个体联结成为整体的"我—们"的价值阶梯。

五 描述性价值的四重引领

作为描述性价值论题，"中国梦"的具体内涵体现在"富强、民主、文明、和谐"这四个价值词对中国发展的价值描述上。核心价值观的重点因而在于描述中国价值观所要实现的四重价值引领，这是它内蕴的描述性价值论题的实践意义。

（1）中国价值观将引领中国走向富强。"富强"是一个描述性价值词。这个价值词在当代中国语境下，历史地包含了"贫穷不是社会主义"的价值描述，进而包含了"发展是硬道理"的价值共识，同时在今天集中地体现为对"中华民族伟大复兴"的价值引领和"愿景"描画上。依据这一价值观描述，我们从更深层次，即在价值观的精神内涵方面不难看到：如果缺少强有力的精神的、伦理的和道德根基上的认同，任何"富强"都将是表面的，究其实质，它将无法摆脱仍属"贫弱"的精神底色。

（2）中国价值观将引领中国走向民主。"民主"既是一个描述性价值词，又是一种公认的现代"治理术"。这种两面性给人们带来了"民主的困惑"①。在当代中国语境下，作为核心价值观的"民主"强调的不是一种"治理术"，而是一个与"专制"相对立的用来描述国家制度之合理化的价值词。它为国家政治制度预设了一个"善"的目的论维度。依据民主的价值描述，我们从非治理技术方面，即从民主政治制度方面不难看到：如果缺少健全的规范体系的约束和合理的程序正义的制度之善的支撑，任何形式的民主将不可避免地沦为一种虚假的民主。

（3）中国价值观将引领中国走向文明。"文明"作为价值词，既可

---

① 阿甘本在谈到现代民主的困惑（即在作为政治制度的民主和作为治理术的民主之间存在着一种矛盾的两难处境）时写道："我的新作试图揭示，政治最关键的秘密并非主权，而是行政权；不是上帝而是天使；不是国王而是大臣；不是法律而是警察——或者更确切地说，是被人们塑造并维持运转的双重统治机器。"〔意〕吉奥乔·阿甘本等：《好民主与坏民主》，王文菲、沈健文译，上海社会科学院出版社，2014，第9页。

用作名词（如"现代文明"），又可用作形容词（如说某一种行为是"文明的"），还可用作动词（如"文明精神"）。它对国家之"德"的价值描述，是从国家治理的视角上回应中国如何是一个"文明"（形容词）国家而不是一个"野蛮"国家，中国要建设何种"文明"（名词），以及中国用什么"文明精神"（动词）的问题。如果说"富强"包含了国家"经济硬实力"之质素，那么民主、文明、和谐则包含了国家"文化软实力"之质素。国家作为维护文明秩序的力量，在国家治理的权威、合法性、正当性等文明质素方面，必须体现"文明"的价值所指向的"文化软实力"。"核心价值观是文化软实力的灵魂……一个国家的文化软实力，从根本上说，取决于其核心价值观的生命力、凝聚力、感召力。"①依此描述，我们反过来就会看到：如果缺少一种优良而公认的公序良俗和文明规矩，任何类型的"文明"将是一种残缺的文明，在本质上不能脱离野蛮状态。

（4）中国价值观将引领中国走向和谐。"和谐"是一个源自中华文化传统和国家哲学的描述性价值词。例如，《尚书》有言："……克明俊德，以亲九族。九族既睦。平章百姓，百姓昭明。协和万邦，黎民于变时雍。"② 中华民族是一个热爱和平、追求和谐的民族。和谐价值观代表了中国价值观的根本诉求，它优先强调和平发展，强调建构和谐人伦关系、和谐社会关系、和谐天人关系的重要性。和谐原则也是一个符合人类共同价值标准的普遍性原则。③ "和谐精神是道德、宗教、法律的共通原则，也是它们的最高原则，是至善原则。"④ 依此描述，我们反过来就会看到：如果缺少"德"之认同，任何一种"和谐"将无法避免族群之间、群己之间、人与人之间和人与自然之间的根本冲突。

---

① 《习近平谈治国理政》，外文出版社，2014，第 163 页。
② 《尚书·尧典》，转引自张祥龙著《〈尚书·尧典〉角平说，以时孝为源的正治》，北京三联书店，2015，第 24 页。
③ 章伟文：《和谐：一种具有世界普遍意义的价值理念》，《当代中国价值观研究》2016 年第 1 期，第 76~84 页。
④ 张文显：《和谐精神的导入与中国法治的转型：从以法而治到良法善治》，《新华文摘》2010 年第 17 期，第 12 页。

上述描述性价值论题是从国家治理的层面通过富强、民主、文明、和谐四个方面对"国家之德"的价值描述。无论从何种意义上看，核心价值观对国家治理的价值描述和价值引领的界定，都是针对各种各样的价值观之分殊的，即通过"我—们"的价值描述和价值观指引，超越多元化的价值观之冲突，寻求多样性之和谐的理想类型。

两百年前，黑格尔在《精神现象学》中针对时代精神过于"务实"而忽视了更为重要的精神的趋向，曾写下一段为后世学者经常引用的话。他说："人的目光是过于执着于世俗事物了，以至于必须花费同样大的气力来使它高举于尘世之上。人的精神已显示出它的极端贫乏，就如同沙漠旅行者渴望获得一口饮水那样急切盼望能对一般的神圣事物获得一点点感受。"① 两百多年过去，当代中国寻求中华民族伟大复兴之时面临同样严峻的精神世界荒漠化的危机。相较于实际价值观体系的复杂性而言，中国价值观的四重引领（作为对国家之德的理想类型的描述性表达）是我们应对危机的方向性之指引，其价值旨归，概要言之就是：和谐整体，文明精神。这是中国价值观不同于西方价值观的最为突出的方面。它用"富强、民主、文明、和谐"四个价值词，强调对话、协调（协商）、合作、共生共存和协调发展的重要性。这并不是一种敌视个人、排斥"为己"的价值观，但它的出发点是整体、实体，是"群"，是从整体、能群、和谐出发来界定个人利益和"为己之学"，因而在价值观上强调"集体"优先。"民主—富强"的"国族性"价值描述与"和谐—文明"的"世界性"价值指引互为前提、密不可分。从这个意义上看，社会主义核心价值观中的描述性价值论题，在国家治理的更深层次上指向了体现中国价值观的国家精神和国家哲学之重构。

---

① 〔德〕黑格尔：《精神现象学》（上卷），商务印书馆，1979，第 5 页。

文化发展繁荣之势下主流报纸的品质必须力保

——以 2015 年 11 月"两报"之疵为例

曾 铁*

【摘 要】 主流报纸（大报）是中文健康发展和文化建设、繁荣的"主场"，其细节关系到文化及发展。规范文字、让中文美丽并使科普语言更准确，大报当为。大报和中文课本一样是文化集散地，它是文化本身，亦是代表，重视、完善文字是使读者阅读大报感到物有所值、有收获的要事。大报是文化兴盛、文化育民的主渠道，细部完备是让大报信息可靠之基，这样，大报才能实现文化高输出及其传播目的。保证大报品质，其中文应处处合范、科普当科学，贵在力减细节缺漏。

【关键词】 主流报纸 文字 细节 文化品质

文化大发展、文化惠民和文化中国，主流报纸（大报）是前沿阵地和优秀的文化教员。大报是高端、权威媒介，生产优质大报，为提高国民科学文化素质效力，为创新、协调、绿色、开放、共享发展服务是报

---

* 曾铁，男，教授，政府特殊津贴获得者，曾宪梓教师奖获得者，研究方向为科技传播、文化发展和成人教育等。

社的使命与要务。新媒体时代和电子阅读盛行之时，大报覆盖面宽，影响力、崇拜度仍颇大。统计数据显示：与 2010 年相比，2014 年中国（不含港澳台）出版报纸 463.9 亿份，增长 2.6%。目前，我国日报发行总量居世界第一。[①] 当下，转载大报消息是很多电子媒介的行为、习惯。报人要注意"为悦己者容"，必须用心地生产大报，其文化品质应得到保证、保持。大报，"大"报，它和中文课本是文化及其代表，其有名正言顺的功能，范导性强。大报是文化建设、文化发展的参与者、引领者，其文化品质高，中国文化盛；大报报品好，国人素质高。所以，编辑、出版大报，提高它的传播力、接受度，报人当认真、专注。

一　问题缘起：2015 年 11 月沪、京"两报"瑕疵及简析

本文中的科普指科普、科技新闻和含科技知识、科技史等元素的文章。这里的读报笔记及解析有不周处，请指正。

（一）2015 年 11 月《文汇报》瑕疵及简析

1. 文史方面

11 月 1 日 7 版《胡适译勃郎宁》，其"胡适是新诗的始作俑者，但他虽以《尝试集》名世，译诗却并不多"，用"……俑者，他虽以《尝试集》名世，译诗却不多"为佳。

11 月 2 日 2 版《像田里的土豆一样深入群众》，该标题用"像生长在田里的土豆那样深入群众"为佳。

11 月 5 日 2 版《表决通过新修订的种子法》，此标题用"……新修订的《种子法》"为妥。

11 月 7 日 8 版《一张报纸的抗战》，其"随着 1937 年 11 月最后一

---

① 吴娜：《新闻出版产业规模在"十二五"期间迅速壮大》，《光明日报》2015 年 11 月 20 日，第 9 版。

批中国军队撤离上海，除了苏州河南岸的租界"，用"随着 1937 年 11 月初最后一批中国军队撤离上海战场，除了……"为宜。上海四行仓库保卫战发生于 1937 年 10 月 26 日至 11 月 1 日，此战结束后，谢晋元奉命率官兵撤到英租界，被软禁了近 4 年。1941 年底，这些官兵被日军俘获。

11 月 8 日 8 版《缘何为徐志摩立像》，其"作品进行得很快"，用"作品塑造得很快"为好。

11 月 12 日 5 版照片说明语"预计年底前进行商业运营……海南核电综合国产化率达 80% 以上，对全方位实现核电'走出去'战略有重要意义"，用"预计年底前商业运营……80% 以上，这对全方位实现核电'走出去'战略有重要意义"为好。

11 月 12 日 12 版《为什么会有"活了一百万次的猫"》，其"我与哲学家李泽厚先生进行对谈，那谈话成果后来变成了两本书"，用"我与……先生对谈，那次谈话成果……"为宜。

11 月 14 日 1 版《寻找中外食品安全研究"对接点"》，其"农药残留等，很多都是企业良心与道德的问题，不是食品技术研发范畴"，用"……的问题，不在食品技术研发范畴"为宜。

11 月 16 日 3 版《低碳生活》，其"也感受到一种绿色幸福的北欧式简约豪华生活方式"，用"……北欧式简约、有品质的生活方式"为好。简约、豪华，二者矛盾。

11 月 17 日 1 版《出版人不仅是买手更要做推手》，其出版人"更要探照灯一样挖掘助推新人新作"，用"更要积极搜寻、挖掘和助推新人新作"为好。要探照灯一样挖掘，此搭配、组合不当。

11 月 20 日"文汇学人"12 版《走出梦华世界》，其"1988 年于北京大学历史学系博士研究生毕业"，用"1988 年，获得北京大学历史学系博士学位"为好。于博士研究生毕业，此话不通。

11 月 20 日"文汇学人"2 版《捕捉真正属于自己的史感》，其一自然段开始"且开沅先生不仅提倡别人'走出中国近代史'，他自己早已超越特定的历史阶段"，用"开沅先生不仅提倡……"为当。

11 月 20 日"文汇学人"15 版《文献展上的百年中外交往史》，有误："发现那首广为流传的'山登绝顶我为峰'并非这位民族英雄所写。"用"发现那首广为流传的以'山登绝顶我为峰'为名句的诗,并非……"为准。此文中"这份文献同样具有很高的学术价值,可以了解为17世纪中西文化交流作出重要贡献的徐光启以及当时的上海",用"……价值,从中可以了解为……"为妥。此文中"……中日文化交流。他说,两国的交往从唐朝就开始了",应是"……两国的交往从隋朝就开始了"。7世纪初,日本曾四次遣使入隋,以遣隋使为标志,揭开了中日友好往来和文化交流的序幕。

11月25日8版《周功鑫》,其"11月中旬,上海满城银杏的季节",用"11月中旬,上海银杏叶黄的季节"为妥。此文中"周功鑫从秘书室干起",用"周功鑫在秘书室开始做基础工作"为佳。书面语要缜密、严谨。

11月28日8版《立德树人蕴方略培桃育李创佳绩》,此标题似不妥。方略即计划、策略,"立德树人蕴方略",这话本末倒置了。

2. 科普方面

11月2日4版《奔驰东区……》,其"最大可达211马力的输出功率"不妥。"马力",非我国法定的功率单位,本文当用"千瓦"这一法定的功率单位。

11月5日5版《媒介融合》,其"是对正确舆论导向的坚持,是对正能量的传播",用"……舆论导向的坚持,是有效传播正能量"为宜。

11月7日5版照片说明语"并使火星上层大气分子或原子电离",用"并使火星上层大气中的气体分子或原子……"为准。大气是混合气体,无分子。

11月9日12版《再次印证品牌实力》,其"可获得177kW/5500rpm的最大功率和340Nm/1750rpm的峰值扭矩",应是"它的最大功率可达177kW,峰值扭矩为340Nm"。功率、力矩的单位,均不涉及转速。

11月10日7版《基本确定中微子质量顺序》,有瑕:"新建实验将开展测量中微子质量顺序、对超新星中微子、地球中微子、太阳中微子、大气中微子,寻找暗物质、质子衰变等开展研究,在多个领域达到国际先进水平。不仅能对理解微观的粒子物理规律做出重大贡献，也将对宇宙学、天体物理乃至地球物理做出重大贡献。"用"新建实验将测定中微子质量顺序，并研究超新星中微子、地球中微子、太阳中微子、大气中微子和质子衰变、暗物质等，基于这些实验，该实验室企望在多个领域达到国际先进水平。这样，它将有助大家进一步地理解粒子物理规律，也将对宇宙学、天体物理学与地球物理学做出重大贡献"为准。此文中"当有机玻璃球的直径达到 35 米，对材料的要求就会不同，而有机玻璃没有现成的机械手册，连材料性能都需要项目自己去测试"，用"……不同，制造这么大的有机玻璃球没有现成的机械手册，其材料性能也需要科研人员测试、探询"为好。

11 月 11 日 12 版《在实验室里"再造"太阳和小宇宙》，有疵："激光是一种人造的光源。"用"地球上激光是一种人造的光源"为佳。科学家早已发现，某些恒星上有天然的激光。① 此文中"目前世界上大多数核电站都是采用核裂变反应"，应是"目前世界上的核电站都是借助核裂变反应"。当前尚无核聚变式核电站。

11 月 22 日 7 版《马文号火星探测器》，其"飞行过程中能产生约 1150～1700 瓦的电能"，用"飞行过程中能提供的电功率可达 1150～1700 瓦"为佳。"瓦"不是电能的单位。

11 月 30 日 8 版《全新林肯全尺寸……》，其"这款发动机的最大功率为 261KW"，应是"……261kW"。

（二）2015 年 11 月《光明日报》瑕疵及简析

1. 文史地方面

11 月 4 日 9 版《黄镇遗孀将其创作长征画作……》，该标题用"黄镇遗孀将其夫创作的长征画作……"为准。这样不会有歧义。

11 月 13 日 11 版最下端照片说明语"学生们正在使用数字化教学设备进行学习"，用"学生们借助数字化教学设备学习"为好。进行学习，

① 佚名：《美科学家发现天然激光》，《中国科技产业》1995 第 10 期。

此话不当。

11 月 15 日 5 版《联合国五常音乐会举行》，该标题用"联合国'五常'音乐会举行"为宜。此文中"中国的《黄河愤》和《保卫黄河》最后压轴，将现场气氛推向高潮"，用"中国的《黄河愤》和《保卫黄河》最后演奏……"为准。"压轴"是倒数第一。

11 月 15 日 8 版《开启新闻稿语文质量的新时代》，其"如将'按照 1∶10 的比例'误为'按照 1∶10 的比例'"，其意不知所云。

11 月 17 日 13 版《提高高校教学水平》，其"四要补足实践教学这一短板"，拟用"四要拉长实践教学这一短板"。补足短板，有违本意。

11 月 19 日 9 版《"四有"教师童庆炳》，其"他应邀为北京师范大学文学院党校进行了首场讲座"，用"……文学院党校学员做首场演讲"为宜。进行讲座，此话别扭。

11 月 20 日 13 版《江南园林的风神与韵味》，其"江苏南部太湖沿岸一带的园林一枝独秀，尤以苏州、扬州为盛，兼及金陵、无锡等地"，用"……独秀，尤以苏州、扬州为盛，兼及南京、无锡等地"为好。

11 月 20 日 11 版《发展核电推动能源供给》，由本文内容可知，该标题用"发展核电丰富能源供给"为佳，或"……扩大能源供给"。

11 月 20 日 9 版《新闻出版产业规模在"十二五"期间迅速壮大》，其"我国日报发行量、图书出版品种和总印数世界第一"，用"我国日报发行总量、图书出版品种和总印数均居世界第一"为妥。

11 月 21 日 6 版《网络文学的活力》，有恙。一自然段的开始"曾经，在网络在华语世界中开始走向普及的二十世纪九十年代中后期，网络文学其实有不少是一些对于传统文学有复杂情感的青年人的写作"，用"在网络在华语世界开始走向普及的二十世纪九十年代中后期，网络文学有不少是由一些对于传统文学有复杂情感的青年人创作的"为好。另一自然段的开始"而由于拥有大量作者，网络文学也创造出了独具特色的收入模式和良性运营的路径"，用"由于拥有大量作者……"为佳。"但也不乏粗制滥造之作。但我们的社会、公众以及传统的文学界，已经需要对十多年来中国网络文学的发展予以高度重视"，用"但也不乏粗制滥造之作。我们的社会、公众以及……"为好。"它尚不成熟，但生命力旺盛，也具有世界其他社会文学难以比拟的活力"，用"它尚不成熟，但生命力旺盛，且具有世界……活力"为佳。

11 月 24 日 14 版《梦想一点一滴实现》，其"作为中心在教师用户"，应是"作为中心的教师用户"。

11 月 24 日 11 版《历史镜像与文化记忆》，其"司母戊大方鼎的出土"，应是"后母戊大方鼎的出土"。

11 月 25 日 1 版《文艺界常青树》，其"第五代江姐扮演者伊鸿远……"，应是"第五代江姐扮演者伊泓远……"。

11 月 26 日 3 版《在第四次中国……领导人会晤上的讲话》，此标题用"在……领导人会晤时的讲话"为适。会晤上的讲话，此话不当。

11 月 26 日 11 版《以色列的创新成功之路》，其"基础教育就是培养打破思维定式的能力"，用"基础教育重视培养打破思维定式的能力"为准。

11 月 27 日 11 版《意念控制机器手》，其"神经细胞就会产生一种叫作棘波的电脉冲，它是脑电图的一种波形"，用"……电脉冲，它是形成脑电图的一种电波"为好。电脉冲是图的波形，此话不当。

2. 科普方面

11 月 13 日 16 版《发烧友》，其"这各种电能经过供方的转换储存设备一调理，多大的脾气也应该化解了。虽说电死人的本性不会改，但当转化为工力驱动光碟播发声音时，也不能太调皮。不同的电能或许会有不同的性格"不对。推动发电机发电的动力虽有多种（水力、火力、风力、核力），但是用户所用的电能，本质是一样的，没有什么"不同的电能"，电能也没有"不同的性格"。

11 月 16 日 8 版《计量单位将迎来量子化时代》，其"国际单位制将以量子等自然界基本常数为基础重新定义"，用"国际单位制将以量子物理学为根的自然界基本常数为基础重新定义"为准。量子非自然界基本常数。

11 月 24 日 6 版《科学，就是要不一样》，有恙。"建设江门中微子实验、筹建 CEPC（大型环形正负电子对撞机）……希望江门中微子实验的建设能在 2020 年完成"，用"开展江门中微子实验、筹建……江门中微子实验能在 2020 年完成"为宜。建设实验、实验的建设，这些话不妥。"但经过大亚湾锤炼的王贻芳已经是'半个土木工程专家'"，用"但经过大亚湾工程锤炼的王……"为宜。"而 CEPC 一旦建成，将是世界上最领先的正负电子对撞机。'以后一说到这个领域，必须到中国来'"，用"CEPC 一旦建成，将是……以后此领域的科研，必须到中国来"为好。"美国费米实验室的加速器中微子实验正在建设"，用"……加速器中微子实验已启动"为佳。"但对中微子顺序，我们觉得很有希望"，用"但对获得中微子质量顺序，我们……"为准。

11 月 26 日 10 版《李佩》，有瑕。"郭永怀和钱学森合作完成了震惊世界的重要数论论文，首次提出'上临界马赫数'概念并得到实验证实"，用"郭永怀和钱学森合作完成了重要的流体力学论文，首次……"为准。"在他牺牲后 22 天，中国第一颗热核导弹试验获得成功"，用"……中国第一次热核导弹试验获得成功"为宜。热核导弹试验，即导弹携带氢弹飞到目的地，氢弹爆炸之试验。

11 月 27 日 10 版《民族英雄……》，其"1950 年美国政府又驱散了加州理工学院的火箭研究中心，驱逐了主将……"，用"1950 年，美国政府解散了加州理工学院的火箭研究中心，又驱逐主将……"为准。

二 对保证大报文化品质的小思考

（一）报人，对中文要爱而敬畏，应努力传播优美的中文

大报是报界"绅士"，是中文健康发展和文化建设、繁荣的"主场"，其细枝末节、"一颦一笑"均关系文化、发展以及读者的利益，规范文字、优化文风，让中文美丽并使科普用语准确，大报当为，且须积极作为。大报文化信息多，是重要的文化集散地，它是最现实，且天天见的"文化"，重视、完善文字和细节是使读者阅读大报能感到物有所

值、有收获的要事与细务。大报是文化兴盛、文化育民的主渠道，文字合范、细节完备是让各种信息可靠的要素与础石，这样，大报才能实现文化高输出及其传播目的。大报无小事，其微瑕不微，微瑕率较大有损报品。相关事例显示，全面提高报纸的文化品质，报人使用中文须循规蹈矩，应关注、聚焦细节，力减缺漏。当下，报人工作应安心、专注甚至痴迷，要像父母爱护自己的孩子一样，倾心地护爱、扶助大报。大报的文字水平、科普质量应与文化繁荣与社会绿色、和谐发展的要求相称、相匹配，报人要努力减少报章的上述差池。中文是中华文化及其发展之根，准确地使用中文乃文化大繁荣、文化强国的现实需求。在中文应用状况不理想之当下，推进、实现中文健康发展，理应强调、践行中文的标准化、规范化与法治化。大报是中文的大学和传播先进文化的高地，"正确地使用祖国的语言，新闻工作者承担着特殊的使命"，报人应"为祖国语言的纯洁和健康而继续奋斗"。① 生产大报，报人对中文要爱而敬畏，应熟悉《通用语言文字法》等重要文件，并自觉致力于传播合规、优美的中文。

（二）生产大报，报人工作不可大意

文字、细节完美对大报重要且必要，文字、细节粗糙会降低大报的"厚度"与"颜值"。完善文字，力保大报品质是报人应有的文化态度与文化担当，也是其职务。做好细节，大报方耐看、可读、有用，才能达成文化传播的目的。为此，生产大报，文字编辑、校对，版面编辑、责任编辑等当班、值班须上心，不可疏忽大意。追求完美、让细部精致是对读者、对文化负责，责任立报、责任强报乃出版大报的关键词，大报纸漏率较大会"破相"，有自"砸场子"之效，将拉低报纸"高度"。"为大于其细"②，办大报亦然。大报都是高表现传播媒介，编辑、出版大报，报人当严格落实有关的法律法规，大报文字、细节不能随意、

---

① 《为祖国语言的纯洁和健康继续奋斗》，《人民日报》2001年6月6日，第4版。
② 《道德经》。

"任性"；无错不成报，大报当反"潮流"，大报的细部要始终完备，文化品质应高优。大报是重要的文化读本和当代文化的窗口，其文化质量当"坚挺"。出版大报追求高品质是报人的工作要求，全方位做好细部是保证大报文化品质的现实与内在要求；对待发文章的字、词、句、段、篇均要仔细审读、掂量，重在减少文字、修辞、逻辑和科技常识等方面的瑕疵。将文字、细节的错误率控制在允许范围里是生产大报的应然、实然，这是提升大报品质的重心和要点。记者和编校者的文化水准、工作态度决定着大报品质，要保证大报文化水平及其品位，记者在借用、化用网媒消息时，应仔细甄别、多方核实，未经鉴定、直接"贴"用网络信息往往会失误。保证大报品质，文字的编辑与校对人员当悉力减少、消灭文字与细部的纰缪。

（三）报人，必须夯实专业基础，提升中文熟练度

大报是推进文化发展的"能臣"，实现文化传播和文化育人，保持大报的认同度、阅读率是要件与保障。要做好细节、保证大报文品，使之"俊秀"且让读者受益，一些报人当强化专业精神，夯实专业基础和提升中文熟练度。大报乃强势媒介和应用中文的范本，依法、合范地使用语言文字是报人的重大责任与首务；出版、供应大报，要对得起忠实的读者，优质报纸需要文化素质高、业务精通的报人长期地精心"打扮"。报人若责任心缺失或文化素质、能力有缺陷，生产的大报有时就会有恙、有误。保证大报影响力、作用力和巩固大报地位，关键在报品、报人，非其他外力。细节优美、文章优高是保持大报儒雅气质及其吸引力、被关注度的核心。保持报纸品质，记者、编校者必须中文基础好，文理基础知识丰富，文化视野宽；保证报纸文品，重在从文化、专业等方面大力提升文字编辑、校对等的综合素能。学则进，不学则退，推动与实现报人发展、报业繁荣，各年龄段、各个层级的在岗报人当学而不厌、与时俱进，切不可以不变应万变。熟悉并可正确地应用文、史、地知识和高中科技知识是报人的职业诉求、底线，此乃报人胜任工作之要。报人是重要的文化传播者，他们当好学、博学，若欠缺文理知识等，报

人工作就会对错误不知不觉、力有不逮，从而导致文章常有闪失。所以，报人"必须善于在繁忙的实际工作中，自己争取时间去学习，这一点必须有坚持的精神才能做到"；"要随时随地在工作中学习理论和文化，努力提高自己的政治水平和文化水平"。① 相关现象揭示，自我加压、广泛地读书（以优质的纸质书为主）与充电，不断"打补丁"，补足自己的"短板"，乃报人进步和大报"高大上"的实需与急务。

（四）健全、强化和全面落实报社管理

大报"能量"大，是文化代言者。编辑、出版优质报纸是报人的职责，基于精准的科普和美文传送现代文化乃报社的基本任务。当下，文字、细部瑕疵频现是一些大报的顽疾，对此，有关报社、报人应自省并努力扭转此况。② 人才是报社的第一资源，对人才强报和引进、培养一批学者型报人，报社高管要深化认识，并落实有关的强力措施。编、校环节是出版高品质大报的基点与抓手，加强编校者全员的定期业务培训，着力培育优秀的编校人才；健全、兑现对记者、编辑和校对的科学评价和奖励机制是保持大报竞争力、辐射力与感召力的当务之急。大报报社资源丰富，生产中老年读者或知识分子、各级干部等追捧的传媒——大报，其人力、技术上无障碍。上述事实说明：加强报社一线力量，提高文字编辑、校对的业务力、文化力与执行力是确保大报文化质量，让报纸常青的充要条件；提升报务管理水平、强化文化质量监控，贵在出版报纸的每个小环节都有人把关和担责。

（五）出版大报，总编辑的监管不能弱化

总编辑是生产报纸的主体责任人，编辑、出版报纸其有"法定"的监管之责，细节常有恙、报纸瑕疵率超标属总编失职、渎职。出版大报，

---

① 陈云：《共产党员的标准》，《人民日报》1980年2月10日，第1版。
② 曾铁：《办大报应注意完善文章的一厘一毫——以2014年下半年上海〈HWB〉科普瑕疵为例》，《新闻传播》2015年第1期，第13~16页。

兹事体大，保持大报可信度以及读者与大报的紧密度，大报小纰漏"缠身"之象要化解。完善文字、细部是增加大报"安全系数"及其社会价值和保持大报社会、经济效益的内需，对本报常有差池之状，总编、党委书记等报社高管要了解，不可无动于衷，且应清醒，有纠正的动作。完善、发展大报，注意完美其文字。细节是硬道理，文化建设、繁荣之势下，大报的细节有疵不能常态化。办大报，理当严格执行国家和业内的规章、标准，大报每天的"误差"不能大于国家有关部门的规定值。大报是文化符号、文化名片，"报馆者，国家之耳目也，喉舌也，人群之镜也，文坛之主也，将来之灯也，现在之粮也。伟哉报馆之势力，重哉报馆之责任"①。对此认知与思想，总编当深刻领会并基于"铁"的制度督促报人办好大报。出版大报，忌大而化之、用心不专或"大概齐"；降低大报"毛刺度"、力保其文品，让读者满意。生产报纸总编要问事，下沉到一线，其监管要全程、细化，不能弱化，不可形式化、走过场。

大报是受人尊敬的媒体，其文字、细部等关系文化及其发展，也关乎读者，大报是报界悍将与文化形象，包括科普文章在内的文章都应是范文。在新型传播环境下，要使大报依然"时髦、漂亮"，要精益制造，编校不可粗放（此乃笔者长年阅读《新民晚报》《文汇报》《光明日报》后的认识）。报人应有高文化势能和工匠精神并是学习型文化人，工作当全心全意；用质的优势彰显大报，继而"征服"读者、保持其市场占有率乃报社的大事。当前，各种媒体竞争激烈，信息精确、文化品质高乃媒介取胜的王道，如此，报人应注重完美细节，让报章的字、词、句等均达标，未经审、校或一目十行读过的文稿，不能发表。许多事例表明：保持大报传播力、文化力与吸引力，增加大报显示度、凸显其"存在感"，要点在大报的文字优美、细节完善和瑕疵率低。

---

① 梁启超：《论报馆有益于国事》。

中国传统法律文化的生命周期及创造性转化

【摘　要】　中国传统法律文化在历史中不断创造，在创造中不断转化、发展，形成新的传统。同自然界所有生物一样，中国传统法律文化是有生命的，它先于个体而存在，不随个体消失而消失。虽然它同现代法治精神存在冲突，但是在儒家思想的支配下，其为维护中国古代政治、军事、经济制度的稳定和统一发挥了不可或缺的作用，它也同马克思主义学说、西方法律思想一道成为中国现代法律文化的根基。从生命周期的视角剖析中国传统法律文化，厘清其历史脉络，进而分析在现代对其进行创造性转化的策略，具有重要的理论意义和实践意义。

【关键词】　传统法律文化　生命周期　转化

中国传统法律文化是融合儒、法、道等各派学说，以儒家思想为主导的法律文化。从历史性的角度看，其在道德、观念、风俗、思想等历史传统中不断创造，在创造过程中，又不断转化、发展、形成新的传统。同自然界所有生物一样，中国传统法律文化是有生命的，它先于个体而

---
* 宋华未，男，上海大学讲师、审计处副主管，主要研究方向为法学理论、法制史。

存在，不随个体消失而消失。

一　从导入到衰退，中国传统法律文化源远流长

中国传统法律文化的生命周期，是指中国传统法律文化孕育、产生、繁荣、萧条的整个时期。笔者将中国传统法律文化的生命周期分为导入期、成长期、成熟期、衰退期四个时期，如表 1 所示。

表 1　中国传统法律文化生命周期比较

生命周期	大致年代	经历朝代	社会性质	法律思想与文化
导入期	公元前 21 世纪 ~ 公元前 221 年	夏、商、周	夏、商、西周、东周的春秋时期为奴隶社会，东周的战国时期进入封建社会	法律渊源由礼、刑构成；春秋时期开始出现礼崩乐坏、百家争鸣
成长期	公元前 221 年 ~ 618 年	秦、汉、三国、两晋、南北朝、隋	封建社会	引礼入律，礼法结合
成熟期	公元 618 ~ 1840 年	唐、宋、元、明、清	封建社会	礼法融合；儒家法律思想占绝对统治地位
衰退期	公元 1840 ~ 1911 年	清	半殖民地半封建社会	批判三纲等传统观念；倡导法治；司法独立

（一）导入期：中国传统法律文化的孕育

公元前 21 世纪至公元前 221 年，是中国传统法律文化孕育的导入期。公元前 21 世纪，夏启建立中国历史上第一个朝代——夏，标志着中国进入奴隶社会，其一直延续到东周的春秋时期（止于公元前 476 年），导入期的这一阶段为中国传统法律文化的孕育起到了铺垫作用。战国时期（公元前 475 年 ~ 公元前 221 年）是中国封建社会的开端，也是政治与法律思想学说"百家争鸣"的高峰时期，导入期的这一阶段对中国传统法律文化的孕育起到了主要作用。

1. 奴隶社会时期的法律发展

一方面，随着生产力水平的提高，人们的劳动力除了满足日常生活

需要外，迅速转化为社会财富，被统治阶级占有。以帝王为代表的上层统治阶级为了维护自己的特定权益，需要制定法律，维持国家运转和分配秩序。这是法律产生的内因。由此，礼逐渐成为法制文明起源的重要内容。在古代，礼有狭义和广义之分：狭义的礼，指人们的习惯性行为规范、礼节；广义的礼，指一个朝代的典章制度。夏、商、周三朝的统治阶级，出于自身利益的考虑，将礼从狭义的概念推广到广义的概念，赋予其神秘性、崇高性和强制性，强迫人们遵守。作为重要的法律渊源，礼经过夏商两朝的传承，在西周时期已发展成为具有习惯法内容的成文法，对中国传统法律文化的孕育起到了铺垫作用。值得一提的是，周礼是在夏商两代礼的基础上发展起来的，正如孔子所说："殷因于夏礼，所损益，可知也；周因于殷礼，所损益，可知也。"① 孔子是"礼治"的倡导者，即使在春秋末年宗族土地所有制的社会基础和宗法等级的社会秩序日趋动摇并逐步崩溃的"礼崩乐坏"时期，他依然强调"克己复礼"，呼吁恢复传统的礼乐制度，维护森严的等级制度。他还提出了"德治"的思想和无讼的愿景。

另一方面，奴隶社会频繁的征讨、掠夺等军事活动作为外因，催生了军事法律制度，继而被统治者发展为刑，正所谓刑始于兵。从夏商两朝的习惯法《禹刑》《汤刑》，到西周初年的成文法《九刑》，均体现了严厉打击破坏国家统治犯罪的原则；西周中叶的成文法《吕刑》根据"明德慎罚"的法律思想，提出依据犯人罪行轻重给予不同的处罚，体现了早期的"罪责刑相适应"原则。但是，西周统治阶级为了保持法律的神秘，垄断执法的特权，维护自身的利益，始终未将成文法向社会公布。

从以上分析可看出，在奴隶社会，追求和谐的法律思想及无讼是求的伦理观念初见端倪，以刑为主的法律制度日趋完善，对中国传统法律文化的孕育起到了铺垫作用。春秋末年，"社稷无常奉，君臣无常位，

---

① 《论语·为政》，转引自张晋藩《中国法制史》，中国政法大学出版社，2002，第17页。

自古以然"① 的观点被提出，矛头直指旧贵族世袭制和宗法等级制度的社会基础。随着奴隶社会的瓦解，"礼治"思想陷入了信任危机。

2. 封建社会初期的法律发展

（1）思想界的百家争鸣。战国初期，思想界百家争鸣的文化现象达到高峰，其中以儒家法律思想和法家法律思想的争论最为激烈。儒家法律思想的创始人——春秋时期的孔子，对传统礼乐制度极度推崇，对公布成文法的行为不屑一顾，战国时期的孟子受此影响，提出"民为贵，社稷次之，君为轻"② 的民本思想。以慎到、韩非等为代表的法家则提出以法为本的法治思想、实施重刑的法治原则和公布法典的法治任务。其他主要流派还包括以无为而治为思想核心的道家法律思想和以"非攻"（反对侵略）及"非儒"（反对儒家重礼数、重排场的观点）为理论基础的墨家法律思想等。思想界的百家争鸣既是不同学术流派间的争论、斗争，也是相互间的学习、借鉴，在此过程中，中国传统法律文化在孕育中吸收了各学术流派的思想精髓。

（2）成文法的普遍盛行。中国古代成文法发端于西周，神秘而不为百姓所知。战国时期，各诸侯国先后解除思想枷锁，根据地方实际情况，公布了一批成文法。魏国制定的《法经》是战国时期最早公布的成文法，也是中国历史上第一部系统完整的成文法，创立了诸法合体、以刑为主的法律制度，体现了重刑主义的法制原则。战国时期成文法的公布不仅在立法实践方面为中华法系的发展提供了依据和经验，也为以后法律发挥教化作用奠定了基础。

（3）变法派的彻底改革。战国时期，各诸侯国受法家法律思想的影响很大，尤以秦国为甚。公元前359年，秦孝公嬴渠梁任用以商鞅为首的变法派，进行改革。刑事方面：强调重刑，增加酷刑种类，制定《秦律》。经济方面：颁布《垦草令》重农抑商，颁布《为田开阡陌令》承

---

① 《左传·昭公三十二年》，转引自张晋藩《中国法制史》，中国政法大学出版社，2002，第47页。

② 《孟子·尽心下》，转引自张晋藩《中国法制史》，中国政法大学出版社，2002，第45页。

认封建社会土地私有制，准许土地买卖。行政方面：建立县制，取消割据，倡导论功行赏，废除贵族特权。经过彻底改革，变法后秦国废除了不合理的旧制度，封建经济得到长足发展，成为战国七雄中实力最强的国家。

封建社会初期的战国时代，虽然诸侯混战导致战火不断，但兼容并包、诸法合体、重刑轻民的法律特点得到了延续、继承和发展，成为中国传统法律文化的主要孕育阶段。

（二）成长期：中国传统法律文化的产生

公元前221年至公元618年的封建社会时期，是中国传统法律文化的成长期。在该时期，从局部上看，有秦朝文化专制、焚书坑儒的教训和隋朝有法不依、以法坏法的局限，但是从整体上看，中国封建法律制度得到正式确立，刑罚制度和法律体系逐步完善，法律儒家化的趋势逐渐明朗。中国传统法律文化的产生经历了一个迂回、曲折的过程。

1. 秦朝：从推行法治到文化专制

受法家法律思想影响，秦朝在统一中国后制定了一批具有刑法、行政法、民法、经济法性质的法律。秦始皇嬴政为坚持中央集权，厉行法治，在刑事立法上体现了重刑主义，在民事立法上受伦理道德影响小，这些均有别于中国传统法律文化的整体特点。族诛、连坐等原则的相继确立和各种肉刑、生命刑、耻辱刑等残酷刑罚的推广使用让法即刑的思想认识在人们心中打上了烙印，却并未达到以刑去刑的目的，反而暴露了法家思想的内在缺陷。公元前213年和公元前214年，焚书坑儒事件的发生浇灭了春秋战国时期百家争鸣的思想火花，文化专制政策制约了人们的思想，严重激化了阶级矛盾，使秦朝陷入内忧外患的境地，其最终于公元前206年灭亡，为其后封建王朝法律思想的转变埋下了伏笔。

2. 汉朝至南北朝：引礼入律思想的确立

汉朝至南北朝的主要法律思想经历了从承袭秦制到黄老学说再到孔子之术的转变。秦朝暴风骤雨式的严酷刑罚与西汉初期和风细雨式的黄老学说经过几任帝王的实践，虽起到一些作用，但在切实稳固专制统治、加强地方诸侯对中央的向心力、提高民众对统治阶级的认同度等方面与统治者的预期目标并不符合。西汉中期开始，随着经济、文化繁荣和维护封建专制皇权目标的进一步明确，儒学成为封建社会正统法律思想，长期禁锢着人们的头脑，也正式开启了法律儒家化的漫长道路。这个时期法制体现出引礼入律的特点，这不仅直接体现在西汉中期以来长期稳定的引经决狱的审判方式和婚姻家庭法的"三纲"原则中，还体现在汉、晋两个统一封建王朝的刑法原则和特权制度中，对后世产生了深远影响。

（1）彰显伦理的刑法原则。汉朝、晋朝的刑法原则均体现了伦理性，并分别对分裂时期的三国、南北朝法律文化产生了影响。其中，以"秋冬行刑"与"准五服以制罪"①两项最明显。秋冬行刑在汉朝之前就有过实践，在汉朝儒学家董仲舒的倡导下实行，其顺应了阴阳五行传统理念和天人合一的哲学理论，强化了行为与天意之间的联系，有极刑应在秋冬两季执行的结论，其被上升为法律原则，一直被后世各朝沿袭。"准五服以制罪"是西晋儒家法典《泰始律》确立的量刑原则，即首先依据血缘关系的远近确立五种不同规格的丧服，然后用该礼仪学说指导案件审判，针对九族之内亲属间的伤害罪，依据五服代表的亲疏关系来量刑。秋冬行刑与五服制罪原则的确立，使引礼入律的思想渗透到立法和司法实践中，是儒家学说在封建法律制度中的集中体现，彰显了遵循天道和重视亲属伦理的意识。

（2）体现等级的特权制度。上请制度及其转化。汉朝上请制度具有贵族保护法的印迹：贵族犯罪，必须奏请皇帝，由皇帝根据其职位、贡献、亲疏关系决定刑罚。三国时魏国对汉朝上请制度进行再造，吸收了更多儒家经典著作《周礼》的观点，将八议制度引入《新律》，规定皇亲国戚、皇帝旧友、国家贵宾、高等贵族等 8 类人犯罪，必须上报皇帝，减轻或免除处罚。"八议自魏、晋、宋、齐、梁、陈、后魏、北齐、后周

---

① 《晋书·刑法志》，转引自张晋藩《中国法制史》，中国政法大学出版社，2002，第 127 页。

及隋皆载于律，是八议入律始于魏也。"① 从上请制度到八议制度的转化和发展体现了封建王朝严明的等级特权制，也印证了中国传统法律文化一脉相承的特点。

官当制度及其延续。官当是官员犯罪后以官抵罪、折抵劳役刑的法律制度，始于晋朝。《晋律》规定，"吏犯不孝，谋杀其国王侯伯子男官长、诬偷受财枉法，及掠人和卖、诱、藏亡奴婢，虽遇赦，皆除名为民"，"免官比三岁刑，其无真官而应免者，正刑召还也"，"有罪应免官，而有文武加官者，皆免所居职官"。② 在中国传统法律文化的成长期，官当制度不断丰富，如南北朝时期北魏的《后魏律·法例律》规定"五等列爵及在官品令从第五，以阶当刑二岁"；陈朝《陈律》规定"五岁四岁刑，若有官，准当二年，余并居作。其三岁刑，若有官，准当二年，余一年赎。若公坐过误，罚金。其二岁刑，有官者，赎论"。南北朝分裂时期结束后，隋朝官当制度中以官当徒、以官当流比较普遍，还出现了官员级别越高抵罪越多的倾向，唐宋时则达到高峰期。官当制度是伴随封建专制和官僚特权政治的产生而逐渐形成、发展起来的，以礼治的伦理思想和行为规范为导向，以法律条文为表现，最终服务于封建等级社会专制统治。

3. 隋朝：法善而不循法的局限

隋朝初期，在儒家法律思想"德治"理念的影响下，仅有五百条的《开皇律》最终得以制定。《开皇律》在调整刑事、民事、诉讼等方面，扩展了贵族特权，设置了五刑制度和十恶重罪，规范了刑讯制度，减少了一千多条判处杖罪、徒罪、流罪、死罪的罪名，体现了隋朝刑罚制度在形式上的理性思考和文明程度。然而，隋朝中后期，皇帝口含天宪的情况愈发明显，皇帝的一些命令（通常是加重处罚的决定）虽与法律违背，却仍被执行，导致法律虽然完备却成一纸空文。《开皇律》的制定对中国传统法律文化的延续起到了作用，为唐朝法律制度的完善和推广奠定了扎实基

---

① 《唐六典》，转引自张晋藩《中国法制史》，中国政法大学出版社，2002，第129页。
② 程树德：《九朝律考·晋律考》（上），中华书局，1963，第245页。

础，也凸显了中国传统法律文化中法自君出、权尊于法的特点。

（三）成熟期：中国传统法律文化的繁荣

自 618 年唐朝建立到 1840 年鸦片战争爆发，是中国传统法律文化的成熟期。在该时期，礼法融合发展到成熟的程度，儒家思想得到充分肯定，上升为法律的指导思想。从《唐律疏议》"德礼为政教之本，刑罚为政教之用"的表述到宋朝家族法规的兴盛，从明朝高度崇儒、推行教化的实践到中国最后一部封建法典《大清律例》的出台，均体现了该特点。元朝虽然是以蒙古贵族为主体建立的封建政权，受儒家思想影响相对较小，但其法律制度在保持民族特色的基础上，仍然强调皇权至上，维护贵族利益，在法律思想上与前朝是一脉相承的。

1. "德礼为政教之本，刑罚为政教之用"的观点

《唐律疏议》中倡导的"德礼为政教之本，刑罚为政教之用"不仅成为唐朝乃至以后各封建王朝的治国理念，更对立法和司法产生深远影响。该论断逐步发展为一个有着内在逻辑结构与基本内容的思想体系——君权至上观是其政治价值取向，家族本位制是其政治伦理基础，阶级差别论是其基本理论内涵，礼刑兼用是其实现治理的途径，这些内容相互联系和影响构成一个共同体。《唐律疏议》中礼法高度融合的特点和德主刑辅的思想极其鲜明。

2. 家族法规的兴盛

在古代社会，家族法规经历了从单纯规定宗族祭祀、维护宗法等级制度到调整家族内部民事、诉讼等法律关系的进化。宋朝朱熹提出巩固家族法规的主张，将封建伦理道德法律化。宋朝及以后的家族法规确立了教育先行、惩戒为辅、奖罚并用的原则，旨在通过家族法规从思想上消除犯罪的根源，唤起人们建立和谐家园的意识。家族法规的兴盛是孔子"德治"思想的延续，三纲五常、亲亲尊尊、男女有别、崇尚孝道等观点潜移默化地渗透到家族法规中。从当时的社会背景看，在家族法规的立法过程中综合考虑了法与情、法与理的关系，在体现法律强制性和严肃性的同时，也体现了儒家的传统伦理思想和一定的人文关怀理念。

3. 高度崇儒、推行教化的实践

在成熟期，历朝对儒家学说的推崇渐成风气。宋朝朱熹提出的天理本体论奠定了南宋及其后各朝官方哲学的基础，对天理和人欲的辩证思考揭示了犯罪的本源。朱熹加强了对儒家学说伦理教化的思想解读，分析了人与自然的联系，又通过编撰《古今家祭礼》和《家礼》宣传礼制，推行伦理教化，对世人产生影响。宋朝之后，明朝成为崇尚并实践儒家法律思想的又一高峰期。明太祖朱元璋，亲自编撰《皇明祖训》，分十三章详述祭祀、出入、礼仪、官员职制、处分办法等具体规定。他还高度重视法律的宣传教化作用，将解释法律条文的《律令直解》通过官方下发给民众，普及法律知识，预防刑事犯罪。明、清两朝其他皇帝也注重儒家法律思想的推广和传播，如明仁宗朱高炽曾在京城思善门外建弘文馆，他常与儒臣谈论经史，交流治国方略。清朝顺治、康熙、雍正、道光等皇帝均以儒学思想教育民众，《孝经衍义》《朱子全书》《周易折中》《圣谕广训》等记载儒家学说的著作被奉为经典名著。

4. 集历代法典之大成的《大清律例》

清朝政权建立后，统治阶级吸收汉族法律文化，根据当时的社会矛盾和满族特点制定了既体现儒家传统法律文化，又适合专制统治的法律制度，在维护中央集权与满族贵族特权、实现思想上的专制统治、确认封建生产关系、实施重农抑商政策等方面发挥了较大作用。清朝法律规范体系以《大清律例》为中心，以则例、省例、民族法、宗族法、地区特别法为补充。《大清律例》对社会、政治、经济、文化、生活进行全面控制，体现了以刑为主、诸法合体的特点，确立了全社会各类人群的地位，丰富了以儒家三纲五常思想为核心的等级关系。在诉讼程序上，其将民众和官员区别对待，如对于普通民众，"凡军民词讼皆须自下而上陈告。若越本管官司，辄赴上司称诉者，笞五十"①；对于文武官犯罪，则"题参革职，道府、副将以上，遴委道员审理；同知、游击以下，

① 《大清律例·诉讼·越诉》，转引自叶英萍《民拿害民官吏析》，《政法论坛》2013年第2期。

遴委知府审理"①。由实体和程序两个方面可以看出《大清律例》强调君权至上，扼杀了当时中国社会的资本主义萌芽，臣民意识的强化培养削弱了民众的独立精神，此外，清朝中后期土地高度集中，政治严重腐败，导致川楚白莲教和鲁豫天理教等农民起义接连爆发，18世纪末的清朝，经济陷入停滞状态。与之相对应，同时期的法国制定了《人权宣言》，并通过宪法的形式结束了封建王朝统治，确立了资本主义法律关系；英国则通过工业革命使资本主义生产方式战胜封建生产方式，推动了思想解放，完成了从农业社会向工业社会的转变。这两种情况的差距，导致当时中国落后于西方的格局形成，也成为清末有识之士开展变法与修律活动的诱因。

（四）衰退期：中国传统法律文化的萧条

由于在立法原则、治国思想、政治体制、司法制度等方面与历史发展趋势、社会文化背景及广大民众诉求格格不入，"中国法系到了清代中叶，就呈现动摇倾覆的预兆"②，1840年鸦片战争爆发后，英法殖民势力通过思想传播、文化渗透、武力入侵等手段打开了中国的大门，各地农民起义爆发，清政府陷入内忧外患的境地，中国传统法律文化进入衰退期，在治国思想、司法制度等方面受到严重的冲击。

二 取精华、探智慧，实现中国传统法律文化的创造性转化

中国传统法律文化中君权至上、义务本位、民刑不分、刑罚残酷、等级森严等充满封建色彩的内容与民主社会的历史发展进程不相适应，其在现代已被视为糟粕，遭到多数人唾弃。但是，纵观中国传统法律文化整个生命周期，可以看到，它也曾享誉世界，为民族带来自信，为国

---

① 《清史稿·刑法三》，转引自赵尔巽《清史稿》卷119，中华书局，1977。
② 杨鸿烈：《中国法律发达史》，中国政法大学出版社，2009，第69页。

家带来稳定，其法律思想中仍具有值得吸收的精华，在立法技术上也彰显着中华儿女的智慧。因此，应该本着吸收精华、探寻智慧的原则，合理利用中国传统法律文化中的积极要素，实现文化的创造性转化，并使其成为有利于改革发展与社会进步的资源。

（一） 法律思想中的精华及其转化

强调爱国。在宗法伦理和民族主义的影响下，爱国成为"一个有着自己独特历史意蕴和人文魅力的观念和行为体系"[①]，中国传统法律文化固化了这种观念和体系，使得封建社会中的民众对国家的爱和对至亲的爱不断同化为伦理意义上的爱。正如法国政治家托克维尔所说，"这种本能的爱国心混杂着很多成分，其中既有对古老习惯的爱好，又有对祖先的尊敬和对过去的留恋"[②]，其中的"习惯"就包括习惯法。在当代中国，爱国被确立为社会主义核心价值观的基本内容之一。要培育和弘扬爱国主义精神，使爱国成为公民个人层面的价值准则，就需要将中国传统法律文化强调的颇具伦理色彩的"爱国"创造性地转化为富有政治内涵的"爱国"，鼓励人们通过理性思考，将"爱国"理解为自己应该履行的政治义务和应该享受的政治权利，主动并乐于参与基层工作及各项社会主义建设事业，实现权利与义务的统一、公民个体与国家整体的统一。当然，这个过程应与《关于培育和践行社会主义核心价值观的意见》中提出的"坚持以理想信念为核心"及"坚持改进创新"的原则相适应，唯有如此，才能在全社会牢固树立中国特色社会主义共同理想。

注重道德。道德是一种通过对人的内心世界产生调节作用来影响人的行为的社会规范。在中国封建社会，道德的影响力通过"引礼入法"的实践渗透到国家治理、社会生活和经济活动等各方面，统治者非常注重道德对人们的评价作用、对大众的教化作用和对社会的调控作用并持续强化这些作用的发挥，法律受道德的熏染并与道德一起对人们的内心

---

① 唐凯麟等：《中华民族爱国主义发展史》，湖北教育出版社，2001，第 49 页。
② 托克维尔：《论美国的民主（中译本）》上卷，商务印书馆，1988，第 268 页。

世界产生牵引作用，对社会的各项活动形成影响。客观地说，由于封建社会制定的法律与道德的期望吻合度较高，易于被人们接受、理解和遵守，因此具有良好的道德合理性和内在的高度权威性，这也是中国传统法律文化的亮点之一。

回顾历史，封建社会倡导的道德虽然在鼓励人们心存善念、积极向上方面显示了正面意义，但是也无法避免泛道德主义、法律工具化等弊端，甚至沦为以皇帝为首的统治阶级为所欲为的借口，这些都是需要反思的。当前，中国特色社会主义"五位一体"的总布局已经确立，在全面推进经济、政治、文化、社会和生态文明建设的征程中，要强调生产关系与生产力、上层建筑与经济基础的协调，更要强调人与人、人与社会的联系。借鉴中国传统法律文化中的合理元素，注重创造性地发挥道德的积极作用，使其与法律相辅相成，充分实现现代价值，不失为巩固上述"联系"的途径，也是推动社会公德、职业道德、家庭美德、个人品德转化为社会群体意识的方法。

追求和谐。中国古代"天人合一"的哲学思想强调自然界中天、地、人三者具有辩证关系并相互作用，其目标是实现人与人、人与自然的和谐秩序，中国传统调解制度的指导思想即源于此。孔子"听讼，吾犹人也，必也使无讼乎"的感叹引导普通民众将诉讼视为对和谐的破坏，正如美国社会学家吉尔伯特·罗兹曼所描述的："在许多坚持社会理想的人们心目中，对证公堂是鄙下的，为君子所不齿。在大多数告到衙门来的案件中，县令都会反复敦促原告和被告私了。所有乡里都很熟悉大量不同的调解纠纷的巧妙办法。这些办法包括由尊敬的长者出面干预，对纠纷的各方进行调查和协商，按传统的规矩和特定的方式认错或赔罪，作象征的或实在的赔偿，或由当地各方有关人物到场，给个面子，让犯错较大的一方办桌酒席，当面说和等等。"① 虽然无讼思想的传递在一定程度上弱化了古人有关诉讼权利的观念，但从另一角度发挥了调处息争的效果，结合现实情况看，其与中国社会主义初级阶段的国情和民

---

① 吉尔伯特·罗兹曼：《中国的现代化》，江苏人民出版社，2010，第 127 页。

众以和为贵的观念相一致。社会和谐是国家富强、民族振兴、人民幸福的重要保证。党的十八大指出，要在改善民生和创新管理中加强社会建设，突出强调了社会和谐在中国特色社会主义总体布局中的战略地位。改造并利用好中国传统法律文化中的调解制度，既能减轻司法机关的压力，又能维护人民团结、社会稳定。复杂多变的国际国内形势表明，构建社会主义和谐社会是一个不断化解社会矛盾的持续过程，必须最大限度地增加社会和谐因素，最大限度地减少不和谐因素。笔者认为，为了使社会各方利益关系得到妥善协调，人民内部矛盾得到正确处理，可以对中国传统法律文化中丰富的调解制度进行改良和再造，适度减弱无讼思想的影响，提高调解的权威性、参与度和影响力，使其与仲裁制度、诉讼制度一起成为追寻公平正义的"三驾马车"，为解决问题和化解矛盾汇聚更多拥护和谐的力量，使追求和谐不仅是国家层面的价值目标，更切实成为人们自觉的行动。

（二）立法技术中的智慧及其运用

按照适用的具体内容，立法技术分宏观立法技术和微观立法技术。前者指立法者在立法预测、立法规划的过程中形成的方法和技巧，后者指立法者在协调法律内外结构、选用法律文体、编撰法律条文的过程中形成的方法和技巧。本文中的立法技术，主要指微观立法技术，包括立法文本技术、立法解释技术等。

1. 立法文本技术的特色：制定法为主，判例法为辅，相互补充

在中国古代社会，立法文本中除了立法者创设的制定法部分外，还有司法工作者总结的判例法部分，如秦朝的廷行事、汉朝的决事比和宋朝的断例都是判案的依据，是律的补充形式，为适用法律提供了范例。虽然封建社会的立法权、司法权高度统一和集中，但是从个案看，判例法毕竟出自司法机关的实践经验，来源上有别于法自君出的制定法。1165年，宋朝对所有断例进行了分析和审定，去除与现行法令违背的内容，最终确定547件断例，编成《乾道新编特旨断例》，确保了准确性、实用性，加强了与制定法的协调性、一致性。

从现代司法实践的角度看，若能将制定法严谨的特点和判例法灵活的特点加以融合发挥，则大有裨益。比如，对减免、加重刑罚等直接影响定罪量刑的特殊情节，刑法没有也无法直接进行面面俱到、无所不包的规定，故其对司法人员的法律精神理解能力是极大的考验，如能加强对具有典型性、启示性判例的研究、归纳和整理，就能帮助他们在制定法无明文规定的情况下，依据既往（尤其是近期）的判案成例把握法律精神的导向，准确适用法律。

2. 立法解释技术的亮点：保持系统性，发挥权威性，维护尊严

立法解释是对法律含义、法律精神的阐述。纵观中国古代主要法典，其有效运行无不与高超、娴熟的立法解释技术息息相关。受中国传统法律文化深厚底蕴的影响，中国古代立法解释除了常用的文义解释、论理解释外，还包括训诂、答问、举例、图表等特殊解释技术，全面而完备，保持了较强的系统性，有利于法律的普及和理解。此外，对于法律颁布以后在实施中出现的问题或受形势影响产生的新情况，皇帝会进行研究和解释，以维护法律的尊严，体现了权威性。如明朝《大明律》规定充军刑是强制犯人到五类地点屯种或充实军队的刑罚，对于地点其只列出专用名词，没有规定里程，造成司法实践中随意性和自由度过大，重罪轻罚、轻罪重罚现象滋生。崇祯皇帝朱由检对此进行了解释："编遣事宜，以千里为附近，二千五百里为边卫，三千里为边远，其极边烟瘴以四千里外为率。"① 通过立法解释，充军的等级、里程得以量化，更加清晰明确。

保持系统性，发挥权威性，是中国传统法律文化中立法解释技术上的亮点。对此进行研究分析，将其可取之处用于指导现代立法和司法实践，有利于贯彻罪责刑相适应的原则，切实维护法律的尊严。

虽然有着深厚历史渊源的中国传统法律文化在近代已逐步衰退，但是在当前建设社会主义法治国家的背景下，我们应当铭记它深深的历史

---

① 出自《明史·刑法一》，参见王云红《论清代军流〈道里考〉》，《历史档案》2012 年第 2 期。

轨迹。文化中的精华和智慧对社会发展起过推动作用并对后世产生了积极影响，经过历史的涤荡和检验，其凝练为民族振兴和国家壮大的丰厚滋养，理应成为当代改革、发展与稳定的思想基础和精神保障，并在增强民族自信和坚定制度自信的进程中履行独特的使命。

传承孝文化精神的系统机制探究

申　萍　孙　健*

【摘　要】　孝是中华民族传统文化的精髓，蕴含丰富的伦理和人文精神。本文借鉴精神动力学理论，类比八面体钻石的立体结构，对孝文化精神结构进行了分析。在分析孝文化精神结构的基础上，又从系统机制分析的角度对进一步弘扬和传承孝文化精神做了深入探究。

【关键词】　孝文化精神　钻石型结构　传承系统机制　精神动力

一　孝文化精神内涵与结构

（一）孝文化的内涵

中国有句俗语：百善孝为先。"孝"的观念在中国可谓源远流长，甲骨文中就已有"孝"字。公元前11世纪以前，华夏先民就有了"孝"的观念。《诗经·小雅·蓼莪》有"哀哀父母，生我劬劳"，"哀

---

* 申萍，女，沧州日报社编辑、记者，河北科技大学马克思主义基本原理专业硕士研究生。孙健，男，河北科技大学思想政治教育专业硕士研究生。

哀父母，生我劳瘁"的咏叹。① 《说文解字·老部》云："孝，善事父母者。从老省，从子。"② 《孟子·告子下》曰："尧舜之道，孝悌而已矣。"③

孝文化是中国传统文化的重要组成部分，孝道长时间被视为"德之本""善之首"，对中国文化、社会发展等多方面均产生了极其深远的影响。中国孝文化具有极其丰富的内涵，认为孝是每个社会成员应尽的家庭义务和社会义务，是人们立身处世需要恪守的准则，是参悟自然规律和人伦大道的重要路径指引。元代郭居敬编录的《二十四孝》记录的"鹿乳奉亲""百里负米""亲尝汤药""卧冰求鲤""刻木事亲"等经典孝道典故，至今仍有着重要的学习价值和积极的传承意义。

（二）孝文化精神的系统结构

孝文化精神可以被理解为孝文化中蕴含的一些具有强烈能动性的思想观念和价值取向，其对广大社会公众产生了广泛的积极影响，在历史上起到了推动社会发展和提升人民精神境界的作用。当然，随着时代的发展和社会的进步，孝文化精神定会被不断赋予新的内容，增加新的元素，但其基本内核是不变的。

按照八面体钻石的立体结构（8个面、12条棱、6个顶点），将孝文化精神结构理解为以"真理原则"和"价值原则"为上下两个顶点，以"自强不息、厚德日新、持经达变、中正和合、诚意正心、持之以恒、谦恭礼敬、定分守位、修己安人、正风承志、推己及人、慎始慎终"12项精神特质为支撑棱，以"元、亨、利、贞"为4个基点，以"道德、文化、艺术、人格、环境、机制、资源、效果"为八面维度的系统结构。如图1所示。

---

① 《四书五经》，兴华译，昆仑出版社，2001。

② （东汉）许慎：《说文解字》，上海古籍出版社，2007。

③ 《四书五经》，兴华译，昆仑出版社，2001。

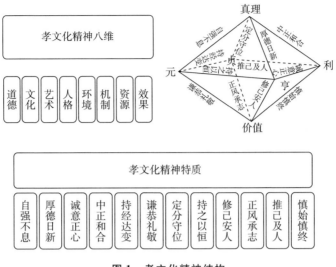

图 1 孝文化精神结构

1. 孝文化精神原则顶点

真理原则和价值原则是人类活动的两个基本原则，而追求真、善、美是人类实践活动的总体要求。因此，不管是践行还是传承孝道文化，都需要始终坚持真理和价值原则，体现对人的全面发展的无限关怀，对真、善、美的牢固把握和不懈追求。

2. 孝文化精神稳定基点

元、亨、利、贞是稳定孝文化精神的四个基点。《易传·文言》云："元者，善之长也；亨者，嘉之会也；利者，义之和也；贞者，事之干也。君子体仁足以长人，嘉会足以合礼，利物足以和义，贞固足以干事。"[①] 意指，形成并稳定孝道文化，首先，要求一个家庭树立正确的价值观和高贵、远大的目标追求；其次，要求家庭成员之间按照家庭的礼仪和规矩，做到互相交流、良性沟通；再次，家庭成员在精神需求和物质需求两方面均要得到合乎道义的满足；最后，家庭孝道的维护需要持之以恒、坚定信念、保持诚信。如此才能善始善终。

---

① 《四书五经》，兴华译，昆仑出版社，2001。

3. 孝文化精神特质

应把孝文化精神特质理解为孝文化精神的基本内核和精神本色，其是孝文化精神系统中十分宝贵的、稳定的精髓要素。其具体的精神特质分别为以下几点。

（1）自强不息。语出易经乾卦象："天行健，君子以自强不息。"①这里主要体现的是孝文化中蕴含的自强精神、拼搏精神和浩然正气。自强精神表现为自我肯定、自我勉励、积极向上、矢志不渝等积极品德。拼搏精神表现为刚毅勇敢、"造次必于是，颠沛必于是"的永恒追求和"人不堪其忧，回也不改其乐"的纯诚心志。浩然正气表现为人的正直、气节、精神气概、存守涵养。综合说来，就是要求子女继承先祖遗志，刚健有为，自强不息。

（2）厚德日新。语出易经坤卦象："地势坤，君子以厚德载物。"②这里主要体现的是孝文化中蕴含的宽广能容、刚柔相济、敦厚能载。敦厚表现为勤劳而不埋怨、有功不求报偿。日新就是高尚德行的修炼并非一蹴而就的事，需要持续不断的追求。道德是孝文化的实践基础和精神支撑。没有高尚的道德，不可能真正遵循、践行孝文化精神。

（3）持经达变。经是完整的思想体系，变是圆通地应对事物。在传承孝文化的问题上，"持经达变"就是秉承道义指引，应用自己完整的思想体系，圆通地践行孝道，遇到困难和问题，善于灵活化解和处置，坚持不懈地推广孝道文化。

（4）中正和合。适应客观规律而不偏离就是"中""正"。《中庸》上说："喜怒哀乐之未发，谓之中；发而皆中节，谓之和。中也者，天下之大本也；和也者，天下之达道也。致中和，天地位焉，万物育焉。"③行孝者应懂得运用道德理性进行反思，在一味盲目遵循父母与不听长辈人不对的教诲、自以为是之间保持动态平衡，这才合乎"道"。

---

① 《四书五经》，兴华译，昆仑出版社，2001。
② 《四书五经》，兴华译，昆仑出版社，2001。
③ 《四书五经》，兴华译，昆仑出版社，2001。

（5）慎始慎终。古人云，"慎始而敬终，终以不困"（《左传·襄公二十五年》），"君子敬始而慎终，始终如一"（《荀子·礼论》），"君子慎始，差若毫厘，谬以千里"（《礼记·经解》）。《老子》讲："慎终如始，则无败事。"在遵循孝道的问题上，慎始慎终就是到了结束的时候还是要像刚刚开始时那样认真对待，做到小心谨慎、细致周到。

（6）诚意正心。诚意，就是要意念诚实。朱熹《大学章句》云："知既尽，则意可得而实，意既实，则心可得而正矣。"发于心之自然，非有所矫饰，自然能做到不欺人，亦不自欺。在"慎独"上下功夫，严格要求自己，修养德性，知至而后意诚。正心，就是要除去各种不安的情绪，不为物欲所蔽，保持心灵的安静。意不自欺，则心之本体，物不能动，而无不正。心得其正，则公正诚明，不涉感情，无所偏倚。行孝需要真正源自孝心的驱动，即由心而孝，这样的孝才是真实的孝、纯正的孝、无私的孝。

（7）谦恭礼敬。谦卦是易经所有卦象中唯一一个没有吉凶的卦象。其实，没有吉凶就是超越了吉凶。"谦"能使人免骄傲、知不足、致中和。位卑时谦而又谦，能令人战胜困难。名声远闻时谦虚谨慎，能令人获得吉祥。功劳很大时谦而不傲，能使众人服。足见，无论什么情况，谦都能给人带来好处。谦道是奉行好孝道的不二法门。保持谦虚、谦让，遵循礼仪，言行恭敬地侍奉父母，方能尽好孝道，传承好孝义。

（8）持之以恒。恒卦辞恒：亨，无咎，利贞。利有攸往。王弼说："恒而亨，以济三事也：恒之为道，亨乃无咎也；恒通无咎，乃利正也；各得所恒，修其常道，终则有始，往而无违，故利有攸往也。"守恒之旨在戒躁，在守中，在用忍，在当分。戒躁则循序，守中则不偏，用忍则守志，当分则不违。行孝道不是一朝一夕的事，需要持之以恒地用坚持去认真奉行，在坚守中传承弘扬好孝道文化，让这种传统美德绵延不息。

（9）修己安人。遵循孝道的双方（长辈和子女）之间都要首先坚持不断提升自己的道德水平、文化素养，然后通过自我修养去感染对方，使双方互动学习、交流影响，从修己达到安人的目的，也是孝道文化发展的目标实现。

（10）定分守位。人生最重要的就是定位。其包含三个要点：其一是知道自己应该做什么；其二是知晓怎样守位，守位就是守分；其三是不断改善，越做越好。目标正确、方向正确、方位清晰，远远比速度更重要。一个人只有明确自己在家庭中应处的位置，了解自己应尽的义务，充分把握尽孝的分寸，才能正确理解孝道文化，才能为践行孝道文化打下坚实基础。

（11）正风承志。遵循孝文化本身就需要将正当的家风、孝风和先祖父辈的精神志向传承下去。孔子说："父在观其志，夫殁观其行，三年无改于父之道，可谓孝亦。"[1] 意思是：评价一个人应该这样，其父亲在世的时候，要看他的志向；在他的父亲死后要看他的行为。如果他的父亲死了三年以后他依旧还是向他父亲生前那样坚持固有的为人准则，那么这个人就算是做到了孝道。

（12）推己及人。意思是用自己的心意去推想别人的心意，就是设身处地替别人着想。孝道文化传承需要父母和子女各自按照推己及人的理念，学会换位思考，真诚地理解、关怀、信任对方，这才是尽孝的良好基础。

4. 孝文化精神八个影响维度

孝文化精神作为社会意识的重要体现，无疑会受到内外多重因素的影响和作用。梳理孝文化精神的影响因素，不难发现"道德、文化、艺术、机制、效果、环境、人格、资源"这八个方面是对孝文化精神的学习认知、努力践行和认真传承起到核心作用的因素。

二 孝文化精神传承的系统机制模型

（一）进一步弘扬、传播孝文化精神的必要性和重要意义

党的十八大报告强调："建设优秀传统文化传承体系，弘扬中华优

---

[1] 《四书五经》，兴华译，昆仑出版社，2001。

秀传统文化。"① 2013 年 8 月在全国宣传思想工作会议上，习近平总书记指出："中华文化积淀着中华民族最深沉的精神追求，是中华民族生生不息、发展壮大的丰厚滋养；中华民族创造了源远流长的中华文化，中华民族也一定能够创造出中华文化新的辉煌。……中华优秀传统文化是中华民族的突出优势，是我们最深厚的文化软实力。"②

孝文化作为中国传统文化的重要组成部分，其深远的影响力和厚重的道德指引力对于和谐社会构建和社会文明进步都具有重要作用。孝文化精神内涵和结构的提炼、总结过程，以及传承、传播过程是弘扬中华优秀传统文化的重要过程。在新的历史时期，进一步弘扬、传承好孝文化精神，充分展现其内蕴的优秀传统，对进一步提升广大社会公众的道德水平、人格素养和精神境界具有重要意义。

（二） 孝文化精神传承的系统机制模型

笔者认为，孝文化精神传承工作是一个系统工程，应该站在跨学科研究的立场和思路，充分借鉴系统学和管理学的有关原理，从系统分析的角度正确认识和把握精神传承工作。其主要由传承主体、传承客体、传承介体以及传承目标、传承原则、传承实施、传承评价几部分组成。每一个家庭（包括个人）在传承孝文化精神的过程中都应重视效果评价，以使传承效果更好、更优。

传承主体是广大社会公众，传承客体是蕴含孝文化精神实质内涵和当代价值的各类载体，传承介体是包括传承方法、传统手段、传承工具等在内的中介桥梁和实现路径。传承目标反映着精神传承实践活动所要达到的目的和发展的方向。传承原则是实现精神传承目标、指导精神传承实践活动应该遵循的基本准则。传承实施主要是指对精神传承实践活动的开展、协调、监督等。传承评价是对孝文化精神传承活动的实施效果、受众接受程度进行评价和总结，进而将评价结果反馈至传承目标，

---

① 《十八大报告学习辅导读本》，人民出版社，2012。
② 《习近平谈治国理政》，外文出版社，2014，第 155 页。

以通盘评判整个传承实践活动的预期目标是否实现、实现程度如何等，最终为整个精神传承实践活动的再循环运行提供参考借鉴和有益指导。

整个精神传承实践活动就是一个层次清晰、结构分明的立体动态模型。这一立体模型既有从传承主体通过传承介体到传承客体的从左到右的横向运转，也包含从传承目标到传承原则，到传承过程（传承主体、传承介体、传承客体三者之间的交互作用过程），到传承实施，再到传承评价，最后反馈至传承目标的自上而下、自下而上、彼此关联影响的纵向运转。"一横一纵"的交互运转形成了一个立体模型。如图2所示。

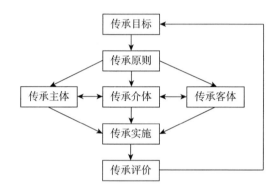

图 2　孝文化精神传承系统机制

三　基于系统机制分析的孝文化精神传承路径

（一）　明确传承目标，坚持传承原则

1. 明确传承目标

《大学》开篇讲道："大学之道，在明明德，在亲民，在止于至善。"意思是大学的道理在于彰显人自身所具有的光明德性，亲爱民众，使人们达到最理想的境界。笔者认为可以将孝文化精神传承的主要目标理解为：塑造公众理想人格、提升公众道德水平、和谐社会人际关系、弘扬优良传统道德、凝聚正面向上能量、激发人民精神动力、促进传统文化创新发展七个方面。

2. 坚持传承原则

笔者认为孝文化精神传承应坚持以人为本、学习与践行相结合、传承与发展相结合、统筹兼顾的原则，来充分保障孝文化精神传承实践活动的正确方向和良好效果。

（1）以人为本的原则。以人为本是对人的主体作用与地位的肯定，它要求尊重人、理解人、依靠人、为了人和塑造人，主要体现为三个方面。其一，严格遵循客观规律。孝文化精神的传承既需要传承主体内环境的优化、调整，也依赖于包括自然、社会在内的外部环境因素的影响。外部环境有自己的运行规律，人不能随意地消灭和创造，但可以去认识、适应和利用，可以按照客观规律进行孝文化精神传承。其二，充分调动、发挥社会大众的主观能动性，尊重公众的首创精神和自我教育的积极价值。其三，进行孝文化精神弘扬传承的目的是要让社会公众通过深刻认知、内化吸收、身体力行、反思总结、创新提升等系列过程，真切感受孝文化精神的深邃内涵和当代价值的积极影响，促进社会公众精神境界和人格修养的重塑和拔高。

（2）学习与践行相结合的原则。学习内化和身体力行的践行相结合是做好孝文化精神传承工作的重要原则，也是适应精神传播规律的必然要求。孝文化精神的形成与发展过程本身就是一个从实践—认识到认识—实践的不断变化发展的过程。一方面，孝文化精神的弘扬和传承需要真正付诸实践来践行，也只有通过反复、认真的实践才能进一步发展、提升、丰富孝文化精神的内涵和价值；另一方面，实践也要依赖孝文化精神的激励、凝聚和鼓舞。

（3）传承与发展相结合的原则。做好孝文化精神的传承工作需要充分挖掘孝文化精神内在的精华要素，将精神传承工作深入地付诸社会实践之中。同时，也要做好对孝文化精神的内蕴价值和内涵的创新工作。充分利用现代的传媒手段和技术，推动孝文化精神的有效传播，增强孝文化精神对社会群体的适应性、传播力和积极引导作用。不断推动孝文化精神在新的时代背景下与当代文化的融合与进一步发展。

（4）全面协调、统筹兼顾的原则。从系统动力学的角度而言，孝文化精神传承工作是包含主体、客体、介体在内的涉及资源整合、传播渠道创新等若干要素的系统工程。孝文化精神的有效传承有赖于环境、文化、资源、技术等多因素互相协调与统筹布局。

（二） 充分调动传承主体的积极性，提升传承能力

主要是充分调动传承主体的主动性、积极性，通过提升传承能力，努力完善形成精神传承能力体系。提升孝文化精神传承能力是一种包含内生基础层、诚意践行层、创新提升层三个层次的综合能力体系。其中内生基础层主要指孝文化精神传承需要具备的基本能力，是研究学习能力、认知判断能力、内化吸收能力等的总和。诚意践行层主要指在孝文化精神传承过程中需要发挥使用的目标谋划能力、诚意实施能力、评价反思能力等多方面能力的总和。创新提升层主要是指如何更好、更优地传承孝文化精神所需要的传承渠道创新能力、传承内容创新能力、传承方法创新能力的总和。如图 3 所示。

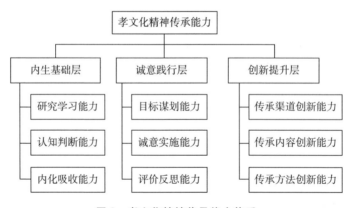

图 3　孝文化精神传承能力体系

进一步做好孝文化精神的传承工作，需要尽可能地整合各类资源，提升传承能力。一是要夯实内生基础能力。所谓夯实内生基础能力就是夯实我们先天具有的基本能力，就是要加强对传统孝文化精神的研究学习。学习讲究方式方法，在突出显性知识学习的同时加强对其的认知判断和理性思考，判断传统孝文化中的典型故事和范例的现实学习价值和

传承意义，并积极将经过学习思考后的个体判断辅以外界评价，内化吸收为个体隐性知识，真正做到让孝文化精神在个体的价值观中、心理层面乃至行为层面中沉淀、吸收、内化。二是要增强诚意践行能力。诚意践行能力是整个精神传承能力体系的关键和主体。离开诚意践行能力，所谓的内生基础能力只能停滞不前，创新提升能力更是无从谈起。因此，诚意践行能力起着承上启下、连接前后、贯穿始终的重要作用。增强诚意践行能力就是强调传承孝文化精神在内生基础层面做好的情况下，做好目标谋划，就是在目标设定上要明确回答好"传承什么、怎么传承、谁来传承、传承效果好不好"几个方面的问题，在科学设定目标的基础上，重视具体的实施过程，保持诚意正心的状态，认真践行；同时对践行孝文化精神的过程要及时总结反思，对效果不好的方式要进行改进，对表现不佳的思路要进行摒弃。三是拔高创新提升能力。渠道、内容、方法三者缺一不可，是相互作用的有机整体。内容创新需要依靠渠道创新和方法创新来实现。内容不能及时与时俱进，仅仅依靠方法和渠道创新，显然也会失去实际意义。

（三）整合传承客体，丰富传承内容

孝文化精神的传承客体应该是蕴含孝文化精神实质内涵和当代价值的各类载体，包括历史文献资料、文化遗址、历史遗迹、典型人物（历史上的和现实中的）、当代研究孝文化精神的书籍和理论研究成果、典型故事、文化艺术表演等。这些都是需要传承的对象，都是有待深入挖掘的宝贵财富。新的历史时期，进一步做好孝文化精神的弘扬和传承工作，就是需要加快优化整合各类资源，不断丰富孝文化精神传承的内容和形式，尽可能全方位、科学化、立体式地将孝文化精神深刻的历史内涵和当代价值传播、传承下去。

（四）优化传承介体，拓展传承方式

做好孝文化精神的弘扬和传承工作，需要深深根植于社会实践，真正依靠广大人民群众，进一步扩大传播路径，积极借助人际传播、组织传播（组织内传播和组织外传播）、大众传播、文化艺术传播（文艺演出、戏剧、歌曲）等多种渠道，形成立体化宣传网络，通过恰当的传播技巧、典型示范的宣传带动等传播形式，将孝文化精神在最深、最广、最精的层面上宣传、弘扬、传承。

在孝文化精神传承过程中要善于借鉴传统教育方法，推动孝文化精神有效传承。"故君子之教喻也，道而弗牵，强而弗抑，开而弗达。道而弗牵则和，强而弗抑则易，开而弗达则思。和、易以思，可谓善喻矣。"（《礼记·学记》）君子的教育是晓喻他人，加以引导而不强制，加以勉励而不使其压抑，加以启发而不直接告诉结论，能做到关系融洽，可亲和、平易近人。

（五）强化传承实施，优化传承评价

在传承实施方面，要进一步激发孝文化精神传承的精神驱动力。精神动力学理论认为，所谓精神动力就是思想、理论、理想、信念、道德、情感、意志等精神因素对人从事的一切活动及社会发展产生的精神推动力量。[1] 精神动力具有内在性、目的性、持久性、集合性、多样性等特征，对组织体和个体的发展具有内在驱动价值、活力激发价值和潜能开发价值等。精神动力可分为几种。一是认知动力。认知是实践主体对客观外界的主观反映、能动探索与理性把握，是对非价值事实关系的纯粹中性的反映活动。二是情感动力。情感是实践主体在社会实践过程中产生的对某一客观事物的态度倾向，是同主体社会性需要相联系的主观体验与心理现象，是有一定主观偏好的反映活动。三是意志动力。意志是实践主体有意识、有目的地调节和控制自己的思想行为，锐意进取，攻坚克难，向着既定目标积极前行的一种执着心态和自我克制、坚定信心以及顽强奋进的精神状态。

认知、情感、意志，三者缺一不可，它们交互作用构成精神动力结构。认知引导并激发人的情感，情感引发人的行为。对客观世界规律性

---

① 骆郁廷：《精神动力论》，武汉大学出版社，2003。

的认识不一定能得到自动执行，认知只有转化为情感，成为主体的强烈的情绪体验和情感倾向，才能激发和推动人的行动。因此，从精神动力学理论的角度分析，传承孝文化精神得益于以认知动力、情感动力、意志动力为系统结构的三维动力驱动。

从广义的角度认识，孝文化也是知识的内容。根据知识获取方式，知识管理理论进一步将知识分为两大类：显性知识（前两类）和隐性知识（后两类）。两者好比"知识冰山"的上部和下部，两类知识的共同获取以及显性知识的内化对知识传播更有价值和意义。

在孝文化精神的传承问题上可以充分借鉴"知识之轮"理论，从"掌握度（Z轴）、扩散度（X轴）、编码度（Y轴）"三个维度把握好孝文化精神传承实践活动的社会评价，在沉淀、共享、学习和应用、创新等多方面做好孝文化精神的传承实施。编码度的提高反映着孝文化精神显形化程度的提高，反映知识在沉淀环节的改进；扩散度的提高反映着孝文化精神得到更大范围的传播，反映知识在共享环节的改进。高扩散度的知识通过个体与组织的学习与应用，被吸收内化为隐性知识，反映了知识在学习应用环节的改进。通过创新获取新知识或者提升内部知识层次，从而改善掌握度，反映了知识在创新环节的改进。

论我国主流价值文化对非主流文化的主导作用*

徐　瑾**

【摘　要】　在当前，我国社会上存在着大量的非主流文化。非主流文化具有两面性，既有促进社会和谐稳定的积极一面，也有影响社会稳定发展的消极一面，因此必须加强主流价值文化对非主流文化的主导作用，即加强主流价值文化对非主流文化的正确引导、合理规范、有效控制（利用），从而推进"主流—非主流"文化形态下的和谐社会建设。

【关键词】　主流价值文化　非主流文化　主导

我国主流价值文化是以社会主义核心价值观为主体的文化，非主流文化包含的范围则广得多，涉及人们的衣食住行、社会的政治经济文化等各个方面。主流价值文化对非主流文化的主导作用并不意味着以主流价值文化统一甚至泯灭非主流文化，因为非主流文化涉及的内容广博得多，迎合了各式各样人群的需要。在这个文化多元化的地球村中，文化

* 2014 年度教育部人文社会科学研究规划基金项目"马里坦完整人道主义研究"（项目批准号 14YJA720010）之阶段成果。
** 徐瑾，男，湖北蕲春人，湖北大学哲学学院副教授，湖北省道德与文明研究中心、湖北大学高等人文研究院研究员，研究方向：伦理学，宗教学。

的大一统是不现实的，因此"主流—非主流"文化形态在我国具有现实合理性。我们需要始终坚持主流文化的主导地位，尤其是在社会主义事业建设的现阶段，我们需要的是主流文化主导下的文化共存共荣而不是毫无主次或主次颠倒的文化混杂或文化冲突。

一 非主流文化的两面性

要对非主流文化进行引导、规范和控制的原因，在于非主流文化对社会既有积极影响，也有消极影响。

非主流文化对社会的积极影响主要体现在以下方面。

一是适应了不同个体个性发展的需要。社会是多元的，人们的追求也是千差万别、多姿多彩的，在这个提倡个性的时代，个性的丰富是以往任何时代都无法比拟的。尤其是在改革开放日益深入、互联网将世界联为一体的今天，海量信息充斥于社会的每一个角落，人们无时无刻不处在杂多信息的影响之中，在这种情况下，非主流文化的包容性、多元化很好地适应了人们的个性喜好，能够促进个体的个性发展。

二是非主流文化能够拓展人们的视野。主流文化是主导性文化，且往往具有官方背景，所以其在较长时期内会保持相对稳定的形态，而社会是发展变化的，尤其是在当代科技、经济飞速发展的"地球村"时代，各种思潮风起云涌，各种新生事物层出不穷，而非主流文化很好地适应了时代发展的需要，能够提供给人们更加开放的意识、更加开阔的视野和更多的创新意识。

三是非主流文化可以帮助人们更好地适应社会变化，促进其自身发展和社会进步。非主流文化的开放性和较弱的强制性，使得人们可以自由地接触各种价值观，感受不同思想之间的碰撞与交流，客观上促进了人们对社会的全面认识，使人能够提升自身能力，促进了人的全面发展，有利于社会的不断进步。

非主流文化对社会的消极影响主要体现在以下方面。

一是导致人们价值选择的矛盾。这种矛盾突出表现为个性自由与规则约束的矛盾、以自我利益为核心和为人民服务为核心的矛盾、强调个人主义与坚持集体主义的矛盾、个人发展与祖国需要的矛盾等。还有一种矛盾，比如在西方基督教传入我国背景下产生的宗教信仰与世俗生活的矛盾，"引导世俗社会超越自身并且不将其作为终极目的的方位，使世俗生活成为一个时刻，成为一个我们命运中的俗世的时刻，而不是成为一种界限，这就必须强调另外一个本质的特征：世俗社会并不是将人定位在确定位置的社会，而是将人当做朝圣的旅途"①。在一个虔诚的基督徒的眼里，信仰位于人类所有禀赋之巅，教会及基督徒在现代社会的使命就是要引导社会从世俗返回神圣。②除了基督教思想的影响外，各种西方文化对我国民众正产生着越来越大的影响，对于年轻人更是如此。在非主流文化的影响下，当人们面临自我利益与他人（集体、社会）利益冲突的时候，往往会有价值选择的困难，其甚至会促使人们走向主流价值文化的反面。究其原因，这种矛盾的产生主要是因为非主流文化不像主流价值文化那样具有非常清晰的对价值观念的提倡、宣传和主导，而具有非常宽泛的内容和巨大的包容性，甚至各种完全相反的价值观也可以被包含其中，这就直接导致了人们价值选择的矛盾。这种价值冲突与矛盾使得人们的思想很容易产生焦虑和迷茫，而焦虑与迷茫的程度越深，人们的盲目性和冲动性就越强，也就更加容易产生对主流文化所代表的价值观的怀疑和反对。

二是导致人们价值取向的偏差。其主要表现是非主流文化在引导人们张扬个性的同时，也会使人们陷入自我中心主义或极端个人主义的误区。比如非主流文化在促进人们社会化的同时，其消极面也会使人们在这个过程中陷入庸俗化、功利化的错误取向。价值取向是人生观的核心要素，有正确的价值取向才会有正确的人生观，非主流文化不仅在一般事务上将人的价值取向导向多元，而且在社会伦理道德领域也会将价值

---

① Jacques Maritain, *Integral Humanism—Temporal and Spiritual Problems of a New Christendom*, trans. by Joseph W. Evans (University of Notre Dame Press, 1973), p. 136.

② 徐瑾：《位格与完整：马里坦人道主义思想研究》，人民出版社，2014，第127页。

取向导向多元而使其失去统一标准。这样就使得人们的价值取向趋向于自身需求，诸如"人不为己，天诛地灭"这样的信条就死灰复燃了。弗洛姆曾说："生活在这样的社会里，我们的判断带有极大的偏见。捞取、占有和获利是生活在工业社会中的人不可转让的、天经地义的权利。"①对于我国来说，自改革开放以来，人们既得益于改革开放所带来的繁荣和发展，但也接触了解到了各种并令人不满意的不公正的社会现象，加上各种不良思潮（再加上西方国家有意识的文化渗透、侵袭）的影响，人们在价值取向上越来越不注重整体的、公众的、社会的、国家的利益，而越来越注重甚至是仅仅注重自身的利益。这样只会加剧社会动荡，不利于社会和谐稳定。

三是导致人们价值标准的模糊。所谓价值标准是指人们以什么样的价值观念来看待别人和自己的行为。相对于价值选择的矛盾、价值取向的偏差来说，价值标准的模糊更多地体现在对具体事务的处理上。比如"爱国主义"问题，这本来是一个没有什么争议的问题，但是在价值多元化的非主流文化氛围中，"爱国"与"不爱国"是一个相对性问题，正如广东人喜欢吃生鲜、四川人喜欢吃麻辣一样，有的人可以选择"爱国"，有的人可以选择"不爱国"，只要不危害社会就行。显然这种看法是有害的，直接削弱了主流价值文化的社会影响。就当前的市场经济社会来说，现在人们普遍用奉献的精神去要求别人，但对自己却采取利己主义的态度，甚至很多人连孔子所说的"己所不欲，勿施于人"（《论语·卫灵公》）都做不到。很多人习惯于以集体主义标准要求别人，对自己却采取利己主义的价值标准，表现在具体行为上就是对见义勇为等行为观念上认同，但却不能转化为自己自觉的行动；认同诚信是做人的基本准则，但却制假造假。在主流价值文化明确的价值标准面前，人们往往以非主流的模糊的价值标准来与之抗辩，并且在非主流文化中寻找支撑自己行为的理论根据，这些都会导致主流价值文化影响力的下降，

---

① 〔美〕埃里希·弗洛姆：《占有还是生存——一个新社会的精神基础》，关山译，生活·读书·新知三联书店，1989，第75页。

并进而导致社会的动荡。

非主流文化具有社会消极作用的根源，可以从人性论与现实影响两个方面加以剖析。从人性论的方面来说，非主流文化对于社会的积极影响主要是增进了人们的认知能力，消极影响则是削弱了人们的道德意识，或者说激发了人们的求利动机，从而使人将道德观念置于非优先的地位。从现实影响的方面来说，非主流文化的消极社会作用源于四个方面。一是外来非主流文化的影响。不仅是成年人，甚至是中小学生的这种倾向也相当普遍。如果在对中小学生的教育影响上，我国主流价值文化都不能战胜外来文化，那么社会主义事业的持续前进的前景是令人堪忧的。二是影视非主流文化的消极导向。近几年影片运作实行自负盈亏，票房价值制约了影片生产，每年从海外引进的一大批非主流影片充斥着暴力和色情内容，对人们（尤其是青少年）产生了极大负面影响。三是电视（网络）的非主流文化对大众造成了负面影响。电视、网络已广泛普及，而黄金时间播出的影、视、歌多为非主流的庸俗文化，很多节目格调低下、粗制滥造，甚至不堪入目，有的甚至不惜编造、捏造事实来吸引观众、混淆视听，严重削弱了主流价值文化的影响力。四是非主流文化书刊的影响。不论是在网上还是在出版物中，现在人们普遍阅读的都不再是改革开放以前的道德及科普书籍，取而代之的是各种"娱乐化"的书刊，其内容往往不堪入目。不仅成年人，中小学生也深受其害。这些充满各种腐朽思想的书刊对人尤其是青少年学生造成了极大毒害。

二　主流价值文化对非主流文化的正确引导

社会风气是社会文明程度的重要标志，是社会价值导向的集中体现。在我们的社会主义社会里，是非、善恶、美丑的界限绝对不能混淆，坚持什么、反对什么，倡导什么、抵制什么，都必须旗帜鲜明，只有这样才能促进良好社会风气的形成和发展。因此，加强主流价值文化对非主流文化的主导作用以树立良好的社会风气，是关涉社会主义事业持续发展的刻不容缓的大事。

主流价值文化对非主流文化的正确引导主要包括以下两个方面。

一是要充分发挥主流价值文化的显性引导原则。我国主流价值文化作为以国家意识形态为指导、以国家的意识形态为内核建构、由政府推动的文化形式，表达的是国家意愿与根本利益，传达的是一个国家意识形态和社会道德的基本观念，是一种处于支配地位的主流价值观。我们要大张旗鼓、理直气壮地充分发挥主流价值文化的权威性，通过（公共管理、教育、传媒等领域的）各种显性的宣灌措施，使之在多元文化中处于主导和支配地位。这方面需要有文化自信，需要党员干部起到先锋模范带头作用。

二是要充分发挥主流价值文化的隐性默化原则。文化对人影响是潜移默化的，文化对人的影响一般不是有形的、强制的，也不都是消极被动的、无目的的，往往是人自觉学习、主动感悟文化熏陶的结果，而且文化的影响往往是深远持久的。文化对人的影响，无论表现在交往方式、思维方式上，还是表现在生活方式的其他各个方面，都能持续较长时间。而且世界观、人生观、价值观是人们文化素养的核心和标志，一经形成就具有确定的方向性，会对人的综合素质和终身发展产生持久的影响。因此，要充分发挥我国主流价值文化的隐性默化原则，通过人民群众乐意接受的方式，将主流价值文化在社会各个阶层进行传播，通过持续的对其他文化的影响来改变人们的思想观念，将主流价值文化对非主流文化的影响融化到社会生活的各个方面，并将其作为一项长期的基本战略。

具体来说，正如党中央一直强调的那样，要采用一切形式来宣传社会主义核心价值观，宣传主流价值文化。比如在假日以及重要节庆日都要加强宣传，充分发挥节假日传播社会主流价值文化的独特优势。同时还应当开展革命传统教育，加强对革命传统文化时代价值的阐发，发扬党领导人民在革命、建设、改革中形成的优良传统，弘扬民族精神和时代精神。挖掘各种重要节庆日、纪念日蕴藏的丰富教育资源，在国际性节日，党史国史上的重大事件、重要人物纪念日等举办庄严庄重、内涵丰富的群众性庆祝和纪念活动。利用党和国家成功完成大事、妥善应对难事的时机，因势利导地开展各类教育活动。加强爱国主义教育基地建设，加大公益广告刊播力度，要发挥互联网和手机媒体传输快捷、覆盖广泛的优势，运用多种方式扩大公益广告的影响力。公益广告要注重导向鲜明、富有内涵、引人向上，注重形式多样、品位高雅、创意新颖，体现时代感、厚重感，增强传播力、感染力。①

三　主流价值文化对非主流文化的合理规范

主流价值文化对非主流文化的合理规范主要体现在以下两个方面。

一是底线不可动摇。所谓底线不可动摇，意思就是规定一些基本的价值观是不容反对的，可以怀疑、商榷、交流、反馈意见等，但是不容许反对。"主流—非主流"文化形态存在的合理性绝对不能以取消主流文化的主导作用为代价，多元文化的共存共荣也不能以反对主流文化、影响社会稳定为代价。主流价值文化中的一些基本理念是必须接受和遵守的，如坚持马克思主义的引领、坚持社会主义发展方向、坚持共产党的领导、坚持改革开放等，这些是立国之本，是保证社会主义事业不断前进的基础，是不容反对的。对于富强、民主、文明、和谐、自由、平等、公正、法治等理念，非主流文化对其可能有不同于主流文化的界定，表现为普通大众对于这些理念的认识可能存在较大差别，但是公众的行为不得违反我们划定的基本"红线"，不得影响社会主义事业的健康发展。总的原则就是底线不容挑战，其他的则可以在法律、道德框架下共存。

二是对非主流文化社会作用的甄别。即以主流价值文化的核心理念为标准来甄别非主流文化的社会作用中哪些是积极的，哪些是消极的，甚至是反动的。这是一件非常重要的工作，因为非主流文化（以西方文化、中国传统文化为代表）不同于主流价值文化，它可能不会表现为一些简明清晰的原则或理念，而是一个非常复杂的多样化的"大杂烩"。以西方文化为例，从社会影响来说，其既有影响巨大的功利主义、实用主义、基督教信仰等思想，也有影响较大的民主、人权、自由等思想，

---

① 中共中央办公厅：《关于培育和践行社会主义核心价值观的意见》，http://news. xinhuanet. com/politics/2013-12/23/c_118674689. htm。

还有影响较小的理性主义、经验主义、怀疑主义等思想，在不同人群中体现出的影响也千差万别。以中国传统文化为例，"国学热"是目前非常典型的趋势，此外道教、佛教思想也日益流行，但是各种迷信思想也不断涌现。而且具体说来，每一个社会现象及其背后体现出来的文化支撑都是复杂的，难以清晰说明的。比如知识分子，他们可能更多地受到西方文化的影响，更容易接受自由、人权、上帝信仰等思想，尤其是在那些接触西方社会较多的人群里，这种特征更为明显，而表现在行为上可能就是其会对主流价值文化和中国传统文化持批判或否定态度。而普通市民可能更容易接受私有财产神圣不可侵犯的西方权益观，更容易接受市场经济规则，而表现在行为上可能就是利己主义盛行，其对主流价值文化提倡的理念虽然不反对但持一种"严于律人，宽以待己"的态度。对于乡镇及农村的群众来说，可能更多地受到传统文化的影响（不过在农村，尤其是北方农村，西方传入的基督教信仰发展得很快），更容易接受"仁义礼智信"以及封建迷信思想，在行为上可能表现出相对淳朴而迷信的处事方式。从单个事务来说，比如基督教信仰，在知识分子那里往往表现为精英信徒式的内心原则，在市民和农民那里往往表现为迷信式的虔信。从年龄上来看，老年人往往对毛泽东时代颇为怀念，而年轻人则被各种时髦思想占据了头脑。正是非主流文化的复杂性，使得我们必须对其的社会作用和影响加以甄别，进而对积极影响加以鼓励，对消极影响的加以引导，对反动的影响加以控制和制止。

四　主流价值文化对非主流文化的有效控制

主流价值文化对非主流文化的控制（利用）是维护社会稳定、促进社会发展的正常需要，其主要体现在以下两个方面。

一是以合法的方式对非主流文化进行有效控制。因为非主流文化的社会影响既有积极的，也有消极（甚至反动）的，所以对其进行有效控制是必不可少的社会调控方式。建设法治国家是大势所趋，对非主流文化有效控制需要合乎基本的价值原则，即用主流价值文化的基本规范去要求非主流文化，同时更需要合乎法律规范。以网络监控为例，随着网络的普及，人们每天花在网上的时间越来越多，甚至人们的衣食住行都和网络离不开，但是网络也是非主流文化最为流行的地方，因为网络是开放的，是难以监管的。由此我们看到，网络上各种色情、暴力、反道德、反社会的言论日益泛滥，充斥着各种虚假报道甚至网络谣言，面对这种状况，主流价值文化必须对非主流文化加以有效控制，否则就会影响社会主义建设事业的根基。因此我国对网络实施了监控，对带有"敏感内容"的帖子等进行审核，对网络谣言传播者及宣扬反社会、反道德的人进行监督和惩罚。所谓合法的有效控制是指对非主流文化采取的措施应当是合乎法律规定的，现在是法治社会，在对非主流文化进行控制的同时也不能矫枉过正甚至违反法律。同样以网络监控为例，网络上流行的非主流文化固然有消极的东西，但网络同时也是公众自由发表言论和见解的舞台，一些弱势群体在现实中得不到公正对待的时候往往也采取网络方式向社会求助，网络作为对政府公信力的监督以及对公众的舆论自由的保护也是重要的，因此我们在对网络流行的非主流文化进行有效控制的时候需要遵循合理合法的原则。法律是维护国家稳定、各项事业蓬勃发展的最强有力的武器，也是捍卫人民群众权力和利益的工具。依法治国是社会主义法治社会建设的基础，在中国这样一个 13 亿人口的大国，要实现政治清明、社会公平、民心稳定、长治久安，最根本的还是要靠法治。法治建设推进得越持久，越深入，其成效就越大。1999 年3 月 15 日，第九届全国人民代表大会第二次会议通过了《中华人民共和国宪法修正案》第 13 条，即在《宪法》第 5 条增加一款，明确规定："中华人民共和国实行依法治国，建设社会主义法治国家。"这就以根本大法的形式把依法治国的治国方略上升为一项基本的法律原则。因此要在法律框架内对非主流文化进行有效控制，该保护的予以保护，该限制的予以限制，该取缔的必须取缔。

二是非主流文化应当成为宣扬主流价值文化的主阵地。对非主流文化的有效控制与对其的合理利用是分不开的，非主流文化客观上来说往往在公众中更为流行，因此我们在主张文化多元化的同时，需要对非主流文化加以合理利用，使其成为宣扬主流价值文化的主阵地。所谓文化就是"文成教化"，《易传》中云："刚柔交错，天文也。文明以止，人文也。观乎天文，以察时变；观乎人文，以化成天下。"比如对传统文化精髓的继承与发扬就是对非主流文化进行引导，以使其服务于主流价值文化建设。当前党中央反复强调的对中华传统美德的继承就是这样，中央也一再强调，要充分发挥优秀传统文化怡情养志、涵育文明的重要作用。中华优秀传统文化积淀着中华民族最深沉的精神追求，包含着中华民族最根本的精神基因，代表着中华民族独特的精神标识，是中华民族生生不息、发展壮大的丰厚滋养。西方文化的自由、平等、法治等理念是值得提倡的，并已经被吸收到我国主流价值文化之中，但是对于西方文化中一些消极的东西我们要加以警惕。比如"自由化"思想，这种非主流文化思想宣扬的是"绝对自由"，即放任社会上所有思潮的产生和发展，强调不能用政府主流文化对非主流文化加以限制。这是典型的"资产阶级自由化"的思想，即便是在西方，言论自由也必须以法律为规范，如果放任自流，则主流价值文化的社会影响就会遭到极大削弱。因而在当前的我国社会，通过对非主流文化的控制和利用以宣扬主流价值文化是保持社会主义事业持续发展之必需。

总的来说，"两个相互矛盾方面的共存、斗争以及融合成一个新范畴，就是辩证运动。谁要给自己提出消除坏的方面的问题，就是立即切断了辩证运动"[1]。一方面，我们并不主张（在当今全球化背景下的社会也不可能）形成以主流价值文化"大一统"的局面，因为非主流文化虽然没有主流价值文化这么强的意识形态因素，但是比主流价值文化涉及的面更宽更广，往往影响也更大；但是另一方面，我们也绝对不能对非主流文化中的一些消极（甚至反动）因素视而不见，必须要让主流价值文化对其加以正确的引导、合理的规范、有效的控制和利用，以达到为社会主义建设服务的目的。

---

① 《马克思恩格斯选集》（第 1 卷），人民出版社，1995，第 144 页。

论人类中心主义与中国社会的
可持续发展

杨海军*

【摘　要】　人类中心主义与可持续发展的关系问题是一个值得深入探讨的问题。本文论述了人类中心主义的含义、历史发展以及从人类中心主义走向可持续发展的可能性，指出人类中心主义价值观在人类历史的发展中起到了积极的作用，但随着环境的恶化，人类中心主义的缺陷逐步凸显。我们要吸收人类中心主义的长处，克服其缺陷，以中国文化中的"天人合一"理念为指导，引领中国社会实现可持续发展。

【关键词】　人类中心主义　天人合一　可持续发展

　　人类中心主义是人类主体地位的显现，也是人类文明的一种进步。在人类发展的历史上，人类中心主义起到了应有的作用，这表现在人类中心主义在挖掘人类的能动性方面发挥了积极作用，促使人类创造了更多的财富，引导人类逐步走出贫困，推动了社会的进步。但同时，人类

---

　　* 杨海军，男，副教授，华中师范大学政治学博士后，现为湖北大学马克思主义学院暨湖北大学高等人文研究院教师，中华文化发展湖北省协同创新中心和湖北省道德与文明研究中心研究员，湖北省伦理学学会和湖北省高校领导科学研究会理事，主要从事伦理学和政治学研究。

中心主义过分高扬人的能动性甚至将人类凌驾于自然之上，把自然仅仅当作征服、掠夺的对象，因此导致了日益严重的环境生态危机，对人类社会的可持续发展构成了严重威胁。在反思人类理性的短视之后，我们可以看出，一味强调"人类中心主义"无助于实现人类社会的可持续发展，恰恰相反，合理肯定人类中心主义的同时应当充分认识到它的局限性，这样才能有助于可持续发展。

一　人类中心主义的含义

"根据《韦伯斯特第三次新编国际词典》（1976）记载，人类中心主义的概念曾在三个意义上使用：（1）人是宇宙的中心；（2）人是一切事物的尺度；（3）根据人类价值和经验解释或认识世界。"[1] 人类中心主义的前两个概念，是在古代、近代及现代的部分时期（20世纪50年代前）流行的，是只有主导地位的文化观念。康斯坦丁诺夫主编的《苏联哲学百科全书》第一卷（1984）中的人类中心（主义）词条这样写道："人类中心一词，源于希腊文的人和拉丁文的中心。""人类中心是一种同宗教和唯心主义有联系的反科学观念，认为人是宇宙的最终目的和宇宙的中心。"[2] 根据这个界定，其可演化为人类中心主义。

人类中心主义（anthropocentrism），又称为人本主义（humanissm），它把人的利益作为处理人与自然关系的出发点和归宿，认为只有人才是道德关怀的对象，只有人类才有价值。"人与自然的关系不具有任何伦理色彩，之所以要把道德关怀施于人之外的存在物，是因为把自然当作履行人与人之间的义务的中介或工具纳入道德视野。换言之，我们人类对环境问题或环境危机负有道德责任，主要源于我们对人类生存和对子孙后代的利益关注，并非对自然事物本身的关注。"[3]

---

[1]　*Websters Third New International Dictionary*, 4th Merriam Co. 1976：93.

[2]　〔苏〕康斯坦丁诺夫主编《苏联哲学百科全书》（第一卷），上海译文出版社，1984，第572页。

[3]　曾建平：《自然之思：西方生态伦理思想探究》，中国社会科学出版社，2004，第48页。

从不同的角度看，人类中心主义有不同的表现形态。"在哲学上一般认为，它指的是在主客二分的基础上把人的主体地位无限扩大，使主体性沦为人性；从价值学的角度看，它指的是把人类的利益作为价值评价的最高尺度或根本出发点；在地理学上，它常被认为是地心说的另一种表达方式；在生物学或生态学中，它的基本意义是指将人类看成是生物圈或生态系统中最重要的物种。"[①]

传统的人类中心主义认为，人是自然界的中心和主宰。大机器工业的快速发展和大型化，有利于人类为了自己的利益向自然进攻，不断地征服自然和改造自然。人类改造和利用自然带来了物质生活的不断提高，同时，也严重破坏了人类赖以生存的自然环境，给人类生存带来毁灭性的影响。

人类中心主义有很多类别：强化人类中心主义与弱化人类中心主义，古代人类中心主义、近代人类中心主义、现代人类中心主义，宇宙人类中心主义、神学人类中心主义、生态人类中心主义，绝对和相对人类中心主义。这些分类的论述都是对人与自然关系的关照，都是对人类以往价值观念展开自省、批判和前瞻的思潮。

二 人类中心主义的历史发展

从人类中心主义发展的过程来看，可以把其划分为古代人类中心主义、近代人类中心主义和当代人类中心主义三个阶段。

1. 古代人类中心主义

古代人类中心主义即处于萌芽状态的人类中心主义，主要分为古代宇宙人类中心主义和中世纪神学人类中心主义。由于此阶段人类没有足够的征服自然的能力，所以，人类中心主义也未作为一种理论充分发展起来。

[①]　李培超：《应走进还是走出"人类中心主义"》，《湖南师范大学社会科学学报》1997年第3期。

宇宙人类中心主义是人类中心主义在古代的萌芽形态。在西方哲学史上，古代宇宙人类中心主义是以古罗马天文学家托勒密的"地球中心论"为基础发展起来的，亚里士多德对其进行了论证和发展。其核心观点是人类在空间方位的意义上是宇宙的中心。他首次明确地确立了人是万物的主宰的思想。这一思想不仅对古罗马时期的社会发展产生了积极影响，也为后来中世纪基督教神学的人类中心主义提供了支持。

神学人类中心主义是在中世纪的欧洲形成的。"地球是上帝为了人而创造的，因而人是宇宙的中心。"① 在中世纪的欧洲，神学人类中心主义是基督教世界观的一个重要组成部分。犹太教、基督教提出了上帝创世说，指出上帝创造了世界，赋予人类治理大地和管理万事万物的权力。

2. 近代人类中心主义

随着科学技术和生产力的发展，征服自然的近代人类中心主义逐步形成，其主张人类是自然界最优秀的产物，人类要以自我为中心，并根据人类需要来认识自然和改造自然。人不仅可以开发和利用自然，而且可以主宰和征服自然。康德的"人是目的"和"人是自然界的最高立法者"，肯定了人是自然界的最高价值；而培根的"知识就是力量"的口号则鼓励人类利用知识去征服自然。

征服自然的近代人类中心主义把人类当作凌驾于自然之上的主宰者，认为人类可以无限地改造自然和征服自然。其因此被称为极端的人类中心主义，也为人类在利用科学技术创造财富的同时毁坏自然环境埋下了种子。

3. 当代人类中心主义

当代人类中心主义的主要代表人物是美国学者墨迪（W. H. Murdy）和美国哲学家诺顿（B. G. Norton）。

墨迪认为："一切成功的生物有机体都为了它自己或它们的种类的生存而有目的的活动，物种不那样生存必将毁灭。"② 墨迪坚信人类的潜

① 余谋昌：《走出人类中心主义》，《自然辩证法研究》1994 年第 7 期。
② William. H. Murdy，*Anthropocentrism：A Modern Version*，Science 1975，pp. 1168 – 1175.

力，承认人类不能离开自然环境而生存，主张在满足人类利益的同时保护自然环境。

诺顿最早区分了"强式人类中心主义与弱式人类中心主义"①。诺顿在他的《人类中心主义的现代表达：环境伦理学和弱人类中心主义》一文中指出："西方社会流行的人类中心主义可分为两种类型。第一，强人类中心主义的类型。这种观点在道德评价和价值判断上总是基于人类的感性需求，它完全按照需求——满足的直线思维来判断问题。也就是说，凡是人的需要都是应该得到满足的，不管这种需要是否合理，或者根本无需对人类的需要进行合理性证明。"② 第二，弱人类中心主义的类型。这种观点认为基于人类感性偏好的需要是不合理的，只有合乎理性的需要才是合理的。

综合西方学者所持的人类中心主义的观点，我国学者对人类中心主义进行了研究和评述。学者刘湘溶认为，20世纪70年代以前，西方的生态伦理学家的观点大都是属于人类中心主义的。生态伦理学中的人类中心主义流派指的是这样一种流派，它认为，应当以人类的利益，而不应当以人类内部某一个人，或某一个阶级、民族、国家的利益，也不应以什么人类之外或之上的什么东西的利益作为判定人类与自然交往方式是否符合道德的标准。在今天，用来论证人类中心主义的道理有三个方面。其一，在人与自然的地位方面，在自然界所有生物中，人类具有理性，因而比其他物种优越，人类应该以自己的利益为中心，把其他存在物当作实现自己利益的工具。强人类中心主义者认为，只要是为了人类的利益，我们就可以不考虑其他物种的利益和价值，人类利益和价值的实现是最高准则。弱人类中心主义者主张满足人的需要的同时，也要对人类进行限制。其二，在价值层面，只有人类有价值，其他存在物都是人类价值实现的工具。强人类中心主义者认为人以外的存在物在

① Norton, B. G., "Environmental Ethics and Weak Anthropocentrism," *Environmental Ethics*, Vol. 6, No. 2 (1984): 131–148.

② 李培超：《自然的伦理尊严》，江西人民出版社，2001，第144页。

满足人类需要时才具有工具价值，人类可以为了实现自己的价值而改造和利用自然。弱人类中心主义者认为自然不仅仅能够满足人类的物质需要，而且还有其他价值。其三，伦理道德的范围层面只适用于人类，人的生存和利益是最重要的。强人类中心主义者主张人类以外的存在物不具有理性，因而道德与它们无关。因为道德是用来调节人与人之间的行为的，所以人类不需要对人类之外的自然存在物给予道德关爱。弱人类中心主义者认为人类和人类之外的自然存在物都是生物圈的有机组成部分，人类应该给予他们以道德关爱。"温和的人类中心主义者主张把'己欲立而立人'、'己所不欲勿施于人'的道德金律推广运用到人与自然的关系中去，人希望自然如何对待人，人也应怎样对待自然。"①

针对环境问题对人类生存的威胁，我国学者对人类中心主义进行了研究和讨论。"有的学者拥护人类中心主义，他们认为人类保护资源、保护环境、保护生物多样性的目的都是为了自身，人是价值的唯一主体。"② 江畅教授认为："问题不在于以人类为中心，而在于如何以人类为中心。"③ 他认为过去的人类中心主义确实导致了不少问题，但并不意味着人类中心主义是完全错误的，更不能说是有害无益的，过去的人类中心主义有缺陷是因为忽视了环境对于中心的重要意义。

对人类中心主义，我国有些学者是持反对意见的。如清华大学卢风教授指出，人类中心主义使人类日益向一个危险的方向滑行，今天人类已面临空前的生存危机，应对人类的生存危机，人类必须放弃人类中心主义的成见。④ 所以，要使人类能更好地生存，我们就必须对人类中心主义进行反思、批判和超越。

---

① 刘湘溶：《人与自然的道德话语——环境伦理学的进展与反思》，湖南师范大学出版社，2004，第21～22页。
② 江畅：《比照与融通　当代中西价值哲学比较研究》，湖北人民出版社，2010，第241页。
③ 江畅：《理论伦理学》，湖北人民出版社，2000，第475页。
④ 卢风：《科学、人道主义和人类中心主义》，《湖南师范大学社会科学学报》1996年第3期。

三 扬弃人类中心主义，融合"天人合一"理念，走向中国社会的可持续发展

人类为满足自己的生存需要而进行的生产和经济行为是合理的，也是合乎道德的。因为欲望，人类才得以进步发展。在一定意义上说，人类社会从茹毛饮血的原始状态发展到现在声光电的信息时代，是人类物质生活和精神生活不断提高的过程，也是人不断满足欲望的过程。人类中心主义强调以人为核心。人类在认识和改造自然时，要充分发挥人类的主观能动性，从而为工业文明的崛起和发展提供强大的精神动力，对推动人类的进步和社会的发展起到一定的积极作用。可以说人类文明是在人类中心主义价值观的指导和支配下构建起来的。"正是在人类中心主义信念的激励下人类才获得了今天高度发达的文明。"①

因为天然的自然界不能满足人类生存的需要，人类只能依靠对自然界的人为改造维持生存。在传统人类中心主义价值观的指导下，人类为了更好地生存，借助迅猛发展的科学技术和对自然资源的利用，人的主观能动性和巨大的创造潜能得以发挥，不断提高生产力的发展水平，创造了大量的物质财富，大大提高了人类的生活水平，构建了近代文明。但与此同时，人类破坏了环境，深陷巨大的生存危机。当人类意识到伤害自然必然危及人类自身时，人类不得不回到残酷的现实，反思传统人类中心主义和走向可持续发展问题。为了走向可持续发展，人类不断反思和批判传统的人类中心主义，现代人类中心主义应运而生。现代人类中心主义要求人类正确处理好代内关系和代际关系。"我们没有义务让子孙很富有，但像使用营地的野营者一样，我们有义务留给子孙一个不比我们接受时糟糕的世界。"② 现代人类中心主义认识到人与自然关系和

---

① 江畅：《论人类中心主义的双重效应》，《武汉科技大学学报》（社会科学版）2001 年第4 期。

② 〔美〕霍尔姆斯·罗尔斯顿：《哲学走向荒野》，刘耳、叶平译，吉林人民出版社，2000，第 270 页。

谐的重要意义，主张人类在利用自然的同时也要顺应自然。

通过反思，人类逐步认识到：走向可持续发展是人类生存的必由之路。人类在发展中应不断提高自己的认识，充分利用人类中心主义的优势，抛弃传统人类中心主义的缺陷，走可持续发展之路。尽管现代人类中心主义反思和批评传统人类中心主义，但是，它主张的可持续发展的根本目的还是"人类中心"，以人类的利益为出发点和归宿。

"'生存'是意味着生命的一种需求和需要的满足。"[①] 人类要走向可持续发展，首先必须生存下来，而要生存，必须要有人类得以存活的物质基础，这就需要通过发展经济来满足人类日益增长的物质需求。只有通过人的实践活动才能从自然界获得经济发展和人类存活的物质基础，所以，人类不得不利用自然和改造自然，从而确保人类的生存。人类中心主义是人类走出贫困的必然选择，但同时也产生了人类破坏环境的尴尬。

在人类中心主义的指导下，人类运用资本逻辑，在给人类带来经济发展和财富增加的同时，也对人类生存的环境造成了巨大的破坏，最终导致了人类生存的危机。如果我们不反思，不改变现有的价值观念和生活方式，人类就很有可能走向灭亡，人类的可持续发展也将无从谈起，而这绝不是危言耸听。因此我们在充分肯定人类中心主义的积极性和合理性的前提下，应对人类中心主义已经造成及可能造成的恶劣后果有清醒的反思和认识，从而能够吸收其长处，回避或克服其缺陷。

经过分析人类中心主义的利弊，我们可以对人类中心主义理念进行扬弃，结合中国实际，合理利用中国传统文化中的"天人合一"理念，从而有助于中国社会走向可持续发展。

中国传统文化中的"天人合一"理念最早在西周就已经出现。《周易·文言》中指出："与天地合其明，与四时合其序，与鬼神合其吉凶，先天而天弗违，后天而奉天时。"[②] 道家老子指出："人法地，地法天，

---

① 《高清海哲学文存》第一卷，吉林人民出版社，1997，第16页。
② 黄寿其、张善文撰《周易译注》，上海古籍出版社，2004，第167页。

天法道，道法自然。"① 董仲舒指出："天人之际，合而为一。"② 张载提出："天人合一，民胞物与。"③ 程颢指出："以天地万物为一体。"④ 程颐指出："道无始有天人之别，但在天则为天道，在地则为地道，在人则为人道。"⑤ 从中可以看出，中国的"天人合一"思想在理论和实践方面得以不断完善，仔细分析，我们可以发现，其中蕴含着丰富的人与自然和谐的环境伦理思想，其追求一种人与自然的统一以及共生共荣共进。"天人合一"思想是中国文化的内生力，是对人类中心主义的短板的填补，有助于我们扬弃人类中心主义，利用人类中心主义的积极性与合理性，抛弃人类中心主义的缺陷，引领中国社会的可持续发展。

因此，实现中国社会的可持续发展，要以天人合一理念为指引。一方面，从真理的视角来看，我们要正确地认识自然和认识世界，认清人与自然的辩证关系，视自然为我们的生存之基、生存之本，做到敬畏自然、尊重自然和爱护自然；另一方面，从价值的视角来看，对人类的生存而言，自然可以满足人类生存的需要，自然对人类是有价值的。因此我们要在正确认识自然、认识世界和保护自然的基础上，合理地利用自然和改造自然，让自然更好地满足人类的生存需要。而作为对这两个方面的协调，中国文化中的天人合一理念将发挥重大作用。

我们相信，在分析人类中心主义利弊的基础上，通过扬弃人类中心主义，融合中国文化中的"天人合一"理念，中国社会的可持续发展一定能实现。

---

① （魏）王弼：《老子注》，岳麓书社，1993，第4560～4569页。
② （西汉）董仲舒：《春秋繁露》，中华书局，2011，第213页。
③ 侯外庐等：《中国思想通史》，人民出版社，1959，第565页。
④ （北宋）程颢、（北宋）程颐：《二程集》，中华书局，1981，第241页。
⑤ （北宋）程颢、（北宋）程颐：《二程集》，中华书局，1981，第357页。

多元文化视域下生态美学与
环境美学关系的再思考

赵红梅[*]

赵红梅[*]

【摘　要】　环境危机、文艺创作瓶颈及美学理论困境是生态美学和环境美学研究的不竭动力。生态美学与环境美学的研究为美学的未来发展积攒了新的"血液"。生态美学与环境美学的关系的研究是美学界刚刚兴起的热点话题。本文首先对生态美学与环境美学的关系研究进行历史回溯，然后分析生态美学与环境美学的区别所在，最后指出生态美学与环境美学建立联系的关节点。

【关键词】　生态美学　环境美学　区别　联系

通过学术搜索，我们可以直观地发现，生态美学的理论研究已经形成气候（只要输入"生态美学"四个字，我们就可以很轻松地检索到300多篇有关"生态美学"的文章），环境美学的应用研究沉潜于不同的学术领域。生态美学与环境美学的关系是当下中国环境美学和中国生态美学研究者们都很关心的话题，纵观众多美学研究者对生态美学与环境美学关系的研究，我们发现二者关系仍显混乱。纵使"乱红"飞过，我们还是要把生态美学与环境美学的关系细细玩味，何况现在生态美学与

＊　赵红梅，女，湖北大学政法与公共管理学院教授，研究方向为环境美学。

环境美学可资借鉴的参考文献甚多，且生态美学与环境美学都需要进一步发展壮大。中国生态美学家曾繁仁先生也持这种态度："生态美学与环境美学都属于自然生态审美的范围，是对'美学是艺术哲学'传统观念的突破，它们应该属于需要联合一致的同盟军，不需要将其疆界划的很清晰。但从学术研究的角度却又有将其划清的必要。"①

一　生态美学与环境美学关系研究的历史回溯

西方环境美学诞生于 20 世纪 60 年代，中国环境美学诞生于 21 世纪初；西方生态美学诞生于 20 世纪 50 年代，中国生态美学诞生于 20 世纪90 年代。如果说西方环境美学与中国环境美学有什么区别的话，那就是西方环境美学的开端是与艺术相别，从自然出发的，中国主流环境美学的开端是与自然相别，从自我出发的。如果说西方生态美学与中国生态美学有什么区别的话，那就是西方生态美学的开端是从大地出发的，中国主流生态美学开端是从概念出发的。

环境美学包含生态美学，意味着环境美学比生态美学视域更广，不仅具有形而上的精神，而且"环境美学的研究涉及到声学、色彩学、化学、生理学、心理学、生态学、工效学、造林与园艺、建筑学及城乡规划等"② 众多形而下的学科。中国生态美学的发起者李欣复认为生态美学隶属于环境美学。生态美学"以研究地球生态环境美为主要任务与对象，是环境美学的核心组成部分"③。贾苏克·科欧认为，环境美学有两种含义：一是"环境美学"，这种环境美学根植于人与环境二元论观点基础上；二是"生态美学"，这是一种关于环境的整体的、演化的美学。不过，在他看来，生态美学是对环境美学的批判与超越。④

环境美学包含生态美学还意味着中国的生态美学是在西方生态文化

---

① 曾繁仁：《生态美学导论》，商务印书馆，2010，第 463 页。
② 郑光磊：《环境美学浅谈》，《环境保护》1980 年第 4 期。
③ 李欣复：《论生态美学》，《南京社会科学》1994 年第 12 期。
④ 程相占：《美国生态美学的思想基础与理论进展》，《文学评论》2009 年第 1 期。

影响下而诞生的一种美学形态，其当然也包括西方环境美学。中国"生态美学的西方资源包括环境美学"。但是，"中国生态美学所凭借的理论立足点比西方环境美学的'生态中心主义'更加可行，并具有更强的时代感与现实感"①。

环境美学与生态美学相互渗透表现为美学范畴的互相穿插。国内著名的生态美学家曾繁仁先生认为，生态美学的美学范畴是与生态存在论紧密相关的"诗意地栖居""四方游戏""家园意识""场所意识""参与美学""生态审美教育"等，这种表达与环境美学的"城市是我家""家园感""肯定美学""荒野美学""参与""乐居"相互诠释。其实，生态美学的基本范畴应该来自田野，它与生物多样性、生态系统、生态整体、生态和谐有关；环境美学的基本范畴来自与艺术的相别相依、与自然的相亲、与环境的相合、与自我的相慰。曾繁仁先生在《论生态美学与环境美学的关系》一文中认为："西方环境美学与中国生态美学有着基本共同的文化立场，而且西方环境美学是中国生态美学建设发展的重要参照与资源。"② 但是，他认为"生态"比"环境"具有更加积极的意义。这种说法是值得商榷的。一是因为"生态"的字意具有"家园"的含义，"环境"的字意具有"居住"的含义，二者关系密切；二是因为虽然环境审美需要对象，但是环境审美体验需要身心融入和整体意味的"场"，也就是说，中国环境美学与生态美学一样不反对生态整体主义。

有学者认为环境美学与生态美学之间不可能建立联系，原因在于生态美学的存在是虚妄的。王梦湖认为："一般来说，生态学是自然学科，而美学则是人文学科。由于这两门学科性质上的不同，就导致了由生态学与美学相结合而产生的生态美学学科性质的不确定性及两者之间的不可通约性。生态美学既不能解决美学本身存在的问题，又不能为现实生态问题的解决提供某种行之有效的途径，反而将美学置于一种与自身基

① 罗祖文：《试论曾繁仁的生态美学思想》，《鄱阳湖学刊》2012 年第 2 期。
② 曾繁仁：《论生态美学与环境美学的关系》，《探索与争鸣》2008 年第 9 期。

本特性相矛盾的尴尬境地。生态美学只能是一门有学无美的致用之学。"① 它是一门"致用之学，而不是真正意义上的美学"②。董志刚认为："生态美学不仅不能抵御'人类中心主义'和'科技拜物教'观念，反而无意中加强了这些观念。生态美学所遵循的是一个虚假的原则，依赖的是一种虚假的理论根源"，生态美学是"虚假的美学"。③

中国生态美学研究者一般都认为生态美学比环境美学更具有生命力，因此他们竭力推动生态美学的研究，研究课题有"生态美学专题研究""当代生态美学观的基本范畴""当代生态美学研究中的几个重要问题""试论生态美学中的生态中心主义原则""中国生态美学发展方向展望"等。王国英先生在《试论生态美学和环境美学的关系分析》一文中，虽然强调了生态美学的发展以环境美学为参照、生态美学与环境美学一样都注重自然审美，但是，他这篇文章的重点在于对生态美学与环境美学之间区别的把握。他认为：生态美学比环境美学更具有科学依据和理论依据，生态美学比环境美学文化底蕴更深，生态美学比环境美学内容更广泛，生态美学比环境美学意义更加深远。④

西方环境美学三巨头伯林特、艾伦·卡尔森和瑟帕玛如三驾马车般从环境美学理论的模型建构、环境审美理论、参与美学三个方面共筑环境美学的大厦。艾伦·卡尔森认为："环境美学主要出现在西方，它被公认为是一个范围广泛、内容庞杂的哲学研究领域，划分其边界的方式主要是比较它与艺术哲学之间的不同；另一方面，目前许多冠以'生态这个'或'生态那个'的研究领域（比如生态批评与生态女性主义等），都有着与生俱来的不严密性，生态美学似乎跟它们一样"。⑤ 中国环境美学之父陈望衡游于环境美学多年，他从自身的生命体验出发，从中国古

① 王梦湖：《虚妄的生态美学》，《南京师范大学文学院学报》2008 年第 1 期。

② 王梦湖：《生态美学——一个时髦的伪命题》，《西北师大学报》（社会科学版）2010 年第 3 期。

③ 董志刚：《虚假的美学——质疑生态美学》，《文艺理论与批评》2008 年第 4 期。

④ 参见王国英《试论生态美学和环境美学的关系分析》，《校园英语》2014 年第 25 期。

⑤ 〔加拿大〕艾伦·卡尔森：《生态美学在环境美学中的位置》，赵卿译，《求是学刊》2015 年第 1 期。

典审美文化出发，借助西方环境美学的前沿阵地，穿梭于生态美学与环境美学，反身大力构建中国环境美学。

二　生态美学与环境美学区别的再把握

环境美学从"别"开始。西方的环境美学与"艺术哲学"相别，走进自然审美；中国的环境美学与"自然美学"相别，走进环境审美，拥抱整个世界，走向自我。与环境美学研究存在"转向"不同，西方生态美学的研究是直接进入的。无论是利奥波德、贾苏克·科欧，还是保罗·戈比斯特，他们都是直接服务于土地、森林的林业管理员、建筑师和社会科学家，他们的生态美学带着浓浓的泥土气息，他们用"脚"思考。如果说生态美学是"思"，那么环境美学就是"诗"。中国生态美学借哲学语言来诠释自己，而环境美学反身借助美学走进环境。环境美学的追问是哲学的，表达是美学的，具有诗性。

在中国，生态美学是对自然美学的超越，徐恒醇认为："生态美学不同于生命美学，生态审美也不同于自然审美。这一美学以人对生命活动的审视为逻辑起点，以人的生存环境和生存状态的考察为轴线而展开。"[①] 生态美学"是一种包含着生态维度的当代生态存在论审美观。它以人与自然的生态审美关系为出发点，包含人与自然、社会以及人自身的生态审美关系，以实现人的审美的生存、诗意的栖居为其指归"[②]。"狭义的生态美学仅研究人与自然处于生态平衡的审美状态，而广义的生态美学则研究人与自然以及人与社会和人自身处于生态平衡的审美状态。"[③] 可见，中国生态美学是引生态进入美学，突破自然美学的局限性，建立人、自然、社会之间的联系。

环境美学是引环境进入美学，突破艺术哲学的局限性，建立人、艺

---

① 徐恒醇：《生态美放谈——生态美学论纲》，《理论与现代化》2000 年第 10 期。
② 曾繁仁：《生态美学——一种具有中国特色的当代美学观念》，《中国文化研究》2005 年第 4 期。
③ 曾繁仁：《试论生态美学》，《文艺研究》2002 年第 5 期。

术、社会之间的联系。"从 1966 年开始，美学学者赫伯恩开始批判黑格尔著名的否定自然审美的'美学即艺术哲学'的理论，开始了西方现代环境美学的发展历程。随即出现了加拿大的卡尔松，美国的伯林特、罗尔斯顿与芬兰的瑟帕玛等著名的环境美学家。他们批判西方古典美学否弃自然审美的传统观点，坚持审美的自然维度，提出了一系列重要的环境美学理论观点。"① 中国环境美学承接西方生态美学和西方环境美学的有关思想，提出了中国特色的环境美学定义。陈望衡先生提出："环境美学是美学的分支学科。相对于美学来说，它虽然可以称为应用性学科，但毕竟是理论的。相对于园林、建筑、城市规划、公共艺术等学科，环境美学是它们的形而上学。"② "环境美学是一门交叉学科，是根据哲学、美学的基本理论专门研究环境美的一门实用美学。它既是环境科学的组成部分，又是哲学、美学的分支学科，对调节人与自然的关系、提高人们对环境的审美能力、促进人的全面发展及环境建设、经济发展都有十分重要的作用。"③

有些生态美学的研究者将生态美学的基本范畴归结为生态美，如徐恒醇认为："生态美的范畴是生态美学研究的核心概念。"④ 但是，曾繁仁先生认为，当代生态美学的核心范畴就是"家园意识"。"家园意识不仅包含着人与自然生态的关系，而且涵蕴着更为深刻的、本真的'人之诗意的栖居'之意。'家园意识'集中体现了当代生态美学作为生态存在论美学的理论特点，反映了生态美学不同于传统美学的根本之处，成为当代生态美学的核心范畴。"正是以"'家园意识'为出发点才构建出了生态美学的'诗意栖居'、'场所意识'、'四方游戏'、'参与美学'、'生态审美形态'和'生态美育'等相关范畴"⑤。

---

① 曾繁仁：《生态美学建设的反思与未来发展》，《马克思主义美学研究》2010 年第 1 期。
② 陈望衡：《环境美学是什么?》，《郑州大学学报》（哲学社会科学版）2014 年第 1 期。
③ 陈清硕：《环境美学的意义和作用》，《环境导报》1994 年第 2 期。
④ 徐恒醇：《生态美放谈——生态美学论纲》，《理论与现代化》2000 年第 10 期。
⑤ 曾繁仁：《生态美学与生态批评——文艺学、数学前沿问题研究》，《温州大学学报》（社会科学版）2010 年第 3 期。

与曾繁仁的"家园意识"借鉴海德格尔的存在论哲学不同，走向日常生活的环境美学之父陈望衡先生认为，环境美学的主题就是生活，就是宜居、利居与乐居。"乐居"是环境美学的核心范畴。不过，环境美学家陈望衡也很重视家园感，他认为"对环境的认同感最高层次是家园感"，他还把环境美的根本性质定位为"家园感"。①

中国生态美学的核心范畴更多地体现出西方现代哲学的影响，而中国环境美学的核心范畴更多地体现出后现代美学的色彩和中国传统文化的影响。

环境美学的产生具有双重背景：环境问题与理论困境。环境美学产生的现实背景就是环境危机引发的环境保护运动，随着环境保护运动而来的是对环境审美价值的关注与欣赏。"随着环境的审美价值日益凸显，人们对环境的认识从功利性发展到道德和审美，对环境的实践从改造环境到保护环境和美化环境，环境美学就是在这个认识和实践的最高阶段上被提出来的。"陈望衡先生认为："20世纪60年代，一门新的学科——环境美学在欧美兴起。这门新兴学科得到了来自美学、哲学、环境、设计、建筑学、景观设计学、人文地理学、环境心理学等多种学科的关注和研究。环境美学的兴起有其双重背景：首先是经济的高速增长带来环境的严重破坏……人们掀起了日益高涨的环境保护运动。"其次，"直至20世纪，美学基本上将自己的研究对象规定在艺术的领域里……而在环境问题凸现之后，环境则成为与艺术相抗衡的另一重要研究领域"。"环境美学的出现，是对传统美学研究领域的一种扩展，意味着一种新的以环境为中心的美学理论的诞生。"②

西方环境美学产生的动因就是如此：一是环境危机，二是现代美学理论的自身危机。西方环境美学家之所以推崇罗纳德·赫伯恩的《当代美学与自然美的遗忘》，就是因为环境危机的现实问题的存在。当然，理论上的贫困也催逼着环境美学的诞生。20世纪西方美学的最大缺陷就

---

① 陈望衡：《试论环境美的性质》，《郑州大学学报》（哲学社会科学版）2006年第4期。

② 陈望衡：《环境美学的兴起》，《郑州大学学报》（哲学社会科学版）2007年第3期。

是，将美学等同或混同于艺术哲学，将对审美经验的哲学探讨仅仅局限于艺术馆里的经验，忘记了自然审美，也忘记了日常生活审美。诺埃尔·卡罗尔指出，现代以来，西方美学界的主流就是"审美的艺术理论"。①

从理论上看，环境美学起源于对艺术哲学的反叛，中国生态美学则起源于对生态环境的承受与批评。曾繁仁先生认为，生态美学的提出是"我国美学工作者对国际美学与文艺理论领域生态理论的一种回应"②。中国生态美学的产生还源于认识论美学的终结和现代生态批评的兴起。现代文学生态批评的兴起与发展，不仅对生态美学的产生起到了推动作用，而且为生态美学的建设输送了丰富的理论资源与实践经验。

不同的理论，哲学基础不同，理论的发展及其未来走向也不一样。生态美学与环境美学的哲学基础精神相似，但具体表达不同。陈望衡先生认为，"生态美学的哲学基础为生态哲学。生态哲学在主客体关系上不承认人的绝对主体性，反对主客两分，在价值观上既承认人的价值，又承认自然的价值"，"生态的平衡性、系统性以及生命的再生性是生态美的根本性质"。③ 也就是说陈望衡先生主张的生态美学的哲学基础的内涵是有机整体观、主客不分论。"环境美学则首先是一种哲学，或者说它是环境哲学的直接派生物，环境哲学有关环境的思考成为环境美学的基础，环境哲学思考的是人与自然、主体与客体、生态与文化的基本关系问题，并寻求这些对立因素的和谐。"④

如果说陈望衡先生的环境美学的哲学基础是立足于西方的生态哲学和中国的道家哲学的，主要表现为一种语言上的变革的话，那么生态美学的哲学基础可被视为立足于反抗传统的认识论，表现为方法上的变革。生态美学家曾繁仁先生的生态美学的哲学基础是生态哲学、海德格尔的

---

① 参见邓军海《环境美学：是什么与为什么》，《中南林业科技大学学报》（社会科学版）2011 年第 1 期。
② 曾繁仁：《生态美学研究的难点和当下的探索》，《深圳大学学报》（人文社会科学版）2005 年第 1 期。
③ 陈望衡：《生态美学及其哲学基础》，《陕西师范大学学报》（哲学社会科学版）2001 年第 2 期。
④ 陈望衡：《环境美学的兴起》，《郑州大学学报》（哲学社会科学版）2007 年第 3 期。

存在哲学、马克思的自然哲学以及中国传统的天人关系。"生态美学的哲学出发点应是本体存在论，而不是主客二分的认识论。"①

有些美学家认为生态美学的研究对象是自然。但是，在曾繁仁先生看来，"生态美学的研究对象不是'自然'，而是'生态系统'的美"。生态美学强调生态整体。"在生态美学中，审美愉悦来自于了解景观的诸多部分是如何与整体相连的，例如，稀有或珍贵的动植物是如何在未触及的生态系统中维持的。"②"在生态审美中，愉悦间接地来自理解景观、理解景观与其所属的生态系统'在生态学意义上的和谐一致'……。生态审美促使我们扩展我们对于审美价值的衡量标准，使之超越单纯的视觉偏好而走向更加全面的概念。"③ 生态美学研究者强调整体、强调系统，突破传统的如画性，从而发展出可持续性，但是，他们对具体的审美对象强调不够，更不用说关注日常生活的审美性和日常生活的审美体验。

虽然中西环境美学家众说纷纭，但是环境美学有明确的研究对象。环境美学的研究对象很明确。其一，审美对象。瑟帕玛在《环境之美》一书中指出："环境美学的核心问题是审美对象问题。"艾伦·卡尔松认为环境美学的审美对象是自然的或人工的环境，大大小小的环境，非凡和平凡的环境。"任何环境，不管是自然环境，还是城市环境或乡村环境，不管是大环境还是小环境，平凡的还是不凡的，都为我们提供了许多东西，让我们去看，去听，去感受，去审美欣赏。概言之，大千世界的林林总总的环境，就像艺术作品一样，在审美上不仅丰富多彩，而且令人受益。"④ 陈望衡先生认为环境美学的审美对象是自然、农村与城市。其二，审美经验。西方环境美学起源于对现代艺术哲学式美学的反抗和走向自然，以艺术为范型的审美观难以解释以自然环境为对象的审

---

① 聂振斌：《关于生态美学的思考》，《贵州师范大学学报》（社会科学版）2004 年第 1 期。
② Callicott, J. B. *Leopold's Land aesthetic. Journal of Soil and Water Conservation*, 1983. 38: pp. 329 - 332.
③ 程相占：《美国生态美学的思想基础与理论进展》，《文学评论》2009 年第 1 期。
④ Allen Carlson., *Aesthetics and the Environment: The Appreciation of Nature, Art and Architecture*, (London: Routledge, 2000), Pxxi, Px viii, 35.

美观。新的审美经验激发了环境美学家的研究兴趣，他们持续不断地探讨环境中的审美经验，从荒野到日常生活经验都是其研究对象。其三，审美模式。环境美学虽然走向自然，走向自我，但是环境美学的前身影响着环境美学的欣赏及研究，环境美学掀起了环境审美模式研究的小热潮。卡尔松认为环境美学的审美模式有对象模式、景观模式、自然环境模式、参与模式、情感激发模式、神秘模式。史建成的《当代环境审美模式探究》就是对西方环境美学环境审美模式的专题研究。

三 生态美学与环境美学的联系的再建立

生态美学与生态伦理学关系密切，环境美学对环境伦理学保持一定的尊重。利奥波德的生态美学具有生态伦理学的基础。他认为："在考察任何问题的时候，我们都要根据那些伦理上和审美上正确的标准，也要根据经济上有利的标准。一件事情，只有当它有利于保持生命共同体的完整、稳定和美的时候，它才是正确的。否则，它就是错误的。"[①] 保罗·戈比斯特的生态美学将美学与生态学、伦理学联结了起来。他批判西方传统的如画美学，强调参与美学下的生态价值与生物多样性。美国的生态批评家坚持文学创作与文学批评的生态维度，强调文学活动与生态伦理的结合。中国生态美学的提出与发展为当代文学批评增添了一个新的维度，即生态批评。生态批评大力挞伐环境问题，体现了文艺工作者的道德良知。曾繁仁先生还提出了"生态审美教育"的范畴，加强了生态美学与生态伦理学之间的联系。

虽然部分西方环境美学家主张环境美，忽略了环境美的伦理价值，但是罗尔斯顿的荒野环境美学强调美善共生。陈望衡先生丰富的审美伦理学理背景决定了他的环境美学思想不会远离伦理学。"环境美学有环境伦理学的意义。环境美学的原则使人类不仅仅成为作出有关生态环境

---

① Leopold, Aldo, *A Sand County Almanac: with Essays on Conservation*, (New York: Oxford University Press, 2001), p. 202.

决策的'经济人'，并且把道德和义务扩大到自然界而成为自觉保护生态、美化生态的'道德人'，这是环境美学的深层意义之所在。"① 当前，环境美学的发展为当代思想教育增添了一个新的维度，即绿色教育。环境美学细心地滋润了环境中人。生态美学与环境美学一攻一守，互相配合完成环境危机的化解任务。

传统美学三分法是"美、美感、艺术"。中国的生态美学承接西方的生态批评，从自然出发，反思自然美学，通过实践美学走向诗意生存。环境美学是对从美感出发的艺术哲学的突围，它管窥自然美学，通过回归日常生活获得诗意生存。环境美学与生态美学不同，它如地球一般是运动着的美学。环境美学是正统美学的一次"踏地"与"接地气"，属于正统美学。

无论是生态美学还是环境美学，在环境危机面前，其研究者均有较强的责任担当意识，表现为学科建设意识强。其一，积极争取生态美学与环境美学博士生的录取，搭建学科建设平台，培养生态美学与环境美学科研队伍；其二，多组织科研团队召开学术会议，持续研讨生态美学和环境美学问题，并在社会上产生积极影响；其三，集中出版生态美学与环境美学方面的文章与书籍，进一步推动对生态环境问题的思考与解决。

无论是中国生态美学的研究还是中国环境美学的研究，他们都曾回到古代寻找智慧之源。曾繁仁先生认为在生态美学建设中应该借鉴儒家的"天人合一""和而不同""民胞物与"和道家的"道法自然""万物齐一"，以他为代表的生态美学研究者持中庸态度。陈望衡先生浸润于儒道文化，他以"乐居"为核心的环境美学思想颇具道家色彩。

---

① 陈清硕：《环境美学的意义和作用》，《环境导报》1994 年第 2 期。

音乐类非物质文化遗产面临
困境及保护策略研究

袁 勋 张一方[*]

【摘 要】 近年来我国音乐类非物质文化遗产保护工作取得了实质性进展，然而，关于这类进展的分析性与梳理性文献形成较少，即在总结音乐类非物质文化遗产保护工作的经验方面，有较大的学术研究空间。本文试图对当前音乐类非物质文化遗产保护工作进行分析研究，结合当前保护工作面临的困境以及中国文化"走出去"的新形势、新要求，对今后音乐类非物质文化遗产保护与开发工作提出若干建议，从而推动中国文化的建设与发展。

【关键词】 音乐类 非物质文化遗产 困境分析 保护策略

中国文化泱泱，音乐文化是其璀璨闪耀的明星之一。自"诗三百"问世，孔子将其整理删定，《风》《雅》《颂》便有乐器发声，传唱了西周至春秋时代的文化精髓。而后历经千年的历史辗转，中国音乐逐渐形成了鲜明的历史特色、地方特色，有着深厚的底蕴和文化内涵。随着全球化浪潮的席卷与影响，中国音乐文化陷入一个尴尬的局面：一方面，

* 袁勋，男，湖北大学物理与电子科学学院辅导员、助教，伦理学硕士，研究方向为理论伦理学、思想政治教育。张一方，女，音乐与舞蹈学硕士，研究方向为中国传统音乐。

中国音乐走出国门，得到了一大批国际友人的推崇与认可；另一方面，明显具有地方特色、时代特点的中国音乐在国内却被漠视。这样一种"外热内冷"的局面已逐渐引起政府和民众的重视，一些政策与举措正在试图扭转这种尴尬的局面。

自我国政府相关部门正式启动"抢救和保护中国人类口头和非物质遗产工程"[①] 之后，一时间，"非物质文化遗产热"在我国影响空前。我国的音乐类非物质文化遗产，是我们的文化血脉、精神家园，而我们却在向现代化、全球化、城市化奔跑的途中，无情地忽视了它们，甚至心甘情愿、毫不痛惜地将其抛弃掉了。[②] 作为一个历史悠久、非物质文化遗产（以下简称"非遗"）极其丰富的国家，保护这些处于弱势地位的遗产，无疑为保护当今世界文化遗产做出了重要贡献。我国的众多音乐遗产是重要的保护对象之一，许多学者对如何对其进行保护与发展进行着不断的探索与实践。

一　我国音乐类非物质文化遗产研究的学术回顾

在音乐类"非遗"的研究与保护方面，许多学者做了很多工作。田青在《中国传统文化与传统音乐》等多篇有关如何保护音乐类"非遗"的文章中，[③] 站在中国传统文化发展与传承的角度来审视我国由农业社会向工业社会迈进过程中所经历的转变，并针对现如今音乐类"非遗"保护工作的紧迫性与必要性，提出相应对策。《音乐研究》曾刊发众多学者发表的一系列观点，如樊祖荫谈到了为什么要保护、保护什么、怎

---

① 2002 年 12 月 8 日，据新华社电讯，在"抢救和保护人类口头和非物质文化遗产"开始受到世界各国瞩目之际，作为文化遗产最为丰厚的国家之一，中国理所当然地肩负起自己理应承担的重要而艰巨的使命——我国从今年起正式启动大规模"抢救和保护中国人类口头和非物质文化遗产工程"，并计划在五年内初见成效。
② 田青：《中国传统文化与传统音乐》，《南京艺术学院学报》，2007 年第 2 期。
③ 田青作为中国艺术研究院中国非物质文化遗产保护研究中心主任，曾多次发表有关音乐类非物质文化遗产保护的相关文章，如《中国传统文化与传统音乐》《从保护非物质文化遗产的角度谈民族音乐的出路问题》《非物质文化遗产保护三议》《原生态音乐的当代意义》《弘扬传统文化，实现"中国梦"》等。

样保护等重要问题，又进一步提出落实保护的措施；江明惇谈到要分清保存、继承与发展的关系，提出要以严格的科学态度和学术规范对待保护工作。在"第三届全国高等音乐艺术院校少数民族音乐文化传承与学术研讨会"上，李松、樊祖荫、张欢、萧梅和谢嘉幸五位教授分别进行了发言，对少数民族"非遗"进行了深刻反思。萧梅阐述了少数民族音乐遗产、民族地域社会发展以及当代艺术发展三者之间的错综关系，并提出了"谁来保护，为谁保护"的问题。此外，周吉、杨民康、蔡际洲、薛艺兵、伍国栋等学者也发表了一系列有关"非遗"保护方面的文章，进行了深入的探讨。

教育是传承的主要渠道，是非物质文化遗产传承人才培养的重要手段。各大音乐院校，如中国艺术研究院、中国音乐学院开始设立"非遗"保护专业，并开始招收硕士研究生，为我国"非遗"保护工作率先树立了培养的平台。有关少数民族的音乐教育也一贯是众多学者关注的焦点。赵塔里木曾提出要树立多元的音乐文化观，尊重少数民族的音乐特点并探索"双重乐感"人才的培养模式，如新疆艺术学院传承木卡姆的实践活动，正是学生培养合理审美观、感受多元文化魅力的有效途径，也有助于让学生明白音乐文化价值无尊卑之分的道理。

二 我国音乐类非物质文化遗产保护工作面临的困境

目前，我国在保护和传承"非遗"的过程中面临很多困境，主要体现在以下几个方面。

第一，音乐类"非遗"的生态环境破坏严重。

随着现代化、全球化、城市化进程的日益加快，与音乐类"非遗"有关的生态环境、社会环境、时代环境、人群心态、生产方式以及生活习俗等都发生了天翻地覆的变化。不同人群所具有的独特的生产方式和生活习俗，是音乐类"非物质文化遗产"孕育的摇篮。随着我国社会的发展，我国各地区的不同民族特有的生产方式、生活文化习俗首先受到了严重破坏，形势不容乐观。环境一旦消失，那么植根于环境中的一些音乐形态也就失去了其生存的依据，所谓"皮之不存，毛将焉附"。例如，过去武汉长江边老船工拉船时唱的船夫号子就失去了存在环境，这就需要我们用一些现代科技手段，把这些濒临失传的声音记录下来，运用博物馆式的保存方法，让后人可以聆听并了解这些拉船号子的真实状态。

第二，文化持有者的自信心态和自觉意识比较薄弱，保护意识淡薄。

对于音乐类非物质文化遗产的持有者，他们几乎都或多或少地有文化自卑心理。由于受历史的影响以及民族文化心理的自卑，这使他们对自身所持有的文化的价值认识不够，因此保护意识淡薄。笔者多年来研究琵琶音乐，也曾接触过一些民间演奏琵琶的乐手，虽然他们的水平不及专业音乐艺术院校琵琶演奏专业的演奏者那样到位，但他们可以弹奏出与他们生活环境、生活心理相贴合的意蕴深长的音乐，而这恰恰是众多学院派演奏者所不具备的。但是，由于当地琵琶乐手对其所演奏的音乐的价值认知不够，很多音乐都处在濒危状态。树立他们的文化自觉意识是解决这一问题的关键所在。

第三，不可逆转的变迁趋势对传统风格的改变。

随着现代化、城市化进程的加快，传统风格的改变也成了一种无法逆转的现象。例如，一些村寨从深山迁到了旅游区，生活环境比之前进一步开放了。由于民歌演唱活动以及歌手本人的内外交流比较频繁，传统民歌开始出现了一些受外来音乐文化影响的趋势。这种脱离土生土长的音乐环境的情况和由之产生的变异在当今社会已不可避免，对此需给予正确的保护和引导。

第四，音乐类"非遗"的保护缺乏法律标准，政府有关部门的"非遗"保护工作尚存疏漏。

我国现存法律制度在保护和传承"非遗"工作方面有诸多的不完善之处，这主要体现在音乐传承人的认定缺乏法律标准、传承渠道不畅或传承方式扭曲等方面。因此必须通过立法来确定非物质文化遗产传承人的法定标准，以法律手段确定传承人的权利义务。要从确立政府干预与民间传承适度平衡的法律保护机制以及增强非物质文化遗产的法律保护意识等方面入手，加强对我国音乐类"非遗"的法律保护。

三 我国音乐类非物质文化遗产保护的策略研究

保护工作涉及几个层面：保存、保护和谨慎开发。具体如下。

（一） 保存是音乐类"非遗"保护工作的前提

保存是将文化遗产原样保留、传承下来。要想继承发展，首先要保存，只有保存了，才能拥有第一手的研究资料，才有了未来进行改编、创作的原始素材。在音乐类"非遗"的保护工作中，首要问题就是对音乐遗产的继承与发展，而保存就是继承和发展的第一步。

对于保存工作，首先，要将资料忠实、完善、多角度地进行录音、录像，进行博物馆式保存。我国很多古代音乐的曲谱或资料没有流传下来，现存的古谱资料在我国古代音乐资料中占有极小的比例，且极零散地分散在各个角落，而真正的音乐本体，大部分存在于民间艺人的口头，是一代代口口相传下来的，很难不变化走样。加之现如今许多民间技艺面临失传的危险，下一代又不能很好地继承，所以对民间艺人的技艺进行保存就显得尤其重要。其次，要对现存乐种、乐人进行数字化的采集与统计。系统化的统计可以为我们的保存、保护工作提供数据支持。最后，在保存的同时，还要有严格的传承。保存下来的一定要是"原版"，而不是经过加工改编的版本。

（二） 保护是当前音乐类"非遗"工作的重要途径

1. 保护好音乐类"非遗"的"生态环境"

我国各地区的民俗，例如婚俗、丧葬风俗等，由于经济的发展而受到了破坏，这是我们无法抗拒的，对于社会发展的大潮流，只能顺势而为。但我们要尽力抑制把音乐遗产"商业化""低俗化"的做法，要把各地区的传统节会、礼教的人文内涵等持续保持下去，要唤起全社会人民的文化自觉和民族认同感，要尽可能地把传统音乐放在与其相匹配的原生环境中进行"活态保存""活态保护",而不是集中放在某一个地点进行保护。同时,在对音乐文化进行"活态保护"的基础上,尊重其音乐遗产的合理"变异",对那些因生产、生活的方式与习俗的改变而无法继续"活态传承"的音乐类"非遗",要尽力搜集原始的音响音像资料,进行"博物馆式"保存。

2. 对文化持有者进行教育,提高其文化自觉与文化自信意识

结合音乐学习和理论研究的相关经验,以琵琶演奏为例,笔者发现,现今的许多琵琶演奏者一味追求高级演奏技巧,对传统琵琶音乐流派的风格知之甚少,重视不够。对于琵琶从业者,认识到传统琵琶音乐的多元风格的重要性非常重要,这并不是墨守成规,而是在继承传统的基础上寻求发展。再例如琵琶的流派,在新的社会时期,有关传统流派的课题一直是学界不断沉思的问题。古老的琵琶艺术为了顺应当今社会的发展,涌现出许多现代演奏技法,这是历史发展的必然。但随着演奏技法的不断完善,琵琶的传统演奏法逐渐趋于相同,各流派之间的界限趋于模糊淡化,流派格局也在发生着微妙的改变。如今已经很难搜寻到纯粹单一流派的传人及版本的"原声",更不要说凭借原本传统流派的指标去指定流派传人了。因此,为了让琵琶艺术在今天呈现出多元发展的格局,保护传统琵琶流派及其传人就成为迫在眉睫的问题。破坏了原来的基因,琵琶音乐各流派的特点也就消失了。如何摆正传统与现代、流派与发展之间的关系,既尊重传统流派,同时不故步自封,能做到既与时代同行,又不背离传统地去改革创新也应该是我们审慎思考的问题。

3. 对音乐类"非遗"展开活态传承的措施

就音乐而言,有学者就曾提出"声响艺术是一种活态文化遗产,拯救声音绝不是简单地把录音录像放在博物馆里,像标本那样保护,而是要保存其固有的生命活力,通过保护促进传承,只有依靠活态的传承才能实现真正意义上的保护"①。陈哲团队的"土风计划"就是进行"生态保护"和"活态传承"的典型案例。他们通过不同路径引导大众打造全

---

① 蓝雪霏:《关于非物质音乐文化遗产"保护"的学术探讨》,《音乐研究》2008 年第 2 期。

民保护音乐遗产的氛围。坚持"活化传承"，在抢救当地民族文化的同时，激励年轻人学习，为年轻人搭建村寨舞台，让当地的年轻人在心理上形成了一种对自己民族文化和民族音乐的认同感，让弱小的群体得到展现和赞扬。

4. 保护好传统音乐本身

关于传统音乐的保护可分两点来看。首先是保护好传统音乐的"本体风格"。各个地区正是由于不同的地域文化、不同的血缘关系等才形成了风格多样、形式各异的音乐以及音乐观念，这些音乐以及音乐观念具有独立的价值，无可替代。虽然在历史中曾发生过不同音乐的交流与融合，不同地区、不同文化的音乐彼此相关联，但我们要在音乐类"非遗"的保护工作中强调"各美其美"的观念。其次，保护并追求传统音乐的审美价值是我们追求音乐文化多样性的前提。而在历史的发展进程中，我们很多的传统遗产都逐渐趋于同化，这对传统音乐的多元发展是不利的。我们要在保护传统音乐本身的同时，追求其多元并存发展。

5. 保护好"传承人"至关重要

与物质文化遗产不同，人是"非遗"文化的承载体。因此，"非遗"是以传承人的存在为前提的。在音乐类"非遗"中，众多的技艺都掌握在传承人手中，如果对传承人没有保护好，可能会有"人在艺存，人死艺亡"的遗憾。我们只有把技艺传承下来，让年轻人来学习，才能有效地对音乐类"非遗"进行保护。如散落在我国民间的众多民歌、戏曲唱段、说唱音乐等，许多老曲老调现如今都没人会唱了，老一辈艺人的技艺要么是无人继承，要么是继承得不够全面。尤其是一些高深的技艺，没有日积月累的功夫是无法达到老艺人的水准的。在这种情况下，我们就要抢救性地保存下来他们的录音，先传唱下来。改善传承人的生活和经济条件，给予他们适当的经济补助，为其营造良好的传承氛围是保护音乐类"非遗"的有效途径。

6. 要把对音乐遗产的保护和对管理人才的培养放在重要位置

纵观我国现有音乐院校所设立的专业，便可得知我国在音乐遗产保护和管理人才的培养方面严重匮乏。一方面我们有那么多的音乐遗产面临绝迹、失传的困境；而另一方面，音乐院校的毕业生在保护音乐遗产的工作上没有接受过专门的训练，很少有人能够加入音乐遗产保护者的行列。保护和抢救音乐遗产缺乏行家里手，这是一个非常严峻的问题，也是音乐教育面临的一个巨大挑战。从事音乐遗产保护和管理工作的人肩负着特殊的使命，而在我国现有的音乐教育中，针对这方面的教育还未得到及时的跟进和普及，我们只有顺应形势，积极调整教育思路，抓住培养的重点，打破常规教学体制，并适当聘请相关传承人参与教学，方能为我国音乐类"非遗"的保护充实人才。中国艺术研究院和中国音乐学院都率先在国内开设了非物质文化遗产保护专业，为我国音乐类"非遗"保护工作培养后备人才。

（三）在有效开展保存与保护工作的同时，谨慎地开展音乐类"非遗"的开发工作

在音乐类"非遗"的开发工作中，我们应该尤其注意处理好以下几个问题。

1. 要谨慎开发，坚持"保护为主、合理利用"的原则，避免音乐类"非遗"开发"低俗化"

音乐类"非遗"的开发还需要对其"可开发性"做一番甄别。一般来说，民族特色鲜明、表演性强、群众可参与度高的项目，比较容易在旅游业中得到开发。但这种开发面临的一个问题就是被开发的音乐遗产为了迎合市场和观众而走向"低俗化"，多数开发商由于缺乏了解，对其文化特质不管不顾，一味追求经济利益。而当地政府又缺乏对其的有效监管，对音乐类"非遗"的伤害非常大，使其成了经济的附庸。还有一些音乐遗产由于复杂高深而濒临失传，另外有一些涉及某些宗教信仰和禁忌等，开发后可能会破坏掉该音乐遗产的"原生性""严肃性"等，就不适宜做开发。

2. 要处理好保护与开发、继承与创新的关系

我们必须要在继承好传统的基础上进行开发。例如，青春版《牡丹亭》，在国内演出230余场，对昆曲有着积极的推广意义。该剧的团队十

分有效地处理了对传统昆曲的继承与创新的问题，并对昆曲的音乐风格和剧情发展进行了完整的继承，谨慎地改变了昆曲的服装设计、舞美灯光等，取得了很好的效果，扩大了昆曲的受众群体。

文化自信的基石是否坚实，取决于对文化的发展是否"知根知底"。加快推进对中国音乐文化的认同与接受，我们要基于历史的、地域的视角与方法来思考，要"由内向外"地推广与传播。保护非物质文化遗产，是保持民族文化传承、增进民族团结的重要基础，也是维护全世界文化多样性和创造性、促进人类文明共同成长的必要条件。对于我国音乐类"非遗"，我们不能仅仅将其看作历史的遗存，还要看到它的社会功能及其意义。只有政府、学界、商业媒体、文化持有者等全社会力量共同努力和参与，才能确保我国音乐类"非遗"保护工作的长期有效发展。

中国廉政文化建设的历史与现实考察

高　静　徐方平[*]

【摘　要】　建设"干部清正、政府清廉、政治清明"的政治社会是党和人民的共同愿望。十八大以来，党和政府为加强廉政文化建设，从多个层面打击腐败现象，严厉惩治腐败分子，并取得了显著成效。但是廉政文化的建设不仅要与现实情况相结合，更应该汲取优秀传统思想，"以史为镜"。所以，本文在把握十八大以来中国廉政文化建设的现实基础上，对中国历史上的廉政文化建设，尤其是对中国共产党成立初期党内反腐倡廉的历史经验进行总结概括，提出关于中国廉政文化建设的一些思考。

【关键词】　十八大　廉政文化建设　惩治腐败

　　党的十八大以来，"廉政文化"成为一个热点词，与"廉政"相关的政策、文件、文章等越来越多。诸如十八大报告中提到"不管涉及什么人，不论权力大小、职位高低，只要触犯党纪国法，都要严惩不贷"。为贯彻党的十八大精神，更好地建设中国特色社会主义社会，党中央也出台了一系列预防和打击腐败的法规和文件，形成廉洁从政的良好风气。此外，学者们对廉政文化的研究也具有一定的深度和广度，既有关于国

---

*　高静，湖北大学马克思主义学院 2016 级马克思主义基本原理硕博连读生。徐方平，湖北大学马克思主义学院院长，"琴园学者"，教授，博士生导师。

内廉政文化建设的研究，也有对国外廉政文化建设的借鉴与反思；既有对廉政文化深入的理论解读，也有与我国廉政文化建设实际密切结合的建设性意见。所以，对我国廉政文化建设的考察不仅要有政治高度，也要有一定的历史深度和国际广度。

一 我国廉政文化建设的历史经验

（一） 我国封建社会时期的廉政文化

腐败现象并不是从人类社会产生伊始就存在的，而是私有制与国家相结合的衍生物。在我国历史上，有许多唯利是图的贪污腐败分子。如康熙年间的高士奇，他倚仗皇帝宠信，招事揽权，极力敛财。此外，还有贪权、贪位、贪财的魏忠贤，私欲倾国、奸佞巨贪的王振等人。然而，伴随着腐败现象的出现，反对腐败、提倡廉洁的思想也逐渐产生。尧帝、舜帝以身示范，廉洁无私，为后世之楷模。当然在我国历史上也出现了许多清廉节俭之人，廉洁的思想也慢慢萌芽和发展，并形成了一系列关于廉政的思想。

根据学者们对我国古代伦理的发展轨迹的考察来看，"廉"作为一种道德观念和治国思想产生于春秋战国时期，儒、法、道、墨等诸子百家都提出了与"廉"相关的思想观点。其中备受推崇的是儒家在《周礼》中提出的"六廉"，即"廉善、廉能、廉敬、廉正、廉法、廉辨"①。中国古代的统治者们就用"六廉"来规范各级官吏的行为，也将"六廉"作为评判官吏优劣的标准。因此，"六廉"作为一种正统思想在封建社会存在达两千年之久。对于"廉"的理解，不同思想家有不一样的看法，如道家经典《老子》强调"是以圣人方而不割，廉而不刿"②。又如管子说："国有四维……何为四维？一曰礼，二曰义，三曰廉，四曰

---

① 《周礼》，岳麓书社，2001，第 66 页。
② 陈鼓应：《老子注译及评介》，中华书局，1984，第 92 页。

耻；礼不逾节，义不自进，廉不蔽恶，耻不从枉。"[①] 关于"廉"的思想是"仁者见仁，智者见智"，各家学说都有一定的合理性，对封建社会的统治者们也产生了极大的影响。所以当下我国在进行廉政文化建设时，应继承我国历史上的"廉"文化思想，在此基础上推陈出新。

（二）中国共产党成立初期的廉政建设

中国共产党自 1921 年 7 月成立以来，就关注党内监督问题，强调党的纪律，保持党的纯洁性。中共一大通过的党的第一个纲领就提出："党员要受地方执行委员会的严格监督"，"地方委员会的财务、活动和政策，应受中央执行委员会的监督"。随后，党也相继出台了一系列规范党员行为、防止贪污腐败的文件。在国际和国内各种因素的影响下，中国共产党在 1927 年 4 月 27 日召开的中共五大上，成立了中央监察委员会，来"巩固党的一致和权威"。这一时期，党内外形势错综复杂，中央监察委员会的 10 名成员被派往各个地方从事革命活动，但是其中 8 名成员在革命中牺牲，因此中央监察委员会并未发挥实际作用。1928 年 6 月中共六大在莫斯科召开，正式取消了监察委员会，代之以审查委员会。这是新中国成立之前中国共产党成立初期的党内监督、廉政建设的基本情况，既有对廉政建设的探索与诉求，也有诸多值得反思的不足之处。

二 党的十八大以来我国廉政文化建设的主要举措

廉政文化是关于廉政的知识、理念、规范和与之相适应的生活方式、社会评价的总和，是廉洁从政行为在文化和观念上的反映。廉政文化建设是任何一个国家和政府都应该关注的问题，自党的十八大召开以来，中共中央也加大了打击腐败、建设廉政文化的力度，并形成了一个较为全面有效的建设模式。

---

① （东周）管夷吾：《管子》，辽宁教育出版社，1997，第 186 页。

（一） 制定法规文件，加强制度保障

制度建设是廉政文化建设的一个重要环节，也是一个基础性的环节。只有健全机制法制，有制度做保障，才能强有力地打击腐败分子，建设廉洁文化。在党的十八大召开后，党中央出台了一系列文件，以加强廉政文化建设，保持党的纯洁性和先进性。为贯彻落实党的十八大精神，中共中央印发了《建立健全惩治和预防腐败体系2013—2017年工作规划》（以下简称《工作规划》）、《关于改进工作作风、密切联系群众的八项规定、六项禁令》、《中共中央关于全面深化改革若干重大问题的决定》等文件和通知，规定了廉政文化建设的方向。如中共中央印发的《工作规划》，就明确提出了我国廉政文化建设的目标，为我国进行廉政文化建设指明了方向。此外，党中央也颁布了诸如《关于在党的群众路线教育实践活动中严肃整治"会所中的歪风"的通知》《关于严禁中央和国家机关使用"特供""专供"等标识的通知》等更为具体的规定，对从政人员生活和工作的方方面面加以约束。此外，2015年12月18日，中共中央又印发了《中国共产党廉洁自律准则》和《中国共产党纪律处分条例》，它们是当下中国廉政建设的重要举措，是从严治党的重要战略。随着党中央一些文件法规的制定和颁布，我国进行廉政文化建设的制度保障已逐步健全，这有利于惩治和预防腐败，建设中国特色社会主义社会。

（二） 健全监察机构，增强监察力度

建立健全监察机构，是高效反腐倡廉的要求。为更好地建设廉政文化，党和政府也完善了我国的纪律监察机构。中央纪委监察部网站公示的信息显示，我国在组织机构的设置上，中共中央纪律检查委员会和中华人民共和国监察部是合署办公的，内设27个职能部门，17个综合部门。此外，还设有中国纪检监察杂志社、中国纪检监察报社、中国方正出版社、电化教育中心、机关综合服务中心、信息中心、中国纪检监察学院、北戴河培训中心、廉政理论研究中心等直属单位。中央纪委、监察部派驻纪检监察机构共有 53 个。由此可见，党的十八大以来，我国的监察机构在逐渐完善，这对于加强党风廉政建设和反腐败工作大有裨益。

2013 年 9 月 2 日，中央纪委监察部网站正式开通，公开接受网络举报，为我国进行廉政文化建设提供了极大的便利。中央纪委监察部网站公布的信息显示，自网站开通之日起，短短 20 天内收到的群众举报就达 15253 件。通过建立网络举报渠道，群众监督更加便利，大大促进了我国廉政文化的建设。

（三） 执法规范严格，加大打击力度

近年来，我国违法乱纪、贪赃枉法的案件逐年增多，但同时我国政府对这类腐败现象的打击力度也越来越大。根据全国纪检监察机关提供的数据，纪检监察机关 2013 年立案 17.2 万件，至 2015 年全国共立案 33 万件，处分 33.6 万人。其中比较典型的有广东省委统战部部长周镇宏、山东省人民政府副省长黄胜、国家发改委副主任刘铁男、安徽省副省长倪发科、铁道部部长刘志军、重庆市委书记薄熙来、国务院国资委主任蒋洁敏、湖北省副省长郭有明、公安部副部长李东生、中央军委副主席郭伯雄等。由此可见，打击腐败、进行廉政文化建设是新时期国家发展过程中急需关注和解决的问题。党中央也认识到了进行廉政文化建设的重要性，在反腐倡廉中加大了执法力度，严厉惩治贪污腐败分子，促进我国廉政文化的建设。

过去我国在打击腐败分子时，主要对象为中低级官员，而对贪污腐败的高级党员干部打击力度不够。自党的十八大召开以来，党中央颁发的《工作规划》就明确提出要"坚持'老虎'、'苍蝇'一起打"。在具体落实过程中，党中央惩治处分了许多高级干部。这大大增强了人民群众加入党风廉政建设工作的积极性，体现了党中央严厉惩治腐败、进行廉政建设的决心。

（四） 逐步达到目标，取得显著成效

中共中央印发的《工作规划》提出了我国廉政文化建设的目标：

"经过今后 5 年不懈努力，坚决遏制腐败蔓延势头，取得人民群众比较满意的进展和成效。"这具体分为三个层面：一是"党的作风建设深入推进，'四风'问题得到认真治理，党风政风和民风社风有新的好转"；二是"惩治腐败力度进一步加大，纪律约束和法律制裁的警戒作用有效发挥"；三是"预防腐败工作扎实开展，党员干部廉洁自律意识和拒腐防变能力显著增强"。自 2013 年党中央颁布《工作规划》开始，至 2016 年，我国的反腐倡廉工作的确取得了一定的成效，基本朝着廉政文化建设的目标迈进。一方面，官僚主义、形式主义、享乐主义和奢靡之风得以遏制；另一方面，贪污腐败分子有所收敛和减少，党员干部自律意识增强。

三 对我国廉政文化建设的历史经验和现实举措的反思

"以铜为镜，可以正衣冠；以史为镜，可以知兴替；以人为镜，可以明得失。"对我国十八大以来廉政文化建设的研究自然也不能离开历史。针对我国封建社会所倡导的"六廉"思想，这种廉政文化既然能在中国两千多年的封建社会中一直为统治者所采纳，说明它具有一定的合理性。对官员的规范与考核是廉政文化建设的一个重要方面，这对我们当下社会进行廉政文化建设具有一定的借鉴意义。党员干部廉洁从政，不仅有利于提高政府工作效率，而且对社会成员具有榜样示范作用，在一定程度上也能预防政治腐败和经济腐败。所以在建设廉政文化时，加强对官员的监督与引导是尤为必要的。而"六廉"的标准对当今社会官员的监督与规范有极大的适用性，因此在从官员层面加强廉政文化建设时应继承中国古代的思想精华，在此基础上推陈出新。

我党自成立初期就开始关注党内监督问题，在成立之初设立中央监察委员会之时，就注意到了保持监察机关独立性的必要性。中共五大后的《中国共产党第三次修正章程决案》明确规定了"中央及省委员会，不得取消中央及省监察委员会之决议"；"遇中央或省监察委员会与中央或省委员会意见不同时，则移交至中央或省监察委员会与中央或省委员会联席会议，如联席会议再不能解决时，则移交省及全国代表大会或移交于高级监察委员会解决之"。由此可见，在建党初期中共党委与监察委员会是相互独立存在的，二者是相互监督、相互制约的关系，这种独立并存的关系更有利于监察机构发挥其职能，不受其他因素影响。所以在当下廉政建设过程中，在机构设置层面，要保证监察机构的独立性，增强监察机构的权威性，才能更好地发挥其监督职能，有效打击腐败分子。

历史为我们进行廉政文化建设提供了许多材料，为反腐倡廉提供了诸多办法，归纳起来为以下几点：一是君主廉俭，为百官和后世垂范；二是注重教化，树立廉洁典型；三是设立监察机构和言官，纠举百官不法言行，补君主之失；四是惩治贪污腐化分子。当代社会在廉政文化建设方面也是在这四点的基础上继续发展的，而部分学者研究的着眼点仍在政府干部、机构设置、制度完善等方面，这些方面的确是廉政文化建设的重点，但是结合现实社会，我们亦会发现这样一些现象和问题，这些现象和问题也值得我们去思考。

第一，关于政府公职人员日常工作和生活中存在的"亚腐败"问题。"亚腐败"是指公职人员的责任意识淡薄、利用职务谋取私利、浪费国家财产，但是没有明显违法违规的思想和行为。这种"亚腐败"在我国表现得尤为突出，诸如公职人员要索取小恩小惠才办事、办事效率低下、相互推卸责任、公款吃喝玩乐、效仿明星作秀等，都属于"亚腐败"。虽然这种"亚腐败"并不属于违法行为，但是不利于政府工作的有效开展，对良好政治风气和社会风气的形成起着阻碍作用，更不利于我国的廉政文化建设。当前社会的"亚腐败"现象就尤为突出和普遍。所以，建设廉政文化的同时要注意整治这样消极的风气，严惩"亚腐败"思想和行为，培养政府公职人员的责任意识，促使他们保持一种勤廉状态，以廉为本，使"亚腐败"无容身之地。

第二，在重视法制机制建设的同时，注重道德机制的建设。道德和法律是两种不一样的行为规范和准则，但是二者又具有一定的关联性，法律的创建和施行是离不开道德基础的。黑格尔曾言："道德在形态上看是主观意志的法。"① 所以，法制机制的完善是廉政文化建设的重点，道德机制的建设也不容忽视，我国的反腐倡廉必须要借助道德的力量。在我国封建社会，"廉"就是作为一种伦理道德规范被提出来的，廉洁从政是作为一种自我规范、自我意识存在的。当下社会也应当注重道德机制的建设和完善，使公务人员的行为不仅有"外部道德控制"，更具有合理的道德信仰的"内部道德控制"，真正做到廉洁自律。廉政文化的建设涉及国家、社会和人民群众的方方面面，因此，党员干部要能够自觉廉洁从政，人民群众也要积极参与党风廉政建设和反腐败工作，共同推动廉政文化建设，促进中国特色社会主义社会快速发展。

① 〔德〕黑格尔：《法哲学原理》，范扬、张企泰译，商务印书馆，1961，第256页。

协调发展理念下大学生
廉政文化建设刍议

熊友华　沈钰晶*

【摘　要】　协调发展理念下大学生廉政文化建设具有重要意义，它是提高大学生综合素质、营造廉洁校园文化氛围、构建和谐社会、永葆党和国家生机与活力的需要。大学生廉政文化建设存在高校在思想上对大学生廉政文化教育重视不够、开展大学生廉政文化建设活动力度不大、大学生廉政文化建设长效机制尚未完善等不协调问题。针对大学生廉政文化建设的重要意义与存在的问题，笔者提出形成课堂教学、课外实践和校园文化建设多位一体的育人平台，坚持高校领导干部教育、教师教育与大学生自我教育相结合，发挥家庭、高校、社会的廉政文化教育合力作用的对策。

【关键词】　协调发展理念　大学生　廉政文化建设

党的十八届五中全会创造性地指出，必须牢固树立并切实贯彻创新、协调、绿色、开放、共享的发展理念。协调发展理念由此更加深入地进入公众视野。"协调"与失衡相对立，与整体关系密切。基于系统论的

---

* 熊友华，男，湖北大学马克思主义学院副院长，教授，博士生导师。沈钰晶，女，湖北大学马克思主义学院2016级马克思主义基本原理专业硕博连读生。

协调发展具有整体性、动态性和目的性特征，强调各方面、各环节和各因素协调联动。大学生廉政文化建设作为高校党风廉政建设和反腐败斗争的重要组成部分，其成效关系大学生个人、高校、社会与国家的前途和命运。大学生在高校反腐倡廉责任建设视域下扮演着接受者、宣传者、践行者和监督者等角色。将协调发展理念与大学生廉政文化建设有机结合，以协调发展理念，指导大学生廉政文化建设，是时代的呼唤，更是人民的选择。

一 协调发展理念下大学生廉政文化建设的重要意义

大学生廉政文化建设，尤其是其协调发展具有重要意义。基于协调发展理念的大学生廉政文化建设作为廉政建设与文化建设的交汇点，既是理论问题，也是实践问题。具体说来，其有如下几方面的重要意义。

（一）大学生廉政文化建设协调发展是提高大学生综合素质的需要

素质教育所追求的应然状态是培养德智体美等全面发展的中国特色社会主义事业的建设者和接班人。综合素质是包含知识、技能、情感等多要素的综合系统，大学生廉洁思想与行为是其综合素质的有力表征。大学生处于高等教育学习阶段，作为社会先进群体，应当具备较高的综合素质，以满足社会的需要，进而更好地奉献自己的知识与才干。大学生廉政文化建设协调发展重视人内在和外在的协调发展，强调加强对大学生的立德树人教育、理想信念教育、社会主义核心价值观教育等，以引导大学生树立崇高的理想，培养大学生艰苦奋斗精神和廉洁自律意识，使他们能够正确看待、分析和批判各类腐败现象，自觉抵制腐败流毒的侵蚀，树立正确的世界观、人生观、价值观。

（二）　大学生廉政文化建设协调发展是营造廉洁校园文化氛围的需要

大学校园是大学生学习、生活的主要场所，校园文化氛围潜移默化地影响着大学生的言行举止。校园文化是校园物质文化、精神文化和制度文化的统一体，廉洁校园文化氛围的营造需要各类型校园文化的协调发展，需要校内人力、物力等资源的协调联动。大学生廉政文化建设协调发展重视校内领导干部、教师、学生等各类主体积极性、主动性、创造性的发挥，依托网络、广播、报刊等平台或载体，借助各种内容与形式的廉洁教育活动，使廉政文化内化于心、外化于行。全校上下，尤其是大学生，自觉接受、大力宣传、积极践行廉政文化，努力营造"以贪为耻、以廉为荣"的廉洁校园文化氛围，形成具有时代特征和高校特色的廉政文化，进一步发挥育人环境的导向功能、约束功能和激励功能，增强大学生拒腐防变的能力。

（三）　大学生廉政文化建设协调发展是构建和谐社会的需要

历史的车轮滚滚向前，构建社会主义和谐社会的步伐始终没有停歇，和谐社会是人类孜孜以求的美好社会，集人与自然、人与社会、人与他人、人与自身的和谐相处于一身。和谐社会的构建昭示着经济、政治、文化等方面组成的大系统的要素、结构与环境的整体优化，需要始终贯穿协调发展理念。构建和谐社会需要每一个人的努力与不懈奋斗，大学生更是不可或缺的建设因子。在大学生廉政文化建设协调发展之下，涌现出一批批具有高尚品质、精湛技术的大学生，为中国特色社会主义事业的发展、和谐社会的构建添砖加瓦，着力在全社会形成"廉洁光荣、腐败可耻"的社会氛围。

（四）　大学生廉政文化建设协调发展是永葆党和国家生机与活力的需要

腐败问题事关共产党生死存亡，必须全面从严治党。自1999年高校扩招以来，全国高校毕业生人数以惊人的速度增长，2016 年高校毕业生多达 765 万人，他们终将走向各行各业，活跃在各领域、各战线。因此，坚持协调发展，推进大学生廉政文化建设，培育和践行大学生廉洁自律、爱岗敬业的职业道德尤为重要。他们将在平凡的岗位上不忘初心，坚持为人民服务，以保证中国共产党的先进性、纯洁性，助力中华民族伟大复兴的中国梦早日实现，永葆党和国家的生机与活力。

二 大学生廉政文化建设存在的问题

当今世界，多元文化相互交融、碰撞，多种思想观念相互交织、激荡，其中不乏落后文化和腐朽文化，它们在大学生脑海中或多或少地留下了烙印。大学生处于权、钱、色等形形色色的诱惑之下，且他们好奇心强烈，思想尚未完全稳定，容易迷失自我。因此，必须高度重视大学生廉政文化建设。然而，时下大学生廉政文化建设存在若干问题，体现出不协调、不平衡、不可持续的特点，具体表现如下。

（一） 高校在思想上对大学生廉政文化教育重视不够

思想是行动的先导，大学生廉政文化建设欲取得成效，离不开高校在思想上对大学生廉政文化教育的高度重视。但是，总体说来，高校在思想上对大学生廉政文化教育重视不够。第一，教育对象覆盖不协调。高校在响应党中央号召，加强反腐倡廉建设和廉政文化建设时，多以党政干部和管理人员，即高校领导干部为教育对象，而忽视了对大学生廉洁自律意识的培育。即便认识到大学生廉政文化教育的重要性，教育对象也尚未覆盖到全体大学生，而是以学生党员、学生干部为主。第二，教育内容选取不协调。受多种因素的综合制约，高校过于重视对学生的专业知识教育和业务能力培养，而相对忽视了思想政治教育。这是一种扭曲的、错误的观念。高等教育应当致力于培养全面发展的优秀人才，其中，廉政文化教育意义重大，不容小觑。第三，廉政建设初衷不协调。尽管高校在贯彻落实党中央的路线方针政策、加强反腐倡廉责任建设方面做出了努力，但没有从根本上认识到廉政文化教育对健全大学生人格、提升大学生综合素质的重要性。大学生廉政文化建设因此往往流于形式，高校单纯为完成国家下达的任务而为之。

（二）开展大学生廉政文化建设活动力度不大

活动作为教育载体，是教育主客体发生联系的中介。大学生廉政文化建设活动的开展对于培养和提升大学生廉洁意识必不可少。但总体而言，高校在开展廉政文化建设活动方面尚有广阔的空间。笔者所在的暑期社会实践团队于 2014 年自编的"高校学生对高校党委纪委责任认知现状的调查问卷"的调研数据显示，关于高校党委纪委开展廉政建设活动情况，大学生中表示经常开展的占 8%，偶尔开展的占 30%，基本不开展的占 19%，高达 43% 的大学生表示既不了解也不关注。由此可知，高校廉政建设活动开展不多抑或影响力不大，大学生廉政文化建设活动作为高校廉政建设活动的一部分，通过高校廉政建设活动开展情况亦能发现其问题所在。事实上，大学生廉政文化建设活动的开展不太协调，无论是在量上还是在质上，都尚未充分体现整体性。首先是活动次数较少、频率较低，与高校党风廉政建设的实际要求存在距离；其次是活动效果不显著，对大学生的吸引力有限，尚未深入人心。究其根本，源于对统筹兼顾这一科学发展观的根本方法的掌握与运用不到位，即缺乏各方面、各环节和各因素的协调联动，内容高深、空洞，形式单一、简单，以灌输教育方式为主，没有真正做到贴近生活、贴近实际、贴近学生。

（三）大学生廉政文化建设长效机制尚未完善

制度建设是关乎高校发展的重大建设工程，涵盖财务管理机制、监督举报机制、奖惩机制等。然而，各种机制在大学生廉政文化建设中处于相对割裂状态，缺乏协调性，没有交融贯通为一个有机整体，大学生廉政文化建设长效机制尚未完善，使得廉政建设合力作用遭到相当程度上的削弱。必要的激励机制和保障机制缺乏，学校、学院大学生廉政文化建设积极性、主动性、创造性不强，尚处于"自发"的被动阶段，往往为了应付上级机关或部门的检查，只重视表面工作，实质性成效缺失。在思想层面上重视不够，在行动层面上落实不到位，尚未将大学生廉政文化建设作为一项重中之重的工作常抓不懈。廉政建设活动呈现出阶段性、局部性特征，固定优质的廉政建设品牌活动较少。可见，规范有效的大学生廉政文化建设长效机制有待建立健全。

三　协调发展理念下大学生廉政文化建设探索

笔者基于大学生廉政文化建设的重要意义与存在的问题，以协调发展理念为先导，对大学生廉政文化建设进行初步探索，做出若干思考，以形成多位一体的育人平台、坚持教育与自我教育相结合、发挥微观环境教育合力作用为切入点，试图提出有针对性的具体可行的对策。

（一）形成课堂教学、课外实践和校园文化建设多位一体的育人平台

课堂教学是传递知识、锻炼能力、培养品质的重要渠道，它在关注知识与技能教学目标实现的同时，强调德育渗透。尤其是在我国高校普遍开设的思想政治理论课，在学生的成长成才过程中具有不可替代的作用，要发挥思想政治理论课的主渠道、主阵地作用。思想政治理论课教学，应当遵循教育教学规律和学生身心发展规律，增设廉政文化教育的内容，创新教育教学形式，以培育大学生的敬廉崇洁、诚实守信等宝贵的廉政品质，帮助大学生树立科学的世界观、人生观和价值观。当然，其他课程对于大学生廉政品质的培养作用也不容忽视。要善于开发课程资源，注重学科渗透，加强对大学生的理想信念教育、职业道德教育等，寓廉政文化建设于课堂教学之中，使廉政文化进教材、进课堂、进学生大脑。

课外实践彰显了理论与实践的统一，体现了主观见之于客观。大学生廉洁意识的培育情况及正确与否，只能在实践中得到检验，以达到内化与外化的协调一致。鼓励大学生自觉自愿地参与寒暑期社会实践、志

愿服务、勤工助学等活动，使其在实践中成长、在奉献中实现自我价值。开展形式多样、内容丰富的让大学生喜闻乐见的"廉政文化进校园"活动。组织诸如廉政文化演讲比赛、征文比赛、知识竞答等，使廉政文化更具思想性与知识性；举办廉政文化书画作品展、微电影创作大赛等，以增强廉政文化的趣味性与艺术性。注重活动实效性，避免形式主义和落入俗套，以增强教育的针对性和吸引力。大学生广泛参与课外活动，在发挥聪明才智的同时，潜移默化地接受了廉政文化的熏陶，从而提升自我廉洁意识，主动践行廉政品质。

校园文化建设包括物质文化建设、精神文化建设和制度文化建设，是校园文化硬件与软件的统一。校园物质文化是看得见摸得着、真实可感的东西，校内如茵的草坪、挺拔的大树、雄伟的建筑等，都具有陶冶情操、净化心灵的作用。充分发挥校园墙壁、走廊等实体的廉政文化宣传渗透作用，通过悬挂清廉之人的画像、张贴反腐倡廉宣传标语等，警示大学生自觉端正思想、规范行为。校园文化氛围是精神文化建设的重中之重，廉洁校园文化氛围需要各方共同努力营造，校内各群体要有主人翁意识，成员要争做廉洁之人。善于挖掘校歌、校训、校徽等高校特有标志的德育价值，让大学生在感受音韵、文字、图案魅力的过程中，养成爱人、爱校、爱国精神，全力使"廉荣贪耻"成为一种校园风尚。校园制度文化保障了高校的平稳运行与发展，它包括学校规章制度、组织机构、师资队伍等。通过健全完善并密切联系财务管理机制、监督举报机制、奖惩机制等，将它们置于高校制度建设大系统下，发挥各个主体能动作用，以建立健全惩治和预防腐败体系，完善大学生廉政文化建设长效机制。

总之，协调发展理念下大学生廉政文化建设需要形成课堂教学、课外实践和校园文化建设多位一体的育人平台。

（二）坚持高校领导干部教育、教师教育与大学生自我教育相结合

高校领导干部、教师与大学生是高校的主要群体，他们彼此联系、

共同进步。大学生廉政文化建设需要校内各群体齐心协力，同心同德。

高校领导干部手中掌握着公权，应当让权力在阳光下运行，努力为全校师生谋利益、为高校谋发展。自觉加强马克思主义理论学习，坚定共产主义理想信念。言行一致，廉洁从政，规范办学。落实党风廉政建设责任制，党委负主体责任，纪委负监督责任。高校领导干部要发挥先锋模范带头作用，争做两袖清风好干部。领导要深入学生之中，带头讲党课，丰富党课内容，创新党课形式，继承和发扬清正廉洁这一我党的优良传统。

捷克著名教育家夸美纽斯说过，教师是太阳底下最光辉的职业。"教师的职业是特殊的，他们是学生灵魂的塑造者，也是影响大学生的世界观、人生观、价值观最为重要的因素。"[1] 教师需要具备扎实的专业功底，但其人格魅力往往更能拉近其与学生之间的距离。教师掌握着意识形态话语权和文化话语权，他们的廉洁意识与道德践履状况会深刻地影响学生这一具有向师性的群体。教师要廉洁从教、为人师表。"学术"是高校四大"病灶"之一，教师应当严格注意学术道德规范与学术自律，扎扎实实搞教研，一心一意提素质。用廉洁自律、甘于奉献的人格魅力感染学生，引导学生追求真善美。

大学生具有积极性、主动性与创造性，是发展中的人。学生接受的教育的内化程度极大地影响着教育的实际效果。大学生应当充分认识到廉洁意识与行为的重要意义，自觉提升自我修养，经常开展批评与自我批评。积极主动参加廉政文化建设活动，在活动中感悟廉洁、收获快乐。要以克己奉公之人为榜样，严格要求自己，努力向标杆学习。通过自我教育，最终实现从"要我廉洁"到"我要廉洁"的质的飞跃。

（三）发挥家庭、高校、社会的廉政文化教育合力作用

协调发展理念下大学生廉政文化建设离不开家庭、高校、社会"三

---

[1] 廖梦园、陈洋庚：《关于加强大学生廉政文化意识养成的思考》，《思想理论教育导刊》2010 年第 11 期，第 91 页。

结合"廉洁教育网络的构建。要充分发挥家庭、高校、社会的廉政文化教育整体合力作用，以培养和提升大学生的廉洁意识。大学生廉政文化建设不能单纯依靠高校，还需要家庭、社会等各方的关心、支持和帮助，需要切实加强家庭教育、学校教育、社会教育的相互衔接。

家庭是个人成长的摇篮与第一所学校，家长的言行举止、家风、家教在相当程度上影响着个人的一生。家长要起到榜样示范作用，以实际行动证明"廉荣贪耻"。家长要有清正廉洁，爱岗敬业意识，要在工作岗位上自觉践行高尚廉洁职业道德，努力做到在其位、谋其政、尽其责。对单位、社会上的贪污腐败现象，应当予以坚决抵制与批判，以鲜活的事例教育个人"廉荣贪耻、敬廉崇洁"，帮助其树立正确的名利观、荣辱观。

高校作为大学生学习期间的主要生活场所，在大学生廉政文化建设中具有主阵地作用，学校教育至关重要。在廉政文化教育方面，从校园文化建设到课堂教学、课外实践，从高校领导干部到教职工、大学生，从顶层制度设计到具体方案贯彻落实……高校必须从多角度、多主体进行切入，将培育和践行大学生廉洁观念渗透在方方面面。鉴于前文已进行了一定探索，此处不再赘述。

社会是大学生学习和受教育的大课堂，每个大学生终将迈入社会这一大熔炉。人是社会之人，不能脱离社会关系而独立存在。党的十七大报告鲜明地提出反腐倡廉建设这一新概念，并将其置于突出地位。基于时代的号召，从中央到地方，应当以反腐倡廉建设和廉政文化建设为抓手。对于腐败现象，绝不姑息，发现一起，查处一起。以典型教育为载体，树立正面典型与适量的反面典型。加大宣传力度，创新宣传形式，关心爱护典型。发挥典型的无穷力量，使典型内在的廉洁自律、乐于奉献的精神真正深入大学生内心，规范其思想与行为。大力营造"廉洁光荣、腐败可耻"的社会氛围，助力和谐社会的构建与中国梦的实现。

中华文化的比较优势

试析当代多样化社会思潮与国家文化安全的互动方式与效应

艾尚乐[*]

【摘　要】　改革开放以来，随着对外交流的日益频繁和国内社会结构的深刻变动，多样化的社会思潮方兴未艾，这对中国的国家安全特别是文化安全产生了多重影响。在全球化深入持续发展的今天，中国如何积极应对和引导多样化的社会思潮，从而维护自身文化安全，拓展文化软实力，推进文化创新发展，对于巩固和深化社会主义意识形态的主导地位，有条不紊地构建社会主义和谐社会，具有十分重要的理论和现实意义。

【关键词】　多样化社会思潮　互动　文化安全

一　当代社会思潮多样化的根源与表征分析

（一）当代社会多样化思潮的产生根源

1. 多元文化的交流带动

自改革开放以来，中国社会结构发生了翻天覆地的变化。其中，社

---

* 艾尚乐，暨南大学教师，研究方向为当代社会思潮。

会内部思想意识包括文化传统和价值观念的分化使得社会思潮呈现多样化发展趋势。特别是中国加入 WTO 后，对外交流更加频繁，有别于中国传统文化和核心价值观念的西方文化与价值观通过媒体宣传、留学深造、人员流动、技术引入等多种渠道进入中国。西方的文化与价值观念在进入中国之后，一方面与中国本土的多民族丰富文化相互交汇融合，另一方面则对中国的文化传统、价值观念产生了前所未有的强烈冲击和震撼，这促进了当代中国社会思潮向多元化方向演进。

2. 传媒方式的更新传播

进入 21 世纪以来，随着科技水平的跨越式发展，以网络为代表的新兴多媒体与跨地域交通工具的推陈出新，多类型媒体的快捷运用推动着各种沟通交往活动的频繁进行和深入发展，而沟通交往活动的增多必然引发社会思潮的空前活跃。在改革开放之前，基于政策和发展空间等原因，中国的对外交流受到极大限制，相应的，内部社会思潮产生的基础来源比较单一。随着自身开放程度的日益加深，对外交往活动开始增多，国外多形态、多内容、多样化的思想意识借助网络、平面媒体、电子媒体等进入中国，这些新颖的知识技术与信息资讯的迅捷传播无疑推动了中国多样化社会思潮的产生与发展。

3. 大众阶层的普遍参与

改革开放之前，由于中国社会生产力水平相对不高，普通社会成员的文化知识水平相对偏低，能够激发社会思潮的参与主体主要是一些科学家、知识分子以及上层精英。而改革开放则为阶层的重新分化和界定带来了重要契机。随着社会生产力水平迅速提高，普通大众接受多层次教育的机会大大增加，文化知识水平也得到相应提升。引发社会思潮的主体不再局限于少数精英阶层，而是扩展到广泛介入和参与的社会各个阶层。大众阶层的普遍参与为中国多样化社会思潮的产生和发展提供了可能。

（二）当代社会多样化思潮的表征特质

1. 复杂多样性

首先，内容的差异。由于理论范式、立场、关注点与表达诉求的不同，社会思潮在内容上表现出许多差异，涵盖了经济学、社会学、哲学、文化学、政治学等诸多领域。例如，在经济领域，有自由放任主义、凯恩斯主义、市场社会主义等；在政治领域，有民主主义、保守主义、激进主义等；在文化领域，则有理性主义、行为主义、新儒家等；在哲学领域，有后现代主义、存在主义、解构主义等思潮。

其次，性质的不同。这主要包括积极思潮、消极思潮以及中性思潮三种形式。积极思潮表现为爱国主义、集体主义和社会主义思想，其性质是积极进步的，代表社会主义发展方向。消极落后的思潮表现为极端个人主义、历史虚无主义、激进民族主义、后殖民主义等，这些思潮对社会主义主流意识形态形成了严峻挑战。中性思潮则是注重某一学科领域的观点，如结构主义、现代主义等，其对于丰富和拓展中国多样态文化意义重大。

2. 动态演进性

社会思潮是在一定社会历史背景下形成的，必然随着时代变迁、社会结构更替、认识主体与认知能力的转化，实现动态化发展。

这种动态化发展首先体现为各种社会思潮的交相更替。比如，"文化大革命"时期，由于政策的影响，意识形态领域出现了极左思潮；改革开放初期，由于思想领域的放开和宽松的社会环境，资产阶级自由化思潮汹涌澎湃；20世纪末到21世纪初，新儒家、新左派、民族主义等思想开始大行其道。

它其次体现为不同社会思潮之间能够相互分化组合。例如，随着全球化进程的加快，信息传播和文化交流的时空界限被打破，各种国外思潮纷纷涌入，与国内思潮相互渗透、相互激荡、相互影响。

3. 利益相关性

改革开放带来的革命性变化是利益格局的重大调整，这种调整使得不同人群原有的利益取向、目标诉求等受到强烈冲击，不同阶层则呈现出相异的社会期许和价值判断。而价值取向的多元发展、利益的冲突和分化使得人们的思想观念日趋复杂多变。中国当前正处于社会急剧转型期，社会结构变化导致社会阶层出现复杂化趋势，除了原有的工人、农民、知识分子之外，出现了个体经营者、私营企业主、知识精英等。各个阶层都在极力寻找维护和增进自身利益的观念和价值体系，冀求在社会舆论层面获得更多的合理性支持。这些反映中国现阶段政治经济文化等要求的思想观念交融碰撞，使得多样化的社会思潮能够并行和持续变动。

二 当代社会思潮多样化与我国文化安全的互动方式分析

（一） 当代多样化社会思潮与我国文化安全的正向互动

1. 丰富和发展中国特色文化多样性

随着全球化的日益深入，世界各国之间的文化交流日趋频繁，随之而来的是跨区域不同类型思潮的多层次的对话与交流、碰撞与融合的不断深化。这不仅为丰富和发展中国特色社会主义文化提供了深厚的思想资源，而且也为中国维护自身文化安全、推动文化持续创新提供了强劲动力。汉唐以降，对外来文化的容纳与吸收，积累了中国辉煌灿烂的历史文化；近代以降，西方文化的涌入传播，促进了中国社会各方面的渐进变革。因此，在维护自身文化安全，促进中国文化持续发展的过程中，秉持古为今用、洋为中用的理念，以开放的胸襟、包容的态度辩证对待并引导多样化社会思潮，一方面能够抵制消极、腐朽思想文化的侵蚀，另一方面则能够博采众长，在文化领域中吸收借鉴积极进步的思想观念，不断充实和完善中国特色社会主义文化。

2. 为意识形态建设提供创新驱动力

中国的主流意识形态是马克思主义。在中国，马克思主义得到了系统发展，它的持续创新发展关键在于吸收并借鉴了人类历史上科学、合理的思想理论资源，特别是各种正面的社会思潮。例如，西方的一些社会思潮在一定层面上反映出了马克思主义基本原理在当代西方社会的实践发展，这对于我们保持马克思主义意识形态的先进性、促进其本土化和现代化具有十分重要的借鉴意义。马克思主义作为主流意识形态能够准确把握时代脉搏，从各种思潮中汲取积极向上的有益要素，实现了从毛泽东思想、邓小平理论到"三个代表"重要思想，再到科学发展观的理论创新，一直以来保持着自身与时俱进的先进性。

3. 为现代化改革进程提供思路经验借鉴

借助于对多样化社会思潮的引入和借鉴，我们不仅能够更为全面地了解和把握不同阶层的思想意识和心态诉求，而且还能够探究出一些处理现实问题的思路策略，进而为分析和解决自身现代化过程中出现的一系列问题提供可供参考的经验借鉴。比如，对于中国现代化进程中出现的生态环境持续恶化等问题，生态社会主义等思潮对如何治理生态环境提出了针对性的解决措施，从而为我国可持续发展战略，建设资源节约型、环境友好型社会，构建生态文明等制度政策的实施提供了思路参考。再比如，在如何处理效率与公平这一问题上，民主社会主义、市场社会主义等思潮提出了相应的处理方式，这对中国不断深化收入分配与再分配制度改革，逐步构建和完善具有中国特色的社会保障制度提供了一定的借鉴和启示。

（二） 当代多样化社会思潮与我国文化安全的负向互动

1. 挑战主流意识形态

当代多样化社会思潮的涌入和传播在一定程度上对马克思主义的指导思想地位构成了很大挑战。例如，新自由主义思潮大肆鼓吹自由主义和个人主义，宣扬资产阶级自由、民主、人权等价值观，强调私有财产权不可侵犯，其最终目的是宣扬资本主义道路的普适性，具有较强的煽动性和欺骗性，如果任其肆意传播，必然影响马克思主义的主导地位。再比如，新左派思潮主张反对自由主义和市场经济，强调国家干预，追求社会公平正义，防止两极分化，其本质是借助对当前社会中种种矛盾的批判和反思来否定当前市场化改革方向，恢复传统意义上的社会主义发展模式，其在某种程度上得到一部分人民群众的支持。因此，必须加强对其的引导，否则势必动摇马克思主义的指导思想地位。

2. 动摇社会主义发展方向

党的十八大明确指出中国的发展道路是中国特色社会主义道路，是以马克思主义为指导的，以全体人民共同富裕为目标的发展道路。而多样化社会思潮的交汇融通，特别是某些极端思潮通过放大国内某些地区和领域出现的矛盾弊端和突出问题，肆意攻击我国的发展道路，意图将中国发展方向纳入资本主义轨道，对此尤其需要警惕。以新自由主义思潮为例，新自由主义在经济方面主张全面自由化、私有化、反对国家干预，在政治方面大肆宣扬西方政治制度的优越性，否定公有制、否定社会主义，这种思潮的广泛传播为广大发展中国家带来了灾难性影响。20世纪八九十年代，寻求转轨变革的苏东地区和力求摆脱滞涨局面的拉丁美洲接受了这一思潮并按这种思潮的要求进行了改革，结果出现物价飞涨、政局不稳、人民生活水平显著下降等不良现象，现代化进程大大滞后。而在当前中国寻求市场化深度改革的背景下，这种思潮得到了很多既得利益者的不同程度的支持，因此，任由其肆意传播而不加以限制和引导，必然会动摇党的执政地位，进而影响到我国对社会主义发展道路的坚持。此外，新中间道路、新左派思潮也在某种程度上代表了部分社会阶层的利益诉求，如果不对其善加引导和规制，其将会对中国特色社会主义发展方向构成严峻挑战。

3. 干扰民族文化培育和复兴

维护和弘扬民族文化对任何一个国家和民族文化的延续和发展都起着极其重要的作用。中国的民族文化积淀着中华民族最深层次的精神追求和行为准则。中华民族文化的安全与发展，是以民族优秀文化传统为基准，以社会主义文化为主体，以外来积极有益文化为借鉴，建设同当代中国社会现实相适应、同现代文明相协调的优秀文化。中华民族数千年的发展进程造就了经世致用、天下为公、重义轻利、扶危济困等诸多优良文化传统。而当前出现和传播的诸多社会思潮对这些文化特征产生了抵触甚至是全盘否定的态度。例如，历史虚无主义思潮将中华民族传统文化说成是落后的农业和封建文化，而把西方文化说成是先进优越的工业文化；后殖民主义文化思潮反对社会主义，诋毁中国近代革命历史，主张走资本主义道路和全盘西化。除此之外，近些年流行的民族主义思潮，虽然有其爱国主义成分，但是极易陷入狭隘史观和极端民族主义的桎梏。总之，多样化社会思潮的传播对中华民族的文化安全和发展造成一定程度的负面影响，必须对其进行辨别、批判和有选择的利用。

三　当代社会思潮多样化与国家文化安全的互动效应分析

（一）　形塑共同理想，统领多元化理念信仰

在当前社会转型期，部分社会成员因各种原因出现了信仰缺失的现象，特别是进入 21 世纪以来，西方国家加强了对我国主流意识形态的思想文化渗透和冲击，对我国的文化安全与社会主义核心价值观造成了极大的消极影响。面对理想信仰的缺失，必须坚持社会主义共同理想，以其凝聚力量，统领多元化思潮下的不同信仰。

当前中国面临着多元化理想信仰的冲击和挑战，如西方推崇的理念信仰、新自由主义思潮鼓吹的西方的自由民主和人权，主张遵循西方的发展模式，其本质是要使中国转走资本主义道路。又如针对社会主义的不同理念和信仰，民主社会主义思潮主张走一条超越新自由主义和保守主义的"第三条道路"，即建立社会公正、人民幸福、秩序完善的经济和社会制度。[①] 而该思潮对社会主义理想信仰则抱有怀疑、动摇乃至放弃的念头。事实上，社会主义是建立在马克思主义科学理论基础之上的，其具有必然代替资本主义的历史必然性，最终能够实现人的自由个性和全面发展。中国共产党对社会主义的理想信念正是建立在认知和把握人类社会发展的基本规律上的。信仰危机的泛滥不仅会影响个体的目标诉求，而且会动摇集体对共同理想和长远目标的追求。在当前社会思潮多样化、价值取向多元化的情况下，需要以共同理想来汇集精神，统领多

---

① 王甜：《民主社会主义不适合中国的国情》，《齐齐哈尔大学学报》（哲学社会科学版）2008年第 1 期。

元化思潮下的不同信仰，引导和激励全体社会成员为实现中国特色社会主义的目标而努力奋斗。具体而言，它是要在共同理想引领下，以经济建设为中心，坚持四项基本原则，坚持改革开放，自力更生，艰苦创业，在新世纪新阶段，全面建设小康社会、构建社会主义和谐社会，把我国建设成为富强、民主、文明、和谐的社会主义国家，实现中华民族的伟大复兴。① 具有中国特色的社会主义共同理想能够展现当前中国社会发展现实和全体人民群众的最根本利益，具有较强的先进性、包容性与广泛性。它将国家、民族与个人三位一体式地紧密联结，充分调动人民积极性，能够最大限度统一社会意志，集聚各阶层智慧能量，激发社会创造力，为社会主义文化安全与发展、和谐社会建设提供深厚的精神支撑。

（二） 夯实核心价值观，达成共识

要承认并尊重差异。只有承认并尊重差异性，才能得到全体社会成员的广泛认同和有力支持，使不同群体能够超越血缘、宗教信仰、语言习俗、地域区隔等的差异而形成共同的使命感和归属感，促进整个社会共同体的和谐共生。在实践中则是要把和谐理念贯穿于尊重差异的进程中，树立差异互补、相互借鉴的意识，摒弃党同伐异、动摇不定的思维定式。一方面要勇于表达自己的意见，另一方面则要善于倾听别人的建议。在维护增进自己利益的同时，尊重他人的权利。②

与此同时，我们还需要认识到，不同文化相互激荡、融合和竞争才使得世界文化呈现出多样化发展趋势。坚持社会主义核心价值观，要海纳百川，博采众长，广泛凝聚多元化社会思潮中的有益因素并使其为我所用。在当前多样化社会思潮发展演进的过程中，存在着一些与社会主义核心价值观基本精神理念相一致的进步思潮，可以通过对其的主动吸纳、深化提升来不断充实丰富自身内容。社会主义文化要发展壮大，永

① 陈亚杰编著《建设社会主义核心价值体系》，人民出版社，2007，第90页。
② 戴志国：《坚持以核心价值体系引领社会思潮要尊重差异包容多样》，《西藏日报》2009年4月25日，第3版。

葆活力，需要广泛汲取世界各国多样化社会思潮中的一切积极因素，在理解包容中不断学习、思考和借鉴，从而发挥正面引领作用，进而为维护和增进自身文化安全，保证多样化社会思潮能够沿着社会主流方向即社会主义先进文化的前进方向，不断创新和持续发展，从而攀登世界文化发展的高峰，抢占世界科学文化发展的制高点。

（三） 凸显荣辱观念，培育积极道德风尚

荣辱观是社会主义人生观、价值观和道德观的集合表征，其本质上符合社会主义社会的发展方向和目标要求，其具体体现为"八荣八耻"，是对当代中国社会人生观、价值观和道德观的集中升华。自改革开放以来，中国各领域发生了巨大的变化。一方面，人们的经济、社会、文化等生活得到极大改善，另一方面，社会积累了一定矛盾和弊端，突出表现在以下几个方面。第一，物质文明与精神文明的发展相对失衡。不同阶层社会成员的价值观念分化严重，引发了一系列的道德问题，如官员失德、医生缺德、教授无德等。第二，经济发展与民主政治建设失衡。经济保持持续快速发展势头，但政府对于社会公共事务的管治能力相对欠缺和滞后，法律法制建设存在诸多盲点，导致各种群体性事件频发，反映出人群之间相互关系的疏离，减缓了基本社会道德认知和公共道德水平的提高。第三，经济片面增长与环境恶化的矛盾突出。当前以牺牲环境、高消耗资源能源的粗放式发展模式的弊端日渐凸显，对社会经济可持续发展造成了极为消极的影响，实际上激化了人与自然间的矛盾，弱化了生态文明建设的前进动力。

总体而言，多元化社会思潮的不断涌现，促使不同人群的价值观、人生观、世界观出现不同程度的差异甚至在一定程度上发生歧变，因此需要对价值和道德观念进行重新梳理和调整。一个国家的和谐稳定程度，在很大程度上取决于其社会成员的思想道德素质和水平。坚持社会主义荣辱观，加强社会主义荣辱体系建设，有效引领并塑造积极良好的道德风尚，有利于通过核心价值共识的建构，帮助和引导不同人群进行有针对性的道德重塑。这一方面是对社会主义市场经济的良好适应和对社会主义法治建

设的科学调整，另一方面则是对以中华民族传统美德为根基的社会主义思想道德体系的全面系统整合，能够协调多种利益关系，化解各类社会矛盾弊端，进而为构建社会主义和谐社会奠定坚实的道德基础。

（四）发扬创新和谐文化，推进文化共生持续发展

发扬社会主义和谐文化，维护文化安全，推进文化共生持续发展，需要从自身和全球两个层次加以考量。

首先，从自身出发，发扬社会主义和谐文化，要以挖掘传统文化为基本依归。从中国五千多年的文化发展历程看，文化在不断继承中推陈出新和更替变换。传统文化是中华民族的传统血脉和源泉，但同时也面临着现代化的挑战。以工业化为推动力的传统社会向工业社会的转变引发了各个领域尤其是文化领域的深刻变化。因此，我们对传统文化既不能实行盲目过分的"全盘否定"，也不能予以囫囵吞枣式的"全盘接受"。挖掘传统文化资源，应以汲取传统文化精华内核滋养为先导，引导其与现代文明相互融合，相互借用，相互提升，将中国传统文化的精髓与时代精神和特征相结合，一方面推进传统文化的持续延展更新，另一方面强化社会主义和谐文化建设的思想积累。

其次，从世界层面出发，要加快社会主义和谐文化适应并影响全球化的进程。全球化进程是世界范围内各个行为体演进发展的过程，涉及经济、政治、社会、文化等诸多方面，它不单单是一个经济发展或者政治转型的命题，更为重要的是，它还是一个思想文化交流更新的命题。在此趋势下，文化安全和创新发展面临的挑战和机遇并存。美国著名战略学者布热津斯基认为："在美国大部分历史上，其公民认为，国家处于安全状态为正常，偶尔不安全状况为不正常。在全球化时代，不安全将成为持久的现实，持续不断地寻求国家安全将成为主要目标。"[①] 对于中国而言，只有正确认识并积极应对全球化，才能把握文化安全共生发

---

① 转引自〔美〕杜维明《文明对话的语境：全球化与多样性》，刘德斌译，《史学集刊》2002年第1期。

展的命脉和方向。为此，一方面，应倡导不同地域文化之间的交流与对话，扩大文化增长容量，增强自身文化自信；另一方面，必须强化不同文化和思潮间的碰撞和转化，增强文化的自觉，激发自身文化发展潜力，提升文化活力和创造力，进而促进文化间的和谐共存和共生发展。

明末耶稣会士的儒教观

——以《治平西学》与《帝范》之关系为例

韩非凡[*]

【摘　要】《治平西学》是意大利耶稣会士高一志仿照儒家修齐治平思路介绍西方"王政"政治原则、政治制度与政治经验的著作。其中部分内容如国家政体、权力来源、治国方略等与中国传统君主论《帝范》有相似之处，原因可能与明末清初耶稣会士为传教主张先秦儒家思想可与天主教信仰相结合有关。《帝范》是先秦以来儒家君主政治理论的集大成著作。两书的联系反映了明末耶稣会士的儒教观以及明清之际西方政治哲学在通过传教士传入中国时的特点。由于儒家设定的道德伦理只能依附于尘世之国，而天主教的教义则要求人们信奉唯一的上帝，这种推崇天国的戒律最终必然与尘世的道德规范发生冲突。

【关键词】《治平西学》　《帝范》　耶稣会士　儒教

明清之交，西方传教士来华的传教活动使西学进入中国，由此揭开中西文化交流的序幕，如何看待中西文化的异同与关系是一个重要问题。明末西学传入，当时的士大夫阶层对西学不甚了解，加上传统文化的长

---
* 韩非凡，中国人民大学清史研究所博士研究生。

期浸润，当时的知识分子对中学、西学产生汇通的看法，开始有了"西学中源"的说法。徐光启认为西学"有合吾国古人敬天事天，昭事上帝之旨"①，他认为《几何原本》带来了在中国已经失传的古学，李之藻、杨廷筠也持类似观点。李之藻认为西方"自古不与中国相通，初不闻所谓羲文周孔之教，故其为说亦初不袭濂、洛、关、闽之解，而特于小心昭事大旨，乃与经传所记，如券斯合"，西学"往往不类近儒而与上古《素问》、《周髀》、《考工》、《漆园》诸编默相勘印"。②类似的，杨廷筠认为西学"不袭浮说"，"皆先圣微旨也"，③是"中国自有之天学"④。

《治平西学》是明末清初传教士高一志所作的介绍西方王政制度的书籍，它与《帝范》之间的联系反映了中西文化相遇之处传教士的儒教观和彼时西学的特点和内涵。

一　高一志与"修治说"⑤

高一志，字则圣，意大利耶稣会传教士，初到中国时取名王丰肃，字一元，又字泰稳。1566 年他出生在意大利都灵，1584 年进入耶稣会初学院，接受了系统而严谨的宗教与人文教育，曾在米兰教授人文学及修辞学五年，后在米兰教授哲学三年。其于 1605 年东渡，先到南京，在南京专心学习中国语言文学，精研古籍经典，"欧罗巴人鲜有能及之者，因是撰作甚多，颇为中国文士所叹赏"。南京教案后，高一志被驱逐出境，改名后到山西传教。天启四年（1624），他前往绛州，经当地士绅韩云和韩霖兄弟大力协助，比较顺利地在当地开展了传教活动，劝服了

① 肖若瑟：《天主教传入中国考》，载《民国丛书》（第 1 编），上海书店，1989，第 142 页。
② 李之藻：《重刻天主实义序》，载《明清间耶稣会士译著提要》，中华书局，1989，第 147 页。
③ 杨廷筠：《七克序》，载《明清间耶稣会士译著提要》，中华书局，1989，第 53 页。
④ 杨廷筠：《刻西学凡序》，载《明清间耶稣会士译著提要》，中华书局，1989，第 262 页。
⑤ 薛灵美：《高一志"修治说"研究》，硕士论文，东北师范大学中国古代史专业，2014。此文选取高一志《修身西学》《齐家西学》《治平西学》系列著作为研究对象，为方便阐述，将其著作定义为"修治说"。

两百余人入教，在当地筹建了中国第一座由教徒捐建的天主堂。高一志与山西中上层官员颇有交情，与早期来华传教士类似，他亦走官方上层的传教路线。高一志先后共著述 18 种汉文西书。① 1620 年前后，他完成《修身西学》、《齐家西学》和《治平西学》，另外还有《民治西学》（为《治平西学》的续论）。三书为儒家的修身、齐家、治国、平天下的理念赋予了西学的解释，《修身西学》和《齐家西学》涉及西洋伦理学的内容，而《治平西学》和《民治西学》涉及西洋政治学和制度学的内容。②《治平西学》包括《治政原本》《王宜温和》《王政须臣》《民治西学》四部，专门介绍当时西方有关"王政"的政治原则、政治制度与政治经验，其目的在于阐明"王公、群臣、兆民之宜"，使其"各明所当从与戒焉"。（参见《修身西学》序）在西学东渐史上，该书应具有独特地位。《治政原本》主要论述政治权力的合法性来源、政体形式及其基本原则，以"正义"为政治之"至善"；《王政须臣》主要介绍西方君主制的议政机构，论述君主与议部之关系的基本原则；《王宜温和》的论述重点为君主与臣民之关系；《民治西学》主要论述了教化为本的治政理念、如何解决贫富冲突和官民矛盾，以及税收政策中的正义原则。

二　《治平西学》《帝范》与君主制

与《治平西学》类似，《帝范》亦为关于君主论的著作。唐太宗于贞观二十三年（一说二十二年）③ 著《帝范》一书，从理论上阐述了一个理想中帝王的准则，作为写给太子李治的政治遗嘱，该书是唐太宗从

---

① 〔法〕费赖之：《在华耶稣会士列传及书目》，冯承钧译，中华书局，1995，第 88 ~ 97 页。

② 参见邹振环《晚明汉文西学经典：编译、诠释、流传与影响》，复旦大学出版社，2011，第 233 ~ 234 页。

③ 《唐会要》卷 36 记，贞观二十三年正月二十日，唐太宗作成《帝范》；《册府元龟》卷 40 记，贞观"二十二年正月，帝撰《帝范》十二篇，赐皇太子"。《四库全书总目》亦谓作于贞观二十二年。按：《唐会要》前 80 卷为唐人所撰，且成书在先，今从《唐会要》说。转引自瞿林东《一代明君的君主论——唐太宗和〈帝范〉》，载《陕西师范大学学报》（哲学社会科学版）2005 年第 6 期。

自身丰富的政治实践和历史经验出发所撰写的重要政治理论著作。《帝范》正文凡十二篇，包括"君体""建亲""求贤""审官""纳谏""去谗""诫盈""崇俭""赏罚""务农""阅武""崇文"。各篇所论，要言不烦，切中本质，往往反映出历史经验与现实经验的结合。正文十二篇所论大致可概括为四个方面的内容：一是关于君主的地位、修养以及对皇族的适当安置（"君体""建亲"），二是关于用人的标准和要求（"求贤""审官"），三是关于君主的政治作风（"纳谏""去谗""诫盈""崇俭""赏罚"），四是关于国家的基本政策，即重农及文武之道兼而用之（"务农""阅武""崇文"）。《治平西学》和《帝范》分别讨论了中西古典政治学的相关内容，有相似之处亦有不同之处，对比两书的内容可以深入了解明清之际西方政治哲学在被传教士传入中国时有哪些特点，如何与中国传统政治理论相联系以达到顺利传播其思想之目的。

《治平西学》在结构上与亚里士多德的《政治学》相似，首次专门系统地介绍了西方中世纪有关政治和法律认知等方面的知识，其中有对亚里士多德政体论内容的最早介绍，但外在框架使用了传统中国政治中修齐治平的思路。而《帝范》是一份政治遗嘱，唐太宗结合自己的政治实践，从丰富的历史经验中提炼出了一些重要的理论性认识，所谓"自轩昊已降，迄至周隋，经天纬地之君，纂业承基之主，兴亡治乱，其道焕焉"①，反映出他深邃的历史眼光和宏大的政治气魄。在他看来，现实是历史的延续，而历史正是现实的镜子，其著作正是唐以前中国君主政治理论的集大成之作。

论及君主制，其核心问题是权力来源，如"君权神授"这样的政权来自上天、神意的哲学观念在中西社会均有着古老的传统。高一志在《治平西学》中论述《治政原本》，首先讲述了基督教哲学的君权神授理论，将修身、齐家、治平三者的必要性与天主教"原罪说"联系起来。高氏云："然修齐治三者，皆正不正之意也。藉令人身无邪，家室无失，国邦无乱，则何修何齐何治之有哉？正所谓世无疾不须医，国无乱不须

① （唐）李世民：《帝范》，唐仲友撰，中华书局，1985，第4页。

治，信也。然夫生民之性，既于太初蒙蔽于宗祖之凤染，人各始失其正，自室各失其齐，竟致国各失其治也。由是造物之主宠兹所生之灵民，不欲终绝，乃世世遣立圣贤每提引迪，使其民以修治之功，裨补其失而其复正。故凡有道之国，自天主牖指，无不备治政之学。"① 他强调，正是"造物主之命"的恩赐和荣宠，民众才得到提点和指引，如此才可做到修齐治平，将国家治理好。这与传统中国政治中讲的"天命"说有类似之处。儒家思想中有将君王神圣化的传统，认定君王的使命是宗教性的，即"克相上帝，宠绥四方"②。孟子也有类似的看法，其曰"天降下民，作之君，作之师，惟曰其助上帝，宠之四方"。由此观之，儒家思想赋予君王使命的观点与基督教中那种试图将上帝之国建立在人间的社会福音派理论至少在表面上存在相似之处。

关于国家政体问题，两书均推崇君主制，视之为国家治理的根本。《王宜温和》重点论述君王与臣民的关系，包括王宜温和、裕和欲严、王躬威仪、王权从德生存、王权稳以谦逊、王政尚廉、王政贵信、王志高毅（王容优裕）、王智当何和王智滋以书学十章，全面阐释了传教士心中理想君王的形象。而《帝范》在开篇对君体这样论述："夫人者国之先，国者君之本。人主之体，如山岳焉，高峻而不动；如日月焉，贞明而普照。兆庶之所瞻仰，天下之所归往。宽大其志，足以兼包；平正其心足以制断。非威德无以致远，非慈厚无以怀人。抚九族以仁，接大臣以礼。奉先思孝，处位思恭。倾己勤劳，以行德义，此乃君之体也。"③ 两书对理想君王的地位、品行、才能均有很高的要求，对此，从两书分别论述的相应内容可以看出一二。"王宜温和"中讲"温和者定稳国治之基"，"凡和政结民心，而不使惧也"与"宽大其志，足以兼包……非慈厚无以怀人"，"威仪"与"威德"，"王权稳以谦逊"与"平正其心足以制断"，"王权从德生存"与"倾己勤劳，以行德义"……从这些类似的表达中可以

① 黄兴涛、王国荣编《明清之际西学文本——50 种重要文献汇编》（第二册），中华书局，2013，第 612 页。

② 《古文尚书·泰誓》。

③ （唐）李世民：《帝范》，唐仲友撰，中华书局，1985 年，第 213 页。

发现中西政治中对君主的期待是相似的。

在推崇君主制的基础之上，两书均强调臣下的选择与任用对于国家的治理十分重要。《王政须臣》的开篇强调了选择臣子的必要性："国政之任极重且广，一王之身不足以当；国政之务最繁且难，一王之智不足以应。重任始分于众即轻，难务始议于即明，以是恒古有由必亦有臣，或以资王智，或以辅王治者也。"① 《帝范》中第三篇《求贤》的开篇亦强调了良臣的重要性："夫国之匡辅，必待忠良。任使得人，天下自治。"② 例举历史上伊尹、吕望、管仲、韩信等名臣对于国家治理的重大作用，唐太宗用舟楫与船、双翅与鸿鹄的关系来比喻臣与君之间密不可分的关系："故舟航之绝海也，必假桡楫之功；鸿鹄之凌云也，必因羽翮之用；帝王之为国也，必藉匡辅之资。"③ 在任用臣下的时候，两书均强调了因才任职，《王政须臣》的第二章"议臣当合"中提出"智王既择善臣，次须因各臣之才任用之也。盖人性虽为相近，而人之才能情势甚为远，各有所长，各有所好，不能均齐"④。对于对国家大事起到重要作用的"议臣"，该书更是提出了"不可寄托多者；必不欲甚聪，不欲甚直；宜老不宜幼"等要求。《帝范》的《审官》一篇中亦表达了对任职臣下的相似观点："故明主之任人，如巧匠之制木，直者以为辕，曲者以为轮；长者以为栋梁，短者以为栱角。无曲直长短，各有所施。"⑤

三　两书的治国之策

在治理国家的策略方面，两书均认为实行"仁政"并进行合理的赏罚至关重要。《治政原本》第四章题目即为"仁乃王之首德"，《帝范》

---

① 黄兴涛、王国荣编《明清之际西学文本——50 种重要文献汇编》（第二册），中华书局，2013，第 598 页。
② （唐）李世民：《帝范》，唐仲友撰，中华书局，1985，第 9 页。
③ （唐）李世民：《帝范》，唐仲友撰，中华书局，1985，第 12 页。
④ 黄兴涛、王国荣编《明清之际西学文本——50 种重要文献汇编》（第二册），中华书局，2013，第 600 页。
⑤ （唐）李世民：《帝范》，唐仲友撰，中华书局，1985，第 16 页。

中"赏罚"一章曰"天以寒暑为德，君以仁爱为心……仁爱下施，则人不凋弊；教令失度，则政有乖违"①。但《治政原本》中的"仁"来自于"天地真主"，而《帝范》的"仁"则是传统儒家思想的核心。两书均提到了赏罚得当对国家治理所起的巨大作用，《赏罚义政之翼》中讲"义政专于治民，民治正系于德之兴及于恶之止。德兴恶止，又系于赏罚之公矣。故往古近来，明哲皆以赏罚必为义政之或翼或极者也。则去赏罚于政，犹去翼于禽，去极于天无异也"②。赏罚的公正与否直接涉及善恶的兴废，对国家治理的教化意义重大。《帝范》中也说明了赏罚的作用："仁爱下施，则人不凋弊；教令失度，则政有乖违。防其害源者，使民不犯其法；开其利本者，使民各务其业。显罚以威之，明赏以化之。"③

君主管理国家，自然需要出众的才干，才干的积累源于"书学"的积累。两书均推崇尚文之风。《王宜温和》第十章"王智滋以书学"先讲到了书学对君王治理国家的作用："以是从古明哲之士，每修文籍，以致其远，以约其繁，以易其难，因裨人力人命之不足者也。则王之凡志于智政之功，必以书学滋其智之积也。"④《帝范》中《崇文》一篇也强调了文教事业在国家治理中潜移默化的作用："宏风导俗，莫尚于文；敷教训人，莫善于学。因文而隆道，假学以光身。"两书亦都强调了书籍在文化积累上的巨大作用，"盖夫书籍哲，正谓厉世之鉴，实事之光，诚德之师，邪恶之僇，善功之表，美治之资也"⑤，"不临深溪，不知地之厚；不游文翰，不识智之源"⑥。

在治理民众方面，两书均认为农业在齐家、治国方面起到了基础性

---

① （唐）李世民：《帝范》，唐仲友撰，中华书局，1985，第32～33页。

② 黄兴涛、王国荣编《明清之际西学文本——50种重要文献汇编》（第二册），中华书局，2013，第626页。

③ （唐）李世民：《帝范》，唐仲友撰，中华书局，1985，第33页。

④ 黄兴涛、王国荣编《明清之际西学文本——50种重要文献汇编》（第二册），中华书局，2013，第596页。

⑤ 黄兴涛、王国荣编《明清之际西学文本——50种重要文献汇编》（第二册），中华书局，2013，第596页。

⑥ （唐）李世民：《帝范》，唐仲友撰，中华书局，1985，第42页。

作用。《治平西学》中讲"农业恒古必为诸艺诸业之母，其存皆存，其亡皆亡"①。《帝范》中讲"夫食为人天，农为政本。仓廪实则知礼节，衣食足则志廉耻"②。高一志在《齐家西学》中详细阐释了农业的各项措施，包括农务、泽田、择农、农职、置地、播种、种树、雍田、水法等方面。③高一志作为耶稣会的传教士，写西方君主治平思想的实质是宣传其背后的"天主"，这反映在两书的诸多方面。在讲到农业的来源时，他强调了"农业非人智所生，人学所致，乃造物主所命也"④。

两书均探讨了理想状态下君主制相似之处的基础知识，其具体内涵亦比较明显。高一志把以教权制约王权的理由与权力的合法性来源、基督教教义合在一起讲，认为以上帝的名义对王权实行制约在西方是一种非常古老的传统。这自然与中国传统不同。此外，西方的法制传统也为高一志所接受，他鲜明地阐述了"王而不遵法度则非义，非义则非王"的观点，在《治政原本》以《义王必遵法度》一章来介绍法治理论。他认为"古之闻士及论王道曰，王者何义之像也！义者何遵其法度也！王不遵法度则非义，非义则非王可知也"⑤。即使是王权，也必须受法律约束。《帝范》只是描摹了理想君王的形象，不曾论及对君主的制约，这亦是中国人治传统的表现。

四　余论

总地来看，高一志在宣传西方君主思想时，其突出特点是披上了传统中国政治特征的外衣，特别是他将天主教的思想与先秦儒家经典相联系，

---

① 黄兴涛、王国荣编《明清之际西学文本——50 种重要文献汇编》（第二册），中华书局，2013，第 644 页。
② （唐）李世民：《帝范》，唐仲友撰，中华书局，1985，第 35 页。
③ 黄兴涛、王国荣编《明清之际西学文本——50 种重要文献汇编》（第二册），中华书局，2013，第 565～575 页。
④ 黄兴涛、王国荣编《明清之际西学文本——50 种重要文献汇编》（第二册），中华书局，2013，第 565 页。
⑤ 黄兴涛、王国荣编《明清之际西学文本——50 种重要文献汇编》（第二册），中华书局，2013，第 624 页。

这与《帝范》从回归儒学经典方面来建立理想君王模式相一致。《治平西学》与《帝范》的联系可以从高一志的传教经历、其"修治说"的一系列著作、明末此书创作的社会背景、中西文化交汇等多方因素来理解。

高一志曾经由于南京教案被朝廷驱逐，这种个人经历使其积极提倡仁慈的政府。贤能的统治者用道德吸引和感召民众，其关于君主的这种政治观点符合 16 世纪欧洲的观念，尤其适合具有非常集中的权力观的耶稣会士。在传统上，耶稣会士乐于与统治者保持紧密联系，并希望通过影响统治者而为基督教做出持久的贡献，这与西方经典政治理论相似。对儒家理论而言，统治者是被天选择而承担传播文明的道德使命的人，因而统治者知晓宇宙万物的道德运行规律，加之统治者凭借他的美德获得其国民的尊重、爱戴和信任，这将有利于天、地、人的和谐。高一志反对选举君主制，而支持君主专制制度，他认为中国的政治体系是君主专制制度，所以他试图阐明西方与中国有一样的政治传统。因为耶稣会传教士的主要目标是进入中国的政治现实之中，他们不可能带来革命性的政治观念，尤其是在当时的情况下，他们需要为耶稣会的生存而尽力保持政治稳定，而改变政体并不能保证产生对耶稣会更有利的形势。在推崇专制君主政体的诉求之下，这两本著作均注重君王个人的教化，即君王在面对诱惑时，在使用武力或实施惩罚时，应充分体现自身的道德修养，并以自身的道德形象来影响臣民。①

理解《治平西学》还应将其与《修身西学》《齐家西学》放在一起。高一志为什么要给西学套上中国儒家修齐治平的帽子？天主教作为一种宗教，是超越文化之上的，但是作为一种传入的异质宗教，展现在人们面前的首先是文化的异质。传教士如同中国文人一样，无意中也成了一整套文明的代表者。在此种情况下，高一志不得不先从两种文化的共同点入手。他首先肯定了儒家文化中普遍启示的关于人性的正确分析的成分。高一志表面上是在介绍西学，但实际上是站在超越文化的格局之上，

---

① 〔法〕梅谦立：《西方政治观的东渐——〈达道纪言〉中所表达的政治观》，王镔译，《中山大学学报》（社会科学版）2009 年第 6 期。

进行天主教的传播，在造物主眼中，并没有中西文化之分。通过对《治平西学》的分析，我们可以看到，高一志在介绍西方文化的同时，也在进行着改造儒家文化的工作。

将《治平西学》放入明末的社会背景来考察，也可使我们对其有更深的理解。该书初刻于 1637 年，彼时明朝处于危机四伏的动荡之中，满人入关，农民起义此起彼伏，明朝面临的处境可谓内外交困，有志之士大夫都有革新之意。高一志在中国的经历使他对明末社会有比较清醒的认识，在心学盛行而急需救国方略之时，"修齐治平"依旧是儒家士大夫政治理想的主要诉求，此时高一志将西学与中国传统的"修齐治平"相联系，可谓既有利于传播西学和天主教，又符合当时的时代诉求，《治平西学》等作可谓应运而生。

《帝范》中对君王的要求和对政治理想的阐述大多源自先秦以来的诸多经典，而明末清初的耶稣会士为合理解释天、儒的不协调之处，大都努力将先秦儒家思想与宋明理学加以区别，主张先秦儒家思想是可以与天主教信仰相合的，汉代以后儒家思想受到污染，失去其原始意义。积极在先秦古籍中找寻天主教痕迹的教内外学者还被称为索引派。[1] 当两种异质文明接触时，合理的交流路径是在传统与从其自身产生的新异思想或外来文化之间进行对话，并在此基础上产生基于比较的选择性吸收、综合和创造。而儒家思想体系是宗族内部人伦关系与结构的放大，这决定了它既等级森严，又具有基于血缘关系的亲和力，这种特质决定了儒家设定的道德伦理只能依附于尘世之国，而天主教的教义则要求人们信奉唯一的上帝——这种推崇天国的戒律最终必然与尘世的道德规范发生冲突。这在一定程度上解释了历史最终选择了闭关排外，中断了中西文化最初的交流。

---

[1] 参见黄一农《两头蛇：明末清初的第一代天主教徒》，上海古籍出版社，2006，第 436~438 页。

全球化下的语言发展趋势探索

——以全球中英文大热为例

曹瑞冬[*]

【摘　要】　语言是国家和民族交流的重要工具，同时它也被深深地打上了民族和国家的烙印，而这种烙印的存在使语言拥有不同的流行度，从全球中英文大热的现象便可观察到世界语言的流行趋势。全球中英文大热也并非代表着汉语或英语的真正发展。从尊重文化多样性的角度来看，保护本民族语言文化特色在全球化大潮中显得倍加重要。我们在吸收优秀的外来语言文化的同时，应该把握机遇，采取积极的语言文化态度，保持和发扬中华民族的语言文化特色。本文旨在对"全球中英文大热"这一现象进行分析，进而研究在全球化背景下的语言发展态势，并进行全球化的政治、经济、文化探究，最终探索在此背景下的语言发展趋势。

【关键词】　全球化　语言发展趋势　全球中英文大热

一　全球化下的语言发展概述

1. 全球语言概述

语言是承载着人类历史和文化的轴心力量。没有了语言，世界就会

---

* 曹瑞冬，南京农业大学工学院教师。

在转瞬间灭亡。语言的存在满足了人类交际的需求，更代表着人类的智慧结晶。

从人类诞生起，语言经过无数人的创造与发展才形成了如今百花齐放的局面。它的发展融于人民的社会生活中，也凝聚于文化和经济交往里。英语、汉语、韩语、日语、俄语、法语等语言构成了世界语言之林，而中国五十六个民族的语言也是民族特色的彰显。

由于语言具有承载与构建文化和标记国家与民族的社会文化功能，语言战略对国家十分重要。而我国实行尊重世界各国和各民族语言的政策，更从普通话的推广与普及上确立了中国语言的地位。而这一切语言政策的贯彻实施最有力的措施体现在语言教育上。全球各国也如同中国一样将语言当作民族复兴的桥梁，使其融于本国的文化竞争力中。也因此，当今的全球语言代表的不仅仅是本民族文化，更多的是这个国家包括政治、经济等要素的综合国力。

从咿呀学语开始到接受正统的语言文化教育，我们正式成为这个国家的重要成员，更成为地球村 70 亿人口的重要成员。全球语言既是各个国家和民族的特色文化，更是地球上的所有人类迈向美好未来的工具。

2. 全球化下的世界局势分析

当今世界呈现一超多强的格局，更向着多极化世界的趋势发展，而这一切都得益于政治、经济、文化的全球化进程。

习近平提出，亚太梦想就是坚持亚太大家庭精神和命运共同体意识，顺应和平、发展、合作、共赢的时代潮流，共同致力于亚太繁荣进步；就是继续引领世界发展大势，为人类福祉做出更大贡献；就是让经济更有活力、贸易更加自由、投资更加便利、道路更加畅顺，人与人交往更加密切；就是让人民过上更加安宁、富足的生活，让孩子们成长得更好，工作得更好，生活得更好。亚太梦想的存在是区域性的世界共同梦想，代表中国呼吁亚太社会和国际社会始终顺应和平、发展、合作、共赢的时代潮流，让这个世界向着更加光明的未来行进。

当然，亚太梦想的提出也折射出中国所处的亚太地区的不稳定以及国际社会的动荡不安。其实，国际社会是很不公平的，一些大国打着

"帮助小国"的名义任意干预他国内政。国家和人一样，都是为了利益。虽然中国、日本甚至是欧盟是世界多极化趋势的重要力量，但在国家和民族的利益面前，他国始终是陌生人。和平与发展的地球村虽然美好，但始终难以突破国家和民族的界限。

因此，如同美国这样的超级大国为了实现国家更大的利益，所牺牲的是更多小国的利益，而为了保障这样的利益，它们对世界多极化趋势中的力量如中国、日本、俄罗斯也会采取或明或暗的打击。

和平与发展的梦想始终太过于理想化，在目前的条件下，要求各国都能抱着无私奉献的精神投身于地球村的建设，几乎是不可能的。我们只能希望各国都能够坚持这一宗旨。

我们呼吁的全球化是一把双刃剑。在不平等的社会制度面前，贫者愈贫，富者愈富。世界上所有国家都不可能脱离这个全球化体系，却只能在这地球的"跷跷板"上继续被束缚在底层。这个世界在不合理的利益分配上开始衍生出恐怖主义、种族主义和军事主义。

3. 全球语言发展概述

发展，在哲学上意味着新事物替代旧事物，拥有光明前途和美好前景。全球化虽然没有达到预期的成效，但至少在为人类谋福祉的事业上得到了长足的发展。语言作为各国之间交流的最直接工具，也是全球化进程的象征和表现。

随着全球化的加速推进，世界各民族语言文化的接触交流日益广泛，矛盾和冲突日益激烈。我们已经不能单纯地从"交流思想工具"，更不能从经典语言学家书斋里的符号系统角度理解语言，而是要从其承载、传承、建构特定文化的功能和机制这一角度来理解和把握其本质特征。全球语言发展的动因在于各国开始将其当作文化竞争力，将其置放在战略的高度上。语言战略主要由语言政策、语言教育以及语言规划等方面构成，我国正处于改革开放的经济腾飞期，外语教育事业发展势头正劲。全世界各地的孔子学堂在最近几年也踏上了高速发展的道路。

语言发展既包括了为本国传统语言文化融入时代内涵，如中国的年度关键词，也涵盖了以新途径向世界展示本国语言的魅力，在全球化的背景下实现语言的国际化、全球化。纵观全球语言的发展，分布最广泛的语言是英语，拥有最大人口基数的是中文，同时，一些小语种如日语、法语、西班牙语也在逐渐发展。语言正在向更高程度的全球化方向发展。

全球语言发展的方向是地球语言的统一，虽也会存在明显的民族和国家特色，但它更关注于整个世界的和谐。语言文化也是一把双刃剑，一方面在促进各国人民与国际接轨，另一方面也将会引发腐朽思想和文化的传播。因此，这不能称得上是全球语言的发展。

全球语言的发展注定会是一个没有终点的旅程。它伴随着人类的诞生与发展的历程，也终将会引领人民走向美好的明天。全球语言发展的最主要形式是外语教育，中国人学英语和美国人学中文这样的现象已经随处可见，而中国国内仍旧以外语水平作为评判人才的重要标准。我们所希冀的语言文化是力量，更是改革开放的开放精神，而不是把语言作为伤害他国的武器。

全球所有语言肯定是要发展的，世界上很多语言就在全球化中走向了湮没甚至绝迹的命运，这也同时伴随着这个国家和民族在全球化运动中的彻底失败。语言如果不能够与时俱进，创新发展，在这个快速发展的社会里都只能有消亡的命运。中文、英文和小语种的长足发展是由于其国家在第二次世界大战后紧紧把握住了时代的契机，更重要的是取决于其国家和民族本身在政治、经济、文化上的本质特征，而更多的语言只是活在了本国人民的交际中，失去了发展的意义。

一个民族倘若在全球化中不能正视这个世界上其他民族和国家的文化，自己的文化也是很难立足的。当一个民族不重视本民族文化的承载与传承时，其在全球化中会"死"得更快。改革开放的字面含义大抵如此。

二　全球中英文大热概述

1. 全球中英文大热的时间走势分析

中英文大热不是最近才有的现象。自从新航路开辟，世界各国开始联系成为一个整体，语言就已经不再是本国特有的文化，开始走上全球化的道路。而在第二次世界大战后，人类进入第三次信息技术革命时代，技术的革新与交通方式的便捷使世界各地的交流加强，世界一体化和全球化趋势愈加明显，这个时候，中英文等一系列的语言迎来了发展的顶峰。

当今世界正处在大发展和大调整的变革时期，呈现出世界多极化和经济全球化的发展态势。作为一个和平发展的大国，中国承担着重要的历史使命和国际责任。英语作为全球使用最广泛的语言之一，已经成为国际交往和文化科技交流的重要工具，也是使中国更好地了解世界、使世界更好地了解中国的主要桥梁。同时，英语对我国的社会发展、经济建设和科技进步也有着很重要的作用。英语由于其本身的发展和长期以来的历史因素，一直被作为外语教育的选择对象。伴随着英语1992年成为义务教育的必修课，一系列的英语考试接踵而来，而如今比较热门的英语考试是托福和雅思考试。

英语在中国发展的势头一直不错。自改革开放起，英语水平一直是评判人才的重要标准，尤其是在2000年之后，拥有较高等级英语学历证书的人将能够改变自己的命运。但2010年左右，由于英语等级考试的难度降低，不少人学习英语的热度逐渐降温，更多的人关注的是托福和雅思等涉及出国的考试，再加上国家鼓励留学生制度，中国的一部分劳动力伴随着英语学习而流失到国外。

中文在世界上的大热趋势则是伴随着中国改革开放后综合国力和国际地位的不断提升而形成的，如孔子学堂的建立、外国汉语班的发展。在20世纪八九十年代，中文并未在世界上真正流行，到了2000年以后，尤其在2010年以后，学习中国语言逐渐成为世界语言学习的一种流行趋势。

2000年后和2010年后英语和中文学习趋势的反差在一定程度上是中国国力逐渐强盛的结果，更主要的则是中国将传统语言文化以国学的形式展现在世界人民面前，在语言传播上以新形式、新途径表达，使其日益受到外国人民的青睐。而中国本土的英语教育一直以义务教育必修课的形式存在着，长久以来，学生只能够面对枯燥的英语教育，从而使英语在中国的传播失去了动力。两者存在的重大差异体现在有无对语言形式的创新上，其产生的效果天差地别。

2. 全球中英文大热的空间分布分析

语言的空间分布大致上仍旧是以本国所拥有的语种进行的，但在全球化趋势的影响下，全球中英文学习的空间分布产生了重大差异。

就中国人学习英语而言，大城市与小城市的英语教育水平存在着重大的差异。大城市由于西化程度较高，以及英语培养开始时间较早，其学生的英语水平远胜于小城市。而且，东部地区的英语水平明显高于西部地区的英语水平。这种现象是与中国东西部经济发展差异挂钩的。英语水平的差异直接导致了英语学习热情的高低。从这个现象中我们也可以看出，外国人的英语学习在很多时候是追求个人发展的标准，但是在很多连生存都存在障碍的国家和地区，英语学习便是一种奢侈，更不可能是"大热"的状态，经济情况决定了全球化背景下的语言空间分布。

全球的中文大热主要体现在欧美等发达国家对中文的学习上。中国语言在外国流行的趋势是跨语言文化交流。东方人的思维建立在"集体主义"的基础上，西方人的思维建立在"个人主义"的基础上。具体来说，东方人对人物、事物的背景环境比较敏感，西方人以个人为中心，试图让周围的事物、环境围绕个人的需求而变化。在这个基础上，东方人的行为举止趋于被动，西方人则趋于主动。这样显著的东西方文化差异造成了西方人为提升自己主动学习中文，而中国人则是在作业和任务的压力下学习英语课程。

西方人的"个人主义"使其对中文的学习成了重要的流行趋势，然而，更关键的是中国的高速发展让外国人相信中文是一种值得学习的语言。但在中国的亚洲邻国中，学习中文的热情不是很高。这一方面是因为东南亚地区以华人居多，他们对学习中文的热情不是很高；另一方面，中国与东南亚国家在海洋主权等问题上产生了一些争议，从维护本国利益出发，他们对中国产生了误会或嫌隙，而反华势力正是抓住了这一点，从而使其对中国产生敌视情绪并导致中文学习的积极性相对较低。

全球中英文大热在很大程度上强化了人们对外来文化的新鲜感，而更高程度的全球化运动进一步解放了人们的思想。中国人也在向全球化靠拢的过程中逐步开始将英语学习视作实现个人人生价值的重要途径。

3. 全球中英文大热的政治、经济、文化分析

在笔者看来，全球中英文大热在政治、经济、文化上的动力来源是这样分配的：经济是原动力，政治是附加力，文化是助推力。

全球化主要体现在经济、贸易上的全球化，同时，也相应地衍生出具有特色的政治和文化的跨文化交流。在经济全球化背景下，国家和民族本土的政治、经济、文化根基可能会被经济全球化风暴所卷走，甚至可能被异化。

经济全球化始终是建立在不公平的社会制度上的，但其是全球化进程中的决定力量。中国东西部之间的经济发展差异犹如西方和东方之间的发展差异一样巨大。经济全球化对于全球中英文大热的影响是一种原动力，在经济趋向于国际化和多极化的背景下，国家和民族需要及时与国际社会接轨，才能够在经济全球化中及时应对挑战、抓住机遇。经济全球化虽然是一把双刃剑，但至少会给本国带来经济的较快发展。只有搞活了本国经济，才能使本国人民有足够的经济实力来谋求跨语言文化交流这样的具有发展性质的事业。从中国人学英语的空间分布和热情上便能够观察到经济的欠发展直接阻碍了语言文化交流。

政治对全球化的影响是一种附加作用。经济发展水平决定了世界各国在世界局势中的政治地位，正是经济上的不平等造成了政治上的不和谐。世界虽然处于一超多强的局面，但美国始终将多极化的发展趋势视作一种威胁，一方面打压着这些兴起的力量，而另一方面在寻找契机谋求和平与发展。改革开放以来中国国际地位的提升使越来越多的外国人深刻认识到中国是潜力股，也因此造成了中文学习在欧美发达国家和地区大热的状况。此外，西方反华势力以国家主权为借口，肆意破坏中国在亚太人民和世界人民心中的形象，妨害了中华文化的推广。在这附加力的作用下，政策影响了人心，而人心对语言文化选择了或近或远的道路。

全球化背景下，提升我国文化软实力既是全面贯彻落实党的十七届六中全会和十八大精神的要求，也是进一步推动社会主义文化大发展大繁荣、推进中国特色社会主义理论体系建设、解决人民群众日益增强的物质文化需求、建设社会主义文化强国、保障我国文化安全、实现中华民族伟大复兴的迫切需要。而全球化背景下的文化目标是实现文化的共同繁荣发展，但实际情况是霸权主义国家开始主导文化的流动方向，我们在提升文化软实力的同时，伴随着传统文化的流逝。全球中英文大热作为一种文化现象，得益于和失败于各自本土文化的发展差异，我们既不能失去我们传统的语言文化——中文，更不能在全球化背景下对国际语言采取一种不闻不问的态度。可能由于中国长期实行应试教育的影响，中国人在外语学习方面始终是被动地学习，与西方截然不同。但是我们应当转换思路，调整思想，认识到英语是全球化背景下能够改变人生命运和实现人生价值的重要途径。

政治、经济、文化全球化，都对全球中英文大热产生过一定的阻力或者动力，这是由全球化正处于尚不完善和不健全的背景下所造成的。我们所呼吁的和平与发展的社会，要求的经济稳定、政治健全以及文化保护在全球化进程中暂时不可能全部实现。而未来全球化将会向哪个方向发展，暂时是不会有答案的。我们所希冀的政治、经济、文化全球化所带来的语言文化交流也将会有一条漫长的道路要走。

三　全球化下的语言发展趋势总结

全球化背景下的语言发展趋势可以有三种情况。

本国家和民族采取有效措施保障本土语言的承载与传承，进而实现发展，但是，这将会以拒绝外来语言文化，甚至以脱离全球化社会为代价。

其他国家的语言逐渐代替本国家和民族的语言，而本土语言走向没落与终结。

本国家和民族既能够充分保障其语言文化的传承与发展，又能够在全球化社会中及时跟紧时代的步伐，吸收其他国家和民族语言文化的优秀营养，从而实现在经济全球化中的文化竞争力提升。

这三种情况各自代表着不同国家全球化的发展趋势。第一种是拒绝全球化，再度回到闭关锁国的状态；第二种是接受全球化，可是在这样的背景下，却无法正视本土文化，无法保障其民族文化与国际社会的接轨；而第三种情况是在接受全球化的基础上，实现本民族和其他民族的共赢。从全球中英文大热背景下中国和西方国家的对比情况可见，很显然，中国正停留于第二种情况，正处于无法协调本土文化和世界文化的状况中，而欧美国家和地区正在向第三种状况过渡。但第三种状况毕竟是一种理想状态，它可能标志着世界多极化的最终形成，那个时候的国际社会秩序将建立在以和平共处五项原则为主的基础上。

全球化背景下的语言发展是一种文化现象，但其实是由经济所主导的，受政治影响的。未来我们的地球会是怎样一番光景，不会有明确的答案，但至少未来是有可能通过人类的行为而改变的，我们会沿着世界多极化的全球化趋势，以及本国家和民族语言文化与全球语言文化接轨的方向迈进。

中西方忏悔观再探

支克蓉[*]

【摘　要】　在忏悔问题上，有一种观点认为，中国人缺乏忏悔意识，忏悔观是西方独有的。本文对西方忏悔观、儒家和佛学忏悔思想重新进行了探析，认为中西方忏悔的基本构成要素是告白，前提是过错之无法隐瞒，内容是罪过或者过错，其发生离不开内外两种因素。虽然中西方忏悔观差异很大，但并不能说忏悔观在中国是匮乏的。

【关键词】　儒家文化　忏悔观　佛教

在中西方忏悔观问题上，有观点认为中国缺乏忏悔意识，也就是"忏悔缺乏论"。[①]这些观点强调中西思想的差异，强调忏悔观点的特殊性，把忏悔观看成是西方所独有的，认为中国传统中的自省、悔过自新等并不是一种忏悔观，不属于忏悔意识，而是"内省意识"[②]，或者属于"追悔"[③]，弱化了中国有忏悔观的观点，默认中国有忏悔，但没有严格的忏悔意识。中西文化在本源上就有着巨大的差异，中西方文化所蕴含

* 支克蓉，湖北大学哲学学院研究生，研究方向为中西伦理比较。

① 杨金文在《忏悔观念与中国文化之悔过精神》（《现代哲学》2007年第6期，第129页）中把忏悔缺乏论溯源到周作人1920年关于中俄文学对比的演讲。
② "内省意识"一说见黄健《中国美学的"内省"与西方美学的"忏悔"——中西审美意识比较研究》，《思想战线》2002年第1期，第46页。
③ 任剑涛：《忏悔与追悔——关于两种伦理现象的比较分析》，《开放时代》2000年第5期，第46页。

的忏悔意蕴差别更大，不能以其他文化的价值标准作为衡量标准。这一类观点虽然立足于中国传统文化，立足于儒学来定位中国的忏悔意识，却没有对中西方忏悔观的评价标准加以区分，用西方的标准来评价儒家的忏悔观，继而认为儒家甚至中国没有忏悔观。这类观点更忽略了对佛学的考察。佛教认为，众生哪怕仅仅只是想要幸福、富足、安乐的生活，都需要忏悔。事实上，一个人要想成为佛教信徒，就必须三皈五戒，而它的第一个程序就是忏悔文。通过对忏悔意蕴的挖掘和梳理，我们认为中国的儒家思想和佛教思想中都有忏悔意识。

从语义学的角度考察，"忏悔"一词本来就是借用自佛学用语的，佛教的"忏悔"之"忏"是"忏摩"的音译，原意为"忍"，而"悔"是指"自申罪状"。如天台宗智大师在《释禅波罗蜜次第法门》中说："夫忏悔者，忏名忏谢三宝及一切众生，悔名惭愧改过求哀。"人们所说的西方忏悔意识，不过是借用自佛教的"忏悔"翻译的"penance""confession""repentance""attrition""contrition"等。依据黄瑞成的考察，这些词语含义不外乎如下："痛悔""忏悔""通过看清事实而实现思想之转变""补赎""告解""悔罪""赎罪""自我坦陈""自我揭露""悔恨""回应""谦卑"。[①] 这些词义所指的过程显然是佛教的重要修行方法，而其在儒家传统中也是一个重要的修身方法，由此可见，中国有忏悔观这一结论是没有疑问的。对比中西忏悔观不能拘泥于概念的表面，而需要分析忏悔的基本结构和呈现形态，从而分析不同文化的异同。以下就从忏悔的基本构成要素、原因、内容和发生等方面来探析中西方忏悔观。

一　忏悔的一个基本构成要素是告白

忏悔的一个基本构成要素是告白，就是把自己的过错向某对象告白。告白的形式可以是内心的，也可以是语言的。

---

① 黄瑞成：《"忏悔"释义》，《宗教学研究》2004年第1期，第86~87页。

不同文化中，告白的呈现方式也是不尽相同的。在中国，告白呈现的形态多种多样，古代文化中最常出现的如"悔过""悔罪""追悔""内省""自讼""反躬自省""罪己"等思想意识皆属于忏悔意识的范畴，如孔子的圣训"吾日三省吾身"，大乘经《大宝积经》中的"如是众生所受苦恼，我悉代受，令彼得乐，以是善根愿成一切智，除一切众生苦恼"。较西方忏悔观而言，儒家对自己过错的告白往往没有西方直白，如奥古斯丁在《忏悔录》中直接向上帝忏悔。《忏悔录》中还有大量袒露个人隐私的告白情节，较中国儒家的多种文学形态而言，其忏悔思想的表露更加直接，但中国文化中有些佛教忏悔告白也很直接。告白是否直接，显然不能作为评判中西方忏悔意识强弱的准据。

中西方在向谁告白即告白的对象问题上，也有一定的差异。比如，中国古代皇帝的"罪己诏"就是向天和天下百姓的告白。在佛教中，通常要求忏悔的过程必须在佛、菩萨、师长、大众面前进行，以达到身心清净的目的。奥古斯丁的忏悔是向天主告白，他的呼唤是："天主啊。您认识我，也让我认识您吧。"[1] 但这个告白的对象并不排除人。奥古斯丁说："主啊，我要向您祈祷，要让那些人能够听到。"[2] 至于对人的告白和对上帝、天的告白的顺序和地位可以有不同的层次和情况。

告白的动机和目的则属于另外一个问题。比如白居易在《观刈麦》这首诗中，将劳动人民的善良贫苦与地主老财的暴虐奢侈做对比，将自己的舒适安逸与贫苦人民的穷困做了对比，反躬自省，借此诗向农民道出了深深的悔意。佛教中，也有菩萨代众生忏悔不应止于言思，而是要有代众生受诸苦恼、令众生解脱得乐的心愿和行动。奥古斯丁在《忏悔录》中为了自己童年和青年时期所犯的错误向上帝忏悔，祈求上帝原谅。另外，有观点认为中国历代帝王"罪己诏"的忏悔总是建立在自我标榜之上的，这也属于忏悔的动机和目的问题，但仅仅就形式来说，"罪己诏"也属于一种告白，属于忏悔的范畴。

---

[1] 〔古罗马〕圣奥古斯丁：《忏悔录》，徐蕾译，中国社会科学出版社，2007，第425页。

[2] 〔古罗马〕圣奥古斯丁：《忏悔录》，徐蕾译，中国社会科学出版社，2007，第429页。

虽然中西方告白的方式、对象和动机有差异，但它们都属于忏悔的基本构成要素。那么，就不能说忏悔观是西方独有的，中国没有忏悔意识。

二 忏悔的前提是无藏和澄明

为什么要告解？其前提是过错之无法隐瞒。因为无法隐瞒，告解就是一种面对事实进行自我感知的态度，是一种自我显露方式，没有告解就成了一种自我欺骗。

不过这个无法隐瞒，在不同的文化背景下有不同的表达方式和思想取向。《中庸》慎独的前提是"道不可须臾离也"，也就是在道面前人的言行都是敞开的，都是没有秘密的。《大学》讲究正心，心是知晓一切的，因而要诚恳。忏悔是佛教修行的一个重要法门，在佛教徒的修行生活中无处不在，可见人在佛面前是无法隐瞒过错的。在奥古斯丁的《忏悔录》中，人在上帝面前是无法隐藏的。"假使我没有向您忏悔，我又能包藏什么呢？那么，天主啊，在您那能够深入地洞察一切人的良知的双眼面前，我的谎言哪有藏身之地？"①

至于在社会机制上，如果制造了一种不能隐瞒错误的机制，也会导致面对社会体系和他人的忏悔。如在"文化大革命"中，人人都希望自己有个好的本质，为了博得他人的喝彩、获得他人的认可，不得不加入一场自轻自贱、自我污蔑的竞赛。在这种自我标榜中，人人都不敢说自己好，只能说自己坏，因为只有说自己坏，才表明自己是真的好，只有这样他才会获得一种高尚的解脱感和纯洁感。"文化大革命"过后，人们一听到什么动静，马上向领导交一份"自我检查"，向有权者忏悔，袒露自己的灵魂。此时，中国人的忏悔大多不是出于道德上的悔罪，更多的是出于对无形的政治压力的恐惧。这种情况当然具有表演性，缺乏自律性，但也具备忏悔的一定的要件。这个要件就是你的错误无法隐瞒，

---

① 〔古罗马〕圣奥古斯丁：《忏悔录》，徐蕾译，中国社会科学出版社，2007，第427页。

至于是出于恐惧，还是自觉，还是无奈则是另外一个层次的问题。

无论是中国儒家、佛教的忏悔还是西方的忏悔，都是因为人无法隐瞒过错，而选择了告白这种方式进行自我显露。从原因上来看，中西方忏悔观都有存在的合理性，不能说忏悔观只属于西方。

三　忏悔的内容是罪或过错

因过错之不可隐藏性，则告白的内容就是罪过或者过错。但对于过错的认识，不同的文化和不同思想家会有所不同。

如果认定人的生命本身就是过错的产物，则人生来就有原罪，则人人需要告白自己的罪过，这样人才能成为神性的生命。儒家则认为人从天之本性，从天命之性来说为至善，则告白与性本善不矛盾。佛教认为佛性与罪恶源于一心，众生若想成佛，就需要为自己的罪恶告白。

《圣经》记载着人类始祖亚当和夏娃吃禁果犯了罪的故事，在此，人与神的关系破裂，基督教的原罪观得以形成，并发展成为西方主流文化中的罪感文化，即"人之大孽，在其降生"。人与神的关系破裂，个人找不到依存对象，丧失了秩序和确定性等绝对尺度，此即人之"原罪"状态。"生存本身的罪过"成为西方人关于人性最基本、最核心的认识。强调人的本质堕落和人性邪恶的基督教原罪观，使西方人具有"认罪"和"忏悔"等灵性体验。伊甸园时期留给人类的罪恶遗传产生"罪感文化"，即基督教信仰中的原罪观，以及负罪感和忏悔观。而人唯有不断地忏悔，以求洗清自身的罪孽，才能得到主的宽恕。罪感作为人神关系破裂的产物，在西方文化理解上已从人偷吃禁果这一具体行为深化为对人生而有罪这一生存状态的认识。这里，人们对罪的界定不再依据行为是否违背某种道德或价值准则，不再将"罪"作为人弃善从恶的具体选择。也就是说，罪不再是人们基于道德的一种取向，而具有一种宗教和存在的意义。西方的忏悔具有一种形而上的哲学思辨色彩，多表现为对人的自身命运的思考，以及对存在及其合理性的重视。在西方文化中，忏悔观由道德选择的价值上升为一种对人的生存状态的思辨精神。

相比于西方的忏悔意识，儒家和佛教对罪过的忏悔意识有所不同。中国文化中缺乏西方的宗教精神和"原罪感"，中国人认为人的言行举止只要符合社会道德规范，做到问心无愧就没有"犯罪"，更不必认罪，而人只需要为自己的过错忏悔。

受儒家文化影响，中国人认为"人之初，性本善"，或相信经过后天的学习可以改变人之恶，因而有"人皆可以为尧舜"的说法。儒家讲究"内圣外王"，即注重个人修养和社会价值。儒家"天人合一"的观念，要求人与自然、人与社会、人与人、人与自我和谐统一，这就要求人在与自然、社会、他人和自我发生冲突时，遵循自我反省和自我调适的原则，通过内省来克服现实人生的种种困难，防止过错的发生。因此儒家哲学注重对人之善的开发和培养，讲究自我观照和自我反省，孔子的圣训"吾日三省吾身"即是如此。内省是儒家调理精神、修正心性的必修功课，人人都要遵循儒家仁、义、礼、智、信、忠、孝的道德规范对自身进行审视，对自身的品行与内心世界加以拷问与调整，从而克制自己的私欲，以实现家庭的和睦和社会的和谐。另外，中国人，尤其是中国的知识分子，有一种深刻的忧患意识，有一种治国平天下的济世宏愿，渴求经过多次内省，规避罪恶和过错的发生，逐渐缩短与圣贤之间的距离，并在人格上逐渐达到内圣外王的境界。

佛教的"忏悔"包含着"忏其前愆"和"悔其后过"两层意思，即忏除以前所造成的过错，并防止同样的过错以后再犯。南禅宗认为心是作为真如、无爱、无染与无明、有欲、有染的集合体而存在的，佛性与罪恶源于一心，因此众生才皆有成佛之可能性。人想成佛，做到悟本心即可，若为无明所遮蔽，就成不了佛，需要"度"其恶、染，以期其能够改邪归正、远恶从善，修心成佛。

西方人认为人生来就有罪，中国儒家和佛教则认为过错是后天所为，虽然中西方不同文化和不同思想家对过错的认知不同，但是忏悔的内容都是罪或过错，并不能说明孰优孰劣。

四 忏悔的发生有内和外两种因素

告白的发生离不开内和外两种因素，单一的因素无法造成告白。外在的因素可以是一面镜子，其构成了告白的对象，因为把自己和对象相对照，而发现自己的过错、自己的不足。告白总是涉及谦卑。

但是单纯的外在对象并不一定能造成告白，告白总是涉及内心的某种认识，涉及对自我的认识。这种认识在发生的过程中，会有程度的不同。单纯因为社会规则认识到自己的过错，其对过错的认识可能有随机性，内在性不强，缺乏自律性。而基于内心的自觉发生的告白，自律性强，持续性强。一般来说，自我感知力强的人羞愧感强烈，乞求改过的忏悔意识也相对强烈。反之，自我感知力不强的人羞愧感相对较弱，忏悔意识也相对薄弱。但内外不是截然对立的，告白会导致自我谦卑感和对某种境况的超越感的产生，所以不应该对外在和内在进行截然的区分。外在最终会还原于内心，而内在的心灵过程只有在外在对象的指向下才会导致告白。

在西方忏悔观中，人们普遍将自己的罪行视为自己的自由意志行为的结果。也就是说，西方人认为自己实际做过的一切行为，无论是有意还是无意，都是遵循自己的自由意志的。例如，希腊神话中俄狄乌斯无意间杀父娶母，尽管是受命运捉弄，但是他仍然认为这一罪行是自己的自由意志造成的。俄狄乌斯以弄瞎自己双眼和放弃王位的惨烈方式来惩罚自己，以成就自己人格的完整性。在此，我们可以看出西方人的忏悔模式，即客观公正地揭示自己的所作所为，不刻意回避自己的自由意志应该承担的责任，不把责任推给外物。

儒家认为，只要按照本心去做，就必然会有德行，但罪过的发生是自己本心被蒙蔽的结果。因此，儒家的忏悔观认为问题在于本性的蒙蔽，我们要做的就是排除外来干扰，防止本心被"恶"蒙蔽。"吾日三省吾身"就有助于排除不自主的邪恶念想，达到内心澄澈的精神境界。儒家的忏悔观，更注重立足于本心和防患于未然，即在"恶"发生之前，先防止外物蒙蔽本心。可见，儒家的忏悔观比较突出外物对本心的影响。

中国流传时间最长、影响最大的中国化佛教——南宗禅，被称为佛心宗或心宗，非常强调心性的本位作用，其独特之处是"自古佛佛传本体，师师密付本心"。本体即本心，同佛性、自性、本心是一个概念，认为只要以般若智彻悟自己的本性就能成佛，反之，心若为无明所遮蔽，自性就成不了佛了。南宗禅正是以心性本位为出发点，突出了忏悔在破除众生与佛的界限、填充世间与出世间的鸿沟、清除众生成佛道路上的障碍的重要作用。佛教不仅强调心性的本位作用，也看到无明在成佛之路上的遮蔽之弊。

西方忏悔观认为忏悔是遵循自己的自由意志的，儒家认为忏悔是本心被外物蒙蔽所致，佛教在强调心性本位作用的同时也看到了无明的遮蔽作用。但内外之间不是截然二分的，告白总是会导致自我的谦卑和自我对某种境况的超越，所以不存在外在超越和内在超越的截然区分。外在超越要还原为内在心灵过程，内在的心灵过程如果没有外在的对象指向也不会发生告白。

中庸管理：21 世纪企业管理之道[*]

王圆圆[**]

【摘　要】　东西方文化之间的激烈碰撞，越来越显示出中国传统文化的优越性，这优越性中蕴含着丰富的管理养分。中国传统文化的核心是中庸思想，所有符合中庸之道的管理思想可以被统称为"中庸管理"，它是讲究情理、追求平衡、保持适度、合理化的管理。西方管理理论中蕴含着大量的中庸思想，但是中庸管理具有更多的优点并能发挥更大的作用，中庸管理必将成为 21 世纪企业管理之道。

【关键词】　中庸管理　企业管理　中国传统文化

一　中国传统文化中的管理养分

近代以来的中国革命和各种路线斗争的背后是东西方文化之间的激烈碰撞。著名历史学家约瑟夫·汤因比晚年对西方文明持有悲观失望的情绪，他指出，"避免人类自杀之路，在这点上现在各民族中具有最充分准备的，是两千年来培育了独特思维方法的中华民族……西方观察者

---

* 湖北大学专业教材建设项目《中国企业管理通论》（编号 E2014006）；湖北大学教学改革研究项目《基于培养学生管理思维的〈管理学〉教学方法研究》（编号 201414）。

** 王圆圆，男，管理学博士，湖北大学商学院讲师、工商人力系副主任，研究方向为管理创新与创新管理、管理思想史。

不应低估这样一种可能性：中国有可能自觉地把西方更灵活也更激烈的火力与自身保守的、稳定的传统文化熔为一炉……如果……中国能够在社会和经济的战略选择方面开辟出一条新路，那么它也会证明自己有能力给全世界提供中国和世界都需要的礼物。这个礼物应该是现代西方的活力和传统中国的稳定二者恰当的结合体。"① "历史上与中国文化若后若先之古代文化，或已夭折，或已转易，或失其独立自主之民族生命。惟中国能以其自创之文化永其独立之民族生命，至于今日岿然独存。"（梁漱溟语）西方国家在生产力大解放的同时，也逐渐生发出"三个紧张"：人与社会的关系紧张，人与自然的关系紧张，人与人的关系紧张。② 美国威斯康星大学中国问题专家爱德华·弗雷德曼指出："中国软实力改变了整个世界，尤其是亚洲。"成中英教授指出："再过50年，世界从中国受益的不仅在经济，而且在文化。"英国哲学家伯特兰·罗素在《中国问题》一书中也明确指出："中国人摸索出的生活方式已沿袭数千年，若能被全世界采纳，地球上肯定会比现在有更多的欢乐祥和。然而，欧洲人的人生观却推崇竞争、开发、永无平静、永不知足以及破坏。若不能借鉴一向被我们轻视的东方智慧，我们的文明就没有指望了。……我相信，假如中国人对于西方文明能够自由地吸收其优点，而扬弃其缺点的话，一定能产生一种糅合中西文明之长的辉煌业绩。"③

中国近代著名法学家吴经熊说过："西方文明，可说是希腊精神的产物，在目前已发达到饱和状态，所以西方的好学深思之士，反而感觉不足，也就在这时，认识到东方的伟大。"他预言，东方的文化，特别是中国人的"禅"，已渗入西方思想的前锋，将来又会反过来影响东方。④ 习近平总书记曾指出："博大精深的中华优秀传统文化是我们在世界文化激荡中站稳脚跟的根基。""优秀传统文化是一个国家、一个民族传承和发展的根本，如果丢掉了，就割断了精神命脉。""中国优秀传统

---

① 〔英〕阿诺德·汤因比：《历史研究》，刘北成、郭小凌译，上海人民出版社，2005，第394页。
② 叶小文：《民族文化基因是中国梦的魂与根》，《光明日报》2014年9月24日，第1版。
③ 郭万超：《中国道路的世界历史意义》，《光明日报》2014年7月30日，第13版。
④ 曾仕强：《中道管理》，北京大学出版社，2006，第19页。

文化的丰富哲学思想、人文精神、教化思想、道德理念等，可以为人们认识和改造世界提供有益启迪，可以为治国理政提供有益启示，也可以为道德建设提供有益启发。""虽然后来儒家思想在中国思想文化领域长期取得了主导地位，其中最核心的内容已经成为中华民族最基本的文化基因。是中华民族和中国人民在修齐治平、尊时守位、知常达变、开物成务、建功立业过程中逐渐形成的有别于其他民族的独特标识。"① 学者赵金刚也指出，传统文化基因几千年来时刻影响着国人的日常生活：因为传统文化，中国人有着共同的世界观，有着共同的精神追求，有着共同的伦理原则，有着共同的历史意识，有着共同的思维特质，在世俗生活层面有着完整的习俗、禁忌和礼仪。②

虽然管理学领域早已出现了"东方不亮西方亮"的情形，如西方的战略学著作"言必称《孙子兵法》"。但是，当今我国的许多管理者并没有对传统文化中蕴含的丰富的管理思想予以重视，他们仍在狂热地追逐国外的管理时尚。当众多的希望——破灭时，向传统文化探寻管理思想也就成为一条值得探索的途径。

二　中庸与"中庸管理"

我国文化的主流是儒家思想，其核心就是中庸。就本意而言，中庸是一种不偏不倚、刚柔相济、执中行权、与时屈伸的辩证法思想和领导艺术。《尚书》中说"允执厥中"；《易·易辞上》中说"君子之道，或出或处，或默或语"；《孟子·尽心上》中说"执中无权，犹执一也"；《中庸》中说"不偏之谓中，不易之谓庸；中者天下之正道，庸者天下之正理"，"执其两端而用其中"；朱子说"凡其所行，无一事不得其中，即无一事之不合理"；甚至我国国号"中国"也不仅具有地理上的意义，

---

① 参见 2014 年 9 月 24 日习近平《在纪念孔子诞辰 2565 周年国际学术研讨会暨国际儒学联合会第五届会员大会开幕会上的讲话》。

② 赵金刚：《传统文化教育更应注重价值传承》，《中国教育报》2014 年 9 月 24 日，第 6 版。

而且显示出一种生活方式，这种生活方式又是一定思维方式的产物。

注重整体性是中国人思维的重要特点，中国人善于采用整体的、全息的、系统的方法，而不是局部的、解剖的、分析的方法。国际著名考古学家张光直认为，西方的思想方式是破裂的，中国的思想方式是延续的。① 类似地，文学大师林语堂认为，中国人的思维方式是整体感性，西方人的思维方式则是归纳与演绎论理。整体感性往往较为高明，因为以逻辑观察真理，常把它割裂成众多分散的片段，因而丧失了它的本来面目，而整体感性则将对象当作一个活动的整体看待。中国人对问题是非的判断，不纯粹以理论为准绳，而以理论与人类的天性两种因素相配合，这两种因素的混合，中国人称之为"情理"：情即为人类的天性，理即为永久的道理；情代表柔韧的人类本性，而理代表不变的宇宙法则。②

西方人常以亚里士多德的名言"人类是论理的而不是讲情理的动物"为思维前提，而中国哲学却将这一观点发展为"人类尽力成为有理性即讲情理的而不仅仅为论理的动物"。对于西方人，一个问题倘能被逻辑地解决，那就够满足的了，而中国人则不然：即使一个问题在逻辑上是正确的，还必须同时以人情相衡量。"在艺术上，中国人竭力求精细；在生活上，中国人竭力求合情理。"（罗素语）中国人把"人情"放在"道理"的前面，因为道理是抽象的、分析的、理想的且趋向于逻辑的，情理常常是较为实际的、较为人情的。讲情理的人常能保持平衡，而讲逻辑的人则常丧失了平衡。"过度和不及都属于恶，中庸才是德性。"（亚里士多德语）因此，对情理、平衡、适度的追求就形成了"中庸之道"。

"中庸管理"并不是指某一种管理思想，而是所有符合中庸之道的管理思想的统称。曾仕强就明确地称其"中国式管理理论"为"中道管理理论"（即 M 理论）。"中道管理"，即中庸之道管理，就是依循仁、义、礼的道理，实施合乎人性的合理化管理，目标恰到好处，以便安人。

---

① 张光直：《论"中国文明的起源"》，《文物》2004 年第 1 期，第 73 ~ 82 页。
② 林语堂：《吾国与吾民》，陕西师范大学出版社，2006，第 77 页。

"中道管理理论"的三个核心维度有以下三点。其一，安人之道。管理以人为本，最终目的是安人，包括安顾客、安员工、安股东、安社会，企业的"安内攘外"务必以"大安""众安""久安""实安"为目的，切忌以"小安""寡安""暂安""虚安"为满足。其二，经权之道。"经"是组织成员的共识，"权"指配合时空的态度；"法制纪律"称为"经"，"便宜行事"称为"权"；上司的命令就是经，下级的执行就是权，"上有政策，下有对策"（另一种说法是"上面千根线，下面一根针"）。经权之道就是以不变应万变、有所为有所不为。权不舍本、权不损人、权不多用是经权配合的三个原则。其三，絜矩之道。"絜"是审度，"矩"指法规；絜矩之道讲求将心比心，使员工由被动变为主动。尊重制度、配合现实、以身作则、订定公约、审慎赏罚是絜矩之道的五大要领。① 因此，"中庸管理"就等于讲究情理、追求平衡、保持适度、合理化的管理。

三 西方管理理论中的中庸思想

我国文化的源头是《易经》。黑格尔曾经评论："《易经》代表了中国人的智慧，就人类心灵所创造的图形和形象来找出人之所以为人的道理，这是一种崇高的事业。"其核心思想为太极，太极包含了权变的意思。"太极"一词的关键在"太"字，由"大"和"小"（下面的一点）组成，意思是可以"极大"（大到没有外面），也可以"极小"（小到没有里面）。问题是无穷尽的，相应的对策也是无穷尽的。在无穷尽的对策中进行选择，不就是权变吗？好的管理理论具有"权变"的特征即柔性，可以指导管理者在什么情况下应该从事什么活动以及不该从事什么活动，不仅需要管理者针对环境特点灵活运用管理理论，而且需要管理者领悟管理理论的精髓。管理理论如果具有较强的刚性，则不容易融合其他理论；如果具有较强的柔性，很多对立的理论也可以融合在一起——

① 曾仕强：《中道管理》，北京大学出版社，2006。

它们只不过是在不同情境下发挥不同作用而已。权变管理理论在西方管理理论中占有一席之地，它们都是符合中庸思想的。

哲学家波普尔（Karl Popper）指出："客观科学的经验基础没有任何绝对的东西，任何理论都是真实性和虚假性的统一。科学不是建立在坚固的基岩之上，科学理论结构就像耸立在沼泽地上的建筑物；科学的处境就像乘船在大海中航行，要在旅途中更换船的部件一样。这是由人类知识的有限性、无知的无限性以及社会经济环境的复杂性所决定的。"[①]"管理过程论之父"亨利·法约尔（Henri Fayol）也指出："在管理方面，没有什么死板和绝对的东西，这里全部是尺度问题。管理是一门很难掌握的艺术，它要求智慧、经验、判断和注意尺度。"[②] 这里的"尺度"是中庸思想的表现。美国心理学家斯达西·亚当斯（J. Stacey Adams）的"公平理论"（也称"社会比较理论"）主要探讨了报酬的公平性对人们工作积极性的影响，属于中庸思想中的安人之道，我国也有一句类似的古话"不患贫而患不均"。在麦格雷戈（Douglas Mcgregor）提出"X-Y理论"后，美国的乔伊·洛尔施（Joy Lorsch）和约翰·莫尔斯（John Morse）对此理论进行了试验，发现采用X理论的单位和Y理论的单位都有效率高的和效率低的情况，可见Y理论和X理论并没有绝对的优劣之分。他们提出的"超Y理论"认为，管理方式要由工作性质、成员素质等来决定，不同的人对管理方式的要求是不同的。"因人而异"，这也是中庸思想的表现。美国学者罗伯特·坦南鲍姆（Robert Tannenbaum）和沃伦·施密特（Warren H. Schmidt）提出的"领导方式的连续统一体理论"认为，领导方式是多种多样的，从专权型到放任型，存在着多种过渡类型。领导方式没有绝对优劣，成功的管理者不一定是专权的人，也不一定是放任的人，而是在具体情况下采取恰当行动的人。当需要果断指挥时，他善于指挥；当需要职工参与决策时，他能提供这种

---

① 〔美〕史蒂芬·科尔：《科学的制造——在自然界与社会之间》，林建成、王毅译，上海人民出版社，2001，第33页。

② 〔法〕法约尔：《工业管理与一般管理》，周安华译，中国社会科学出版社，1982，第54页。

可能。弗雷德·菲德勒（Fred E. Fiedler）在其"权变理论"中也认为不存在一种普适的领导方式，领导工作强烈地受到领导者所处的客观环境的影响，即领导行为和领导者是某种既定环境的产物。美国现代行为科学家伦西斯·利克特（Rensis Likert）在其著作《管理的新模式》中指出："有效的管理是一个比较和适应的过程。"权变理论学派的代表人物卡斯特（F. E. Kast）与罗森茨韦克（J. E. Rosenzweig）在其著作《组织与管理：系统与权变的观点》中认为，组织必须在稳定性/持续性和适应性/革新性之间保持一个动态平衡。德鲁克早在 1965 年出版的《动荡时代的管理》一书中也明确指出："在动荡时期，管理层首要任务就是确保组织的生存能力，组织结构的坚实和稳固，确保组织能承受突然的打击、适应突然的改变、充分利用新的机会。"即管理者首要的任务是"守正"，其次才是在必要的时候"出奇"。决策理论大师赫伯特·西蒙（Herbert A. Simon）的"有限理性"和"令人满意原则"也是中庸的一种表现。在战略管理领域，已经形成了 10 个主要的学派：设计学派、计划学派、定位学派、企业家学派、认知学派、学习学派、权力学派、文化学派、环境学派和结构学派。最后一种"结构学派"正是明茨伯格（Henry Mintzberg）对前面几种学派的调和与综合，他认为组织战略应该像变色龙一样随机（情境）应变，即做到"权变"。明茨伯格总结出的 10 种管理者角色，也是对管理者权变与平衡能力的考验。类似的具有"中庸"特点的管理理论还可以列出一大堆。

四　实施中庸管理是时代的要求

现在的社会环境表现出两个显著特点，一是"复杂"，即像一团乱麻一样很难找到头尾，很难从社会现象中找出因果关系。当然，如果时间充裕，人们还是可以有所发现的。但这种希望被第二个特点"变化"打破了，即这种因果关系处于不断变化之中：今天的"复杂"完全不同于明天的"复杂"。这也就使得人们预测环境、影响环境变得极其困难，唯一能做的就是适应环境。在上述社会环境特点的影响下，西方的管理者一旦遇到经营危机，首先想到的就是拿员工开刀——裁员。从 20 世纪 80 年代末开始，《财富》500 强企业均在不断地大规模裁员。西方企业的员工在没有工作保障的前提下，就很难形成对企业长期的忠诚，这又使得企业的经营进一步出现危机。凭借西方的管理理论，这种恶性循环是很难破除的。

安然事件之后，伦敦商学院著名教授格萨尔（Sumantra Ghoshal）写了一篇文章——《恶劣的管理理论正在破坏优良的商业实践》，指出西方主流管理理论对实践的破坏来自两个方面：一是把自然科学的研究方法全盘移植到管理学中，二是对人性和世界的"灰暗"看法。前者抹杀了人的主观能动性（经济学家汪丁丁认为，自然科学主要研究现象，人文科学则主要关注"超越现象"。显然，管理学需要"超越现象"，而不仅仅是研究现象，而对现象的超越需要发挥人的主观能动性），后者导致管理学假定人和组织都是自私自利的，忽视了人性中道德、伦理的一面，形成了信任缺失、人人自危的局面。①

西方管理学学者往往使用简单的"二分法"来构建管理理论，这虽然方便了对管理问题的探讨，却阻碍了对管理问题的深入了解以及各种对策的创建。例如，即使是人类动机理论大师马斯洛晚年的作品《Z 理论》，也是将自我实现者分为了"超越者"和"非超越者"两种具有明显不同的特征的人。而中庸管理思想因为追求权变，所以没有"二分法"这个弊端，它容忍第三种情况的存在，必要的时候还可以出现第四种、第五种甚至无穷多种可能的情况。② 这印证了美国作家菲茨杰拉德

---

① 商业作家宾（Stanley Bing）指出："管理人士对科学都有些痴迷，原因不外乎我们竭力要将世界本质上并无章法的感觉降到最低。我们憎恶世界其实掌握在一群疯狂鲁莽的人手中，而驱使他们的只有贪婪、需求、将权力和利益最大化的欲望这种感受。在这样一个世界里，自然科学的庄严肃穆让人安心。"

② 著名投资专家约翰·迈吉（John Magee）对于"二分法"的弊端进行过如下论述："二元论忽略了一个事实，那就是'不是/就是'的模式并不完全适用于所有情况，甚至也并不完全符合我们所提到的那些极端的情形。大量的情况处于两者之间的状态，并非'不是/就是'可以完全囊括和覆盖。事实上，如果我们否认灰色的存在，并把所有的颜色延伸为白色，或是将其消减为黑色，就像古希腊的强盗根据床的尺寸来调节来访者的身高一样，我们便再一次为自己设定了一幅高层价值观的地图，而不是一幅代表客观实际的地图。我们又一次陷入不看事实，只重符号的主观陷阱之中。"（〔美〕约翰·迈吉：《股市心理博弈》，吴溪译，机械工业出版社，2010，第 323 页。）

（Francis Scott Key Fitzgerald）的一句名言："检验一流智力的唯一标准，就是在头脑中同时存在两种相反的想法但仍然保持行动的能力。"这也符合《基业长青》一书对高瞻远瞩的公司的特点描述：接受矛盾、容纳冲突、处理悖论、符合辩证法，他们的行为逻辑不是"非此即彼"，而是"兼容并蓄"。

另外，西方管理理论往往以假设为基础（如马斯洛对"理想管理"的假设多达 36 条），而东方管理思想往往以事实为基础。[①] 因为西方人对理论的要求是可以证伪，即假设可以被推翻。而东方人却没有这么麻烦，理论直接来自于现实又服务于现实。以假设为基础，虽然方便了管理学家的研究，却害苦了管理者，因为他们往往没有意识到管理学家的理论包含了众多不现实的假设，他们往往把这些假设当作了真实情况并运用到了管理活动中。

中庸管理既能够凭借"安人第一"提高员工积极性，以应对恶劣的经营环境，又能够使管理理论更加符合实际，因此无论对管理研究还是管理实践都是非常有益的。

五　企业如何实施中庸管理

周三多教授将管理的基本职能归纳为计划、组织、领导、控制和创新五项。对于管理者来说，不仅应该从整体上对这五项基本职能进行中庸管理，也应该在每个职能领域实施中庸管理。

从整体来看，企业要做到"穷则独善其身，达则兼济天下"，既要安人，又要安己；在经营良好的前提下，要积极回报社会，在经营不善

---

① 很多通过简单逻辑就可以理解的"公理"是不需要实证的。在这一点上，中国传统的思辨哲学要比西方的实证科学高明和实用得多。学者鲍鹏山就认为："这个世界上，有很多确定存在的东西，是无法也不必提供什么证据的。'两点之间，直线最短'这个平面几何定理，就无法提供证明，虽然无法提供证明，却连狗都知道沿着直线跑去抢骨头，而不是绕着弯去。对一切事实都要求予以'实证'的'学术规范'和'科学思维'，有时只能显示出规范制定者的智力有限。"参见鲍鹏山《庄子答东郭子》，《光明日报》2014 年 10 月 11日，第 5 版。

的情况下，决不能"打肿脸充胖子"；要做遵章守纪的企业公民，同时又不要被规章制度约束了创新行为；要保持适度的增长速度，既不能"一口吃成胖子"，也不能患上"厌食症"……

具体到各项职能，在计划方面，管理者要做到保持战略计划与作业计划的平衡，既要努力使战略计划成为经营活动的"经"——长期不变的指南，也要努力使作业计划成为经营活动的"权"——紧紧围绕战略计划随机应变。在组织方面，管理者要使组织结构保持刚性与弹性的平衡，要保持集权与分权的平衡，要保持核心员工与"板凳员工"的平衡。在领导方面，管理者要使员工个体与工作小组保持平衡，要保持自身管理能力与领导能力的平衡。在控制方面，管理者要保持事前控制、事中控制与事后控制的平衡，要像放风筝一样，既能使员工与团队自由发挥，又能使他们的主动性保持在一定范围。

最后，我们知道，企业家是创新的主体，创新是企业家精神的本质，是企业利润的源泉，但是一定要注意把握创新的度。创新不足固然不行，创新过了头也会出现严重的问题——"领先一步是先进，领先两步是先驱，领先三步是先烈"。美国安然公司曾经连续 6 年被《财富》杂志评选为"美国最具创新精神公司"，2000 年名列"世界 500 强"第 16 位，连微软、英特尔都赶不上它。安然的"财务创新"，连华尔街最资深的分析师都看不懂，且找不出毛病。但这艘企业界的"泰坦尼克号"最终触礁沉没了。德鲁克认为，许多企业的创新依靠的是"聪明的点子"，但是这是风险最大、成功率最低的创新源泉。他建议，管理者一定不要被那些成功故事所迷惑，一定不要依赖基于聪明点子的创新，应该有目的地、系统地分析他总结出的七个创新机会。①

---

① 〔美〕彼得·德鲁克：《创新的法则》，陈媛熙译，《哈佛商业评论》（中文版）2005 年第 2 期，第 126～134 页。

参与世界文化，促进中国
文化大发展大繁荣

李朝蕾[*]

【摘　要】　一个国家的文化是一个民族的精神记忆和精神家园，体现了民族的认同感、归属感，反映了民族的生命力、凝聚力。文化也是一个民族生生不息的血脉和灵魂，是区别于其他民族、屹立于世界民族之林的最显著特质。文化更是一个国家核心竞争力的重要因素，只有有了强大的文化软实力，才能够在激烈的国际竞争中赢得主动。在全球化时代，我们要顺应时代的发展要求，让中国文化走出国门，走向世界，融入世界文化的大发展中去，增强中国文化在世界的影响力，促进中国文化与世界文化的融合。

【关键词】　中国文化　世界文化　融合

　　文化越来越成为民族凝聚力和创造力的重要源泉，越来越成为综合国力竞争的重要因素。在全球化的经济飞速发展的今天，文化领域的全球发展，各国文化的相互交融、相互冲突也构成了文化全球化时代的特殊文化景观。中国文化源远流长，要让中国文化走出国门，走向世界，融入世界文化的大发展中去，增强中国文化在世界的影响力，促进中国

---

　　*　李朝蕾，女，青岛市社会科学院。

文化与世界文化的融合，同时，世界文化也给中国文化带来新的内容，不断改造中国文化，不断推进中国文化的现代转型，不断促进中国文化的大发展、大繁荣。

一　文化是一个民族生生不息的血脉和灵魂

文化分为两类：狭义的文化和广义的文化。狭义的文化指的是哲学、宗教、文学、艺术、政治、经济、伦理、道德等，是指与社会的经济、政治相区别的文化，专指社会的精神文化，是人类改造主观世界的能力和成果。广义的文化指的是精神文明和物质文明所创造的一切东西，是指与自然相区别的人类活动与创造，是人类在认识世界和改造世界的实践中创造的一切文明成果。文化是一个民族的精神记忆和精神家园，体现了民族的认同感、归属感，反映了民族的生命力、凝聚力。文化是一个民族生生不息的血脉和灵魂，是其区别于其他民族、屹立于世界民族之林的最显著特质。文化是推动思想解放、社会变革的重要力量。文化是一个国家核心竞争力的重要因素，谁占据了文化发展的制高点，谁拥有了强大的文化软实力，谁就能够在激烈的国际竞争中赢得主动。作为人类文明的发展成果，文化包括思想道德建设、科教文化事业、大众文化产业等内容，是软实力的重要载体，为经济社会发展提供动力和智力支持，滋养生命力，激发创造力，铸造凝聚力，培育生产力。

在今天经济全球化深入发展、中国经济飞速前进的背景下，中华传统文化中许多优秀的内容不但受到国人的重视，也深深吸引着世界人民的目光。改革开放以来，随着我国经济建设的快速发展，我国文化建设取得了显著成就。自进入新世纪新阶段以来，党和政府从建设中国特色社会主义事业的总体布局出发，将文化发展放在了更加突出的位置。党中央关于繁荣和发展社会主义先进文化、深化文化体制改革、建设和谐文化等的一系列重大方针的提出和部署，为发展社会主义文化指明了前进方向，为中国文化走向世界奠定了基础。

文化的发展和繁荣，不仅能推动人民文化生活的进步，更能凝聚民族精神，提升民族素质，铸就时代风尚，打造国家"软实力"。在新的历史起点上，面对世界各种相互冲击的思想文化的大潮，面对国家发展和人民生活改善对文化发展的要求，面对社会文化生活多样活跃的态势，我们必须更加自觉、更加主动地推动文化大发展大繁荣，这是建设中国特色社会主义的应有之义，是推动我国经济社会发展的必然要求，是实现中华民族伟大复兴的显著标志。

在构建社会主义和谐社会的进程中，文化的因素深深地渗透其中，为培育文明风尚、推动社会进步提供着有力的精神支撑。我国幅员辽阔，人口众多，地区之间的差异较大。随着改革的深化，利益关系不断调整，妥善处理错综复杂的矛盾，促进社会和谐，既需要相应的社会机制，也需要相应的社会文化。和谐文化如春风化雨，丰富并提升着人们的精神内涵，使人们拥有良好的精神风貌、振奋的精神状态、高尚的道德情操，从而奠定和谐社会的精神基础，推动社会和谐发展。发展繁荣中的当代中国文化之所以能促进社会和谐，一个重要原因就是它巩固了全体人民团结奋斗的共同思想基础，丰富了人民群众的精神文化生活。爱国主义、公平正义、互助互爱、真善美等思想观念在建设和谐社会的今天，价值日益凸显。

二　文化大发展、大繁荣是实现社会发展进步的必然要求

社会主义文化是中国特色社会主义的重要组成部分，也是这一伟大事业的强大动力。文化的繁荣发展，不仅能满足人民的文化需求，提高国民文化素质，而且能够凝聚民族精神，推动社会进步，提升国家"软实力"。在新的历史条件下，遵循我国社会发展的时代潮流和人民群众对文化建设的新要求、新期待，不断推动社会主义先进文化的大发展大繁荣，是实现社会发展进步的必然要求。

推动社会主义文化大发展大繁荣是提高国家文化软实力的迫切要求。文化作为一种"软实力"，是一定历史时期经济政治的反映，是一个国

家综合国力的重要组成部分。当今世界，文化越来越成为民族凝聚力和创造力的重要源泉，越来越成为综合国力竞争中的重要因素，国家发展、民族振兴、人民幸福离不开充满活力的文化的强有力支撑。改革开放以来，中国人民的面貌、社会主义中国的面貌、中国共产党的面貌之所以发生了历史性变化，彰显时代精神、具有生机活力的中国先进文化的引领无疑是其重要因素。

推动文化大发展大繁荣，是深入贯彻落实科学发展观的必然要求。科学发展观是我国经济社会发展的重要指导方针，是发展中国特色社会主义必须坚持和贯彻的重大战略思想。中国特色社会主义事业的总体布局是由经济建设、政治建设、文化建设、社会建设、生态文明建设五个方面构成的，促进这五个方面协调全面可持续发展，是科学发展观的根本要求。

推动文化大发展大繁荣，是文化建设坚持科学发展的必然选择。推动文化大发展大繁荣，体现了全面建设小康社会的客观要求。党的十七大提出了实现全面建设小康社会奋斗目标的新要求，即增强发展协调性，努力实现经济又好又快发展；扩大社会主义民主，更好保障人民权益和社会公平正义；加强文化建设，明显提高全民族文明素质；加快发展社会事业，全面改善人民生活。

推动文化大发展大繁荣，对加强文化建设进行了全面准确的诠释。一个民族的文化，凝聚着这个民族对世界和生命的历史认知和现实感受，积淀着这个民族最深层的精神追求和行为准则。古往今来，每一个伟大民族都有自己博大精深的文化，每一个现代国家都把文化作为推动社会发展进步的重要力量。文化深深熔铸在民族的血脉之中，始终是民族生存发展取之不尽、用之不竭的力量源泉。一个民族的觉醒首先是文化的觉醒，一个国家的强盛离不开文化的支撑，中华民族历经磨难而绵延不绝，一个重要原因就是其有着深厚的文化传统和强烈的文化认同。

目前，我国社会主义改革开放已经发展到一个新的阶段，随着人民的生活水平不断提高，人民群众对文化的需求和要求也越来越高。2010年我国城镇居民人均文化消费支出为 13471 元，占消费支出的比重为

7.2%；农村居民人均文化消费支出为 3859 元，占消费支出的比重为 9.5%。2011 年我国城镇居民人均文化消费支出为 15161 元，占消费支出的比重为 7.3%；农村居民人均文化消费支出为 4733 元，占消费支出的比重为 8.7%。2012 年我国城镇居民人均文化消费支出为 16674 元，占消费支出的比重为 7.3%；农村居民人均文化消费支出为 5414 元，占消费支出的比重为 8.2%。由此可见，我国居民文化消费支出的比重呈不断提高的趋势。2012 年，我国城镇居民人均文化消费支出占全部现金消费支出的比重达到 7.3%，比 2010 年的 7.2% 上升了 0.1 个百分点。我国农村居民人均文化消费支出占全部现金消费支出的比重达到 8.2%，比 2010 年的 9.5% 有所下降。我国居民文化消费总量呈现逐年扩大的趋势。根据我国城乡居民人均文化消费额和城乡居民人口数进行测算，2011 年我国城乡居民文化消费总量达到 1 万亿元，2012 年我国城乡居民文化消费总量继续扩大到 1.15 万亿元。近年来，各级政府不断加大对文化事业的投入力度，以政府购买的方式提供更多的基本公共文化服务，用以满足人民群众日益增长的文化消费需求。

三　把握着力点，推动社会主义文化创新

文化的发展在于创新，建设有中国特色社会主义文化的关键也在于创新。实现社会主义文化大发展大繁荣，最根本的是要把社会主义核心价值体系建设抓紧抓好，就是要高度重视中华民族优秀传统文化的继承、弘扬与创新，就是要高度重视对世界各国优秀文化的引进、借鉴与吸收。因此我们要推动社会主义文化大发展大繁荣，必须要把握住两个着力点：弘扬中华民族的优秀文化传统和借鉴国外的有益文化成果。以此不断推进文化创新。

首先是要继承传统文化，弘扬中华民族的优秀文化传统。所谓传统文化，是指在特定文化类型中，经过长期历史积淀而逐渐形成的、为全民族大多数人所认同的思想和行为方式上难以移易的心理和行为习惯。它表现在思想观念、价值取向、思维方式、审美情趣、道德风尚等方面。

弘扬进步的、优秀的传统文化，批判落后的、腐朽的传统文化，在传统文化的基础上创新，是文化创新的基础。

其次是要学习外国文化。中华文化之所以源远流长，一个重要的原因，就是它不断吸收着异国文化。广泛吸收和借鉴人类社会创造的一切文明成果，是中国特色社会主义文化发展的重要源泉。当然，我们在吸收异国文化时，也不能不分好坏，全盘吸收，我们要"取其精华，去其糟粕"，坚持以我为主，为我所用，辩证取舍，择优吸取的方针。吸收异国文化是文化大发展的重要条件，吸收借鉴能力越强，文化的生命力就越强。推动社会主义文化创新，不仅要继承中华民族的传统文化，也要吸收借鉴国外的有益文化。

在继承与吸收的基础上，不断推动社会主义文化创新。要切实把社会主义核心价值体系融入国民教育和精神文明建设全过程，融入中国特色社会主义经济建设、政治建设、文化建设、社会建设各领域，使之成为全体人民普遍理解、接受并自觉遵守奉行的核心价值理念，成为全党全国各族人民团结奋斗的共同思想基础；把社会主义意识形态的内容贯彻落实到方针政策的制定、制度措施的设计和社会管理之中，使社会主义核心价值体系的基本要求在各项制度措施中得到充分体现；把社会主义意识形态的深刻内涵和精神实质融入精神文化产品的创作生产中去，创作更多、更好的坚持"三贴近"原则、体现社会主义意识形态要求的精神文化产品，发挥其春风化雨、潜移默化的引导作用。在推进社会主义文化创新方面，有两个问题应当引起我们的高度重视。

一是不断创新社会主义文化发展方式。要掀起社会主义文化建设新高潮，必须不断创新社会主义文化发展方式。应坚持解放思想，不断深化对掀起社会主义文化建设新高潮必要性和重要性的认识，深化对新形势下文化建设地位和作用的认识，转变思想观念，树立与推动社会主义文化大发展大繁荣相适应的意识和理念。针对不同地区、不同行业、不同单位的性质和特点，加大文化体制改革的力度，加快文化体制改革的进度，推动文化体制改革向纵深发展，增强文化发展活力，营造有利于出精品、出人才、出效益的环境。把发展公益性文化事业、加快建立公共文化服务体系与发展文化产业、增强文化国际竞争力有机地结合起来，既要实现和维护人民群众的基本文化权益，又要更好地满足人民群众多层次、多方面、多样性的精神文化需要。立足于人民群众建设中国特色社会主义的伟大实践，准确把握当代社会文化生活的新特点和人民群众对精神文化生活的新期待、新要求，在新的时代起点上创新文化发展的内容和形式，创造新的文化样式和文化业态，生产出更多反映人民的主体地位和现实生活、群众喜闻乐见的优秀精神文化产品。

二是着力完善社会主义文化传播体系。文化传播体系是文化建设的重要组成部分。要掀起社会主义文化建设新高潮，必须高度重视文化传播体系的建设和完善。一是加快文化与科技的融合，创新文化传播手段和传播方式。运用先进传播技术改造传统的文化传播模式，尤其要把互联网这一新兴文化传播手段建设好、运用好、管理好，使其成为传播社会主义先进文化的新阵地、公共文化服务的新平台、人们健康精神文化生活的新空间。二是加强社区和乡村文化设施建设，突出抓好广播电视"村村通"、文化信息资源共享、农村电影放映、电视进万家、农家书屋等重大公共服务工程，加快构建传输快捷、覆盖广泛的文化传播体系。三是用好两种资源、两个市场，在占领国内文化市场的同时，积极开拓国际文化市场，改进对文化对外输出单位的管理，充分利用各类国际性文化博览会等文化交流平台向外推介中华文化，推动中华文化更好地走向世界。

文化战线要坚持以繁荣文化为中心，一手抓公益性文化事业，一手抓经营性文化产业，大力激发文化工作者的创作热情和创造潜力，调动社会各方面参与文化建设的积极性和主动性。从文化事业的进步，到文化产业的拓展，从文化体制的转变，到文化内容的创新，我国的文化建设进入了一个大团结、大繁荣、大发展的重要时期。文化的发展，为社会进步提供了精神动力。要通过大力建设社会主义核心价值体系，巩固全党全国各族人民团结奋斗的共同思想基础；要积极开展以倡导社会主义荣辱观为主题的各种群众性精神文明创建活动，培育社会文明风尚；要牢牢把握正确的舆论导向，贴近实际、贴近生活、贴近群众，为改革发展稳定创造良好的舆论氛围；要不断加强未成年人、大学生思想道德建设，不断开展"扫黄打非"和网络文明建设，营造健康向上的社会文化环境。

当前，中国经济社会的发展进入了关键时期，文化的发展面临着前所未有的机遇，担负着前所未有的重任。我们要站在全面实施党和国家发展战略的高度上，大力建设社会主义核心价值体系，巩固全党全国各族人民团结奋斗的共同思想基础；大力培育文明风尚，广泛开展群众性精神文明创建活动；大力推进文化创新，全面推进文化体制改革，最大限度地激发广大文化工作者勇于创新的积极性；使全社会的文化创造活力得到充分释放、文化创新成果不断涌现；使当代中华文化更加多姿多彩，更具吸引力和感染力。

文化发展论丛（中国卷）稿约

　　《文化发展论丛》是由湖北大学高等人文研究院和中华文化发展湖北省协同创新中心共同主办的探讨中国、世界和湖北文化发展的大型丛刊，分为"中国卷"、"世界卷"和"湖北卷"三卷（分三本书），每年出版一期。湖北大学高等人文研究院成立于2013年9月24日，是湖北大学汇集文科学术骨干和国内外相关高校和研究机构的著名专家为主要成员的专业研究机构，现阶段的研究方向除了编辑出版《文化建设蓝皮书：中国文化发展报告》、《世界文化蓝皮书》和《湖北文化蓝皮书》外，主要围绕中国文化发展、世界文化发展、湖北文化发展三个领域展开，已经多次成功举办了"中国文化发展论坛""世界文化发展论坛""湖北文化发展论坛"，并且在社会科学文献出版社结集出版了相关论文集《中国文化发展论丛（2013）》《世界文化发展论丛（2013）》《湖北文化发展论丛（2013）》，以及《文化发展论丛·中国卷（2014）》《文化发展论丛·世界卷（2014）》《文化发展论丛·湖北卷（2014）》。同时，以上各卷的2015版也已经出版。

　　《文化发展论丛·中国卷》作为探讨中国文化发展的专业论丛，开设"理论前沿""论坛专题""问题探讨""学术争鸣""比较研究"等栏目。论坛将在湖北大学高等人文研究院网站于每年年初公布来年主题，欢迎关心中国文化发展事业的广大学者赐稿，本刊将择优刊用；同时，对于研究中国文化具有前沿意义的稿件，将不受主题限制，常年接受赐稿。

　　论文要求具有一定的新意、结构严谨、论点清晰，具有较高学术水准，入选论文将在社会科学文献出版社结集出版，稿酬从优。

来稿要求：作者简介采用脚注（与一般论文发表格式同）；注释采用脚注（每页重新编号，编号数字采用①、②、③……），其中引用的著作必须加以详细注释（包括作者、文献名称、出版社、年代日期、页码），若是翻译著作，在文献名称后加入译者；文后列出参考文献；同时附中英文题目、中英文内容提要和中英文关键词（内容提要一般控制在200字以内）；正文字数一般控制在1万字以内。此外，引用报刊文章请参照引用著作，出版社和年代日期改为报纸日期和刊物批次。

论文后请附告知详细通讯地址，以便联系。

本刊聘请专家客观公正评审稿件，尊重作者观点，但必要时也可能作相应技术处理，凡不愿修改者请事先说明。

本集刊接受电子版投稿，投稿请寄：haichun70@126.com.

《文化发展论丛》（中国卷）编辑部

2016年9月

图书在版编目（CIP）数据

文化发展论丛. 中国卷. 2016 / 江畅主编. -- 北京：
社会科学文献出版社，2016.10
ISBN 978 - 7 - 5097 - 9559 - 0

Ⅰ. ①文⋯ Ⅱ. ①江⋯ Ⅲ. ①文化发展 - 文集②文化
发展 - 中国 - 文集 Ⅳ. ①G0 - 53②K203 - 53

中国版本图书馆 CIP 数据核字（2016）第 193344 号

文化发展论丛（中国卷）2016

主 编 / 江 畅

出 版 人 / 谢寿光
项目统筹 / 周 琼
责任编辑 / 周 琼 于 跃 刘晶晶

出 版 / 社会科学文献出版社 · 社会政法分社（010）59367156
地址：北京市北三环中路甲 29 号院华龙大厦 邮编：100029
网址：www. ssap. com. cn
发 行 / 市场营销中心（010）59367081 59367018
印 装 / 三河市尚艺印装有限公司

规 格 / 开 本：787mm × 1092mm 1/16
印 张：21.75 字 数：314 千字
版 次 / 2016 年 10 月第 1 版 2016 年 10 月第 1 次印刷
书 号 / ISBN 978 - 7 - 5097 - 9559 - 0
定 价 / 98.00 元